Dr. Sylvia Greiffenhagen, geboren 1949 in Stuttgart, hat Politikwissenschaft, Psychologie und Geschichte studiert; sie lebt als Sozialforscherin und Wissenschaftspublizistin in Esslingen am Neckar. Sylvia Greiffenhagen ist Autorin zahlreicher Veröffentlichungen, Hörfunkbeiträge und Fernsehfilme zur Jugend- und Sozialisationsforschung, zur neueren deutschen Geschichte und zu gesellschaftspolitischen Fragen.

Dieses Buch wurde auf chlor- und säurefreiem Papier gedruckt.

Vollständige Taschenbuchausgabe Dezember 1993
Droemersche Verlagsanstalt Th. Knaur Nachf., München

Umschlaggestaltung: Graupner & Partner, München
Umschlagfoto: Bavaria / Benelux Press
Druck und Bindung: Elsnerdruck, Berlin
Printed in Germany
ISBN 3-426-84035-9

2 4 5 3 1

Sylvia Greiffenhagen

Tiere als Therapie

Neue Wege in Erziehung und Heilung

Knaur®

Inhalt

Vorwort

Es gibt Themen, die einen lange beschäftigen, bevor man sie eigentlich wahrnimmt. So ging es mir mit dem Thema dieses Buches. Von Kind auf mit Tieren umgeben, von den Eltern zu Liebe und Achtung, Beobachtung und Versorgung alles Lebendigen angehalten, gab sich immer wieder Gelegenheit, auch die helfende und heilende Wirkung von Tieren zu erleben, nicht ausdrücklich oder absichtsvoll, sondern im Sinne von Erfahrungen, die man macht, ohne sie zu bemerken: die tröstende Nähe der Katze während einer Krankheit, das ausgelassene Tollen mit dem Hund in einer Phase jugendlicher Verzagtheit, die Freude an der Harmonie von Reiterin und Pferd.

Meine eher tentative Annäherung an das Thema tiergestützter Beziehungen entspricht der Entwicklung des Themas als wissenschaftlichen Forschungsobjektes und seiner therapeutischen Nutzung: Aus zaghaften Anfängen in der Praxis von Pädagogen und Therapeuten, aus eher zufälligen Erkenntnissen und Nebenprodukten ganz andersgerichteter Forschungen hat sich heute eine eigene Disziplin entwickelt. Ihre Konturen sind immer noch nicht ganz deutlich, ihre Methoden noch nicht in den Kanon einer Schule gezwängt, ihre Fachetablierung noch auf verschiedene Fakultäten verteilt.

Ich habe vielfältigen Dank zu sagen. Der erste gilt Monica Böhme. Sie nahm das Buch in ihre Agentur, nachdem ich ihr den Plan dazu entwickelt hatte. Ihr plötzlicher Tod hat mich sehr getroffen, und ich verstand die Arbeit an diesem Buch seither auch als Verpflichtung gegenüber dieser großartigen Frau.

Großen Dank schulde ich Eva Schumm, M. A., für ihre unersetzliche Hilfe bei der Aufarbeitung des Materials. Sie hat Berge von meist fremdsprachigen Fachzeitschriften durchgesehen, sich manchmal von kleinsten Bemerkungen in ganz anderen thematischen Kontexten zu einschlägigen Artikeln vorgearbeitet, Adressen entlegener Organisationen herausgefunden und internationale Kongreßberichte besorgt.

Der folgende Dank gilt meinem Mann. Er hat die Entstehung des Buches mit nicht nachlassendem Interesse begleitet und mich in der Überzeugung bestärkt, daß das Thema wichtig und die Arbeit daran für Wissenschaft und Praxis lohnend sei. Im Blick auf die vielen Wissenschaften, die im Spiel sind, war ich mir nicht immer sicher, zwischen all den Stühlen einen eigenen Platz zu finden. Das Wort ›interdisziplinär‹ hat Konjunktur, doch sein Anspruch ist schwer zu verwirklichen. Daß mein Mann mir dabei mit Gesprächen, Textdurchsicht und Korrektur, also dem, was man ›Rat und Tat‹ nennt, half, dafür danke ich ihm. Ich zähle auch dieses Buch zu denen, die wir gemeinsam verfaßt haben.

Die Danksagungen, die am Schluß fällig sind, betreffen alle wissenschaftlichen und organisatorischen Verbindungen, auf die ich während der Arbeit angewiesen war. Bevor ich die Forscher und Forscherinnen, Institute und Gesellschaften nenne, die mich mit Hinweisen und Material unterstützt haben, möchte ich einer Frau besonders danken. Dipl.-Psych. Simone De Smet, Hamburg, hat mir mit einer Fairneß, die im Wissenschaftsbetrieb, besonders eines neuen Fachs, leider nicht immer selbstverständlich ist, alle Unterlagen eigener Beschäftigung mit dem Thema zur Verfügung gestellt: Manuskripte, Kongreßberichte, Literatur, Adressen. Ich danke ihr für ihr Vertrauen und bin sicher, daß wir auch weiterhin durch unser Engagement für tiergestützte Pädagogik und Therapie verbunden bleiben.

Ich nenne in alphabetischer Reihenfolge die Namen der Personen und Institutionen, denen ich Hilfe verdanke: Elisabeth und Dr. Friedrich-Wilhelm Eickhoff, Tübingen; Dr. Christian Große-Siestrup, Verein ›Leben mit Tieren‹, Berlin; Prof. Dr. Claus Günzler,

Hodogetisches Institut der Pädagogischen Hochschule Karlsruhe; Mag. Klaus Lojka, Institut für interdisziplinäre Erforschung der Mensch-Tier-Beziehung, Wien; Prof. Dr. Will Lütgert, Laborschule Bielefeld; Prof. Dr. August Nitschke, Stuttgart; Dr. Manuel Schneider, Schweisfurth-Stiftung, München; Dir. H.-J. Weichert, Deutsche Tierfreunde e.V., München.

Esslingen am Neckar, im März 1991
Sylvia Greiffenhagen

Leben mit Tieren

›Pet facilitated therapy‹ – eine neue Disziplin

Es war einmal ein kleines Mädchen, dem starb seine Mutter. Da legte es sich ins Bett und sprach mit niemandem mehr. Sein Vater rief viele Ärzte herbei, aber keiner konnte helfen. Eines Tages kam eine Katze ins Zimmer, setzte sich auf das Bett und sagte: »Streichle mich!« Das Kind regte sich nicht. Da sagte die Katze noch einmal: »Streichle mich!« Aber das Mädchen sah starr vor sich hin. Da legte die Katze sich auf seine Brust, schnurrte und kitzelte es mit dem Schwanz an der Nase. Da lachte das Kind und streichelte die Katze. Danach stand es auf und wurde wieder gesund.

Es war einmal ein alter Mann, dem gefiel das Leben nicht mehr. Er wusch sich nicht, kochte kein Essen und ging nie aus dem Haus. Da kam ein großer Hund und sagte: »Ich habe Hunger.« Der Mann ging in die Küche und kochte Brei für ihn. Als der Hund gegessen hatte, sagte er: »Putz mir das Fell.« Der Mann nahm eine Bürste und striegelte den Hund. Als sein Fell glänzte, sagte der Hund: »Geh mit mir spazieren.« Der Mann nahm seinen Hut und ging mit ihm spazieren. Das gefiel dem Hund, und er blieb bei ihm, und der Mann wurde seines Lebens wieder froh.

Es war einmal ein Mann, der hatte Unrecht getan und saß im Gefängnis. Niemand hatte ihn gern, weil er die anderen Gefangenen schlug und auf die Wärter losging. Eines Tages kam ein Vogel, setzte sich an das Fenster der Zelle und sang ein Lied. Der Mann nahm einige Brösel von seinem Brot und gab sie dem Vogel. Der ließ es sich schmecken und kam am nächsten Tag wieder. Schließlich trippelte er durch die Gitterstäbe, setzte sich auf die Schulter des Mannes und knabberte an seinem Ohr. »Komm wieder, Vogel, und bleib bei mir«, sagte der Mann. Der Vogel blieb bei ihm. Von der Zeit an wurde der Mann freundlich, und alle mochten ihn.

Dies sind keine Märchen, sondern wahre Geschichten. Sie spielen nicht in Deutschland, sondern in den Vereinigten Staaten, Großbritannien, Australien und sind Beispiele für tiergestütztes Heilen und Helfen.[1] Das Wort ›tiergestützt‹ ist die Übersetzung des englischen Ausdrucks ›pet facilitated‹.

Tiergestützte Sozialisationen und Therapien sind zuerst in angelsächsischen Staaten erprobt und angewandt worden. Auch die wissenschaftliche Erforschung des helfenden und heilenden Einsatzes von Tieren begann in den Vereinigten Staaten. Sie folgte der praktischen Anwendung nach, deren Erfolge die Wissenschaft in Erstaunen versetzte und in verschiedenen Disziplinen Forschungsinitiativen in Gang brachten.

In vergangenen Jahrhunderten wußte die Menschheit noch, daß ein »tier dem herze wôl macht« (Walther von der Vogelweide)[2]: Aus Belgien ist der Einsatz von Tieren für therapeutische Zwecke seit dem 8. Jahrhundert bekannt; in England gründeten Quäker im 18. Jahrhundert eine Anstalt für Geisteskranke, in der die Patienten kleine Gärten versorgten und Kleintiere hielten.[3] Schon vor 200 Jahren empfahlen die Mönche des Klosters York: »Den in der Seele und am Körper Beladenen hilft ein Gebet und ein Tier.«[4] Im 19. Jahrhundert entstand das Epileptiker-Zentrum im deutschen Bethel, das von Anfang an auf die heilenden Kräfte von Tieren vertraute und Hunde und Katzen, Schafe und Ziegen erlaubte.[5]

Doch diese Versuche waren entweder vergessen oder, wie im Fall Bethel, nicht dokumentiert und damit für die wissenschaftliche Erforschung ohne Wert. Die Weisheit der Alten mußte von modernen Wissenschaftlern neu entdeckt werden. Zunächst blieb es bei einzelnen Versuchen und Vermutungen. Theorien wurden erst später entwickelt.

In der Praxis allerdings kam man rasch voran, und es ist nicht übertrieben, von einer Revolution zu sprechen, die weite Gebiete der Pädagogik, der Sozialisation und der Resozialisation erfaßte:

Die Einsicht, daß Tiere den Menschen nicht nur Fleisch liefern, Lasten tragen und Gesellschaft leisten, sondern helfen und heilen können, führte zu einer weltweiten Bewegung, die inzwischen auch die Bundesrepublik Deutschland erreicht hat.
Alles begann Anfang der sechziger Jahre mit wenigen Zeitungsartikeln und ersten, noch kurzen und zuweilen belächelten wissenschaftlichen Berichten. Ein Buch des amerikanischen Kinderpsychotherapeuten Boris M. Levinson über seine Erfahrung mit Tieren als Kotherapeuten brachte 1969[6] dann den Durchbruch: Wissenschaftler aus ganz verschiedenen Disziplinen und Angehörige verschiedener Heilberufe begannen Experimente, Versuchsreihen, Dokumentationen. Das Psychologen-Ehepaar Sam und Elizabeth Corson, die Soziologin Erika Friedmann und der Mediziner Aaron H. Katcher setzten später mit ihren Berichten über die heilsame Wirkung von Tieren auf kranke und einsame Menschen die medizinische Welt in Erstaunen.[7] Der Begriff ›pet facilitated therapy‹ wurde zum Schlagwort eines neuen Wissenschaftszweigs, der ›Mensch-Tier-Beziehung‹. Schon Anfang der achtziger Jahre legten Veterinärmediziner der Universität Pennsylvania eine rund vierzigseitige kommentierte Bibliographie zum Thema vor.
Ende der siebziger Jahre gründeten Mediziner, Verhaltensforscher, Psychologen, Psychotherapeuten und Gerontologen aus den Vereinigten Staaten und England eine Gesellschaft, die sich die weitere Erforschung der Mensch-Tier-Beziehung zur Aufgabe setzte. 1980 organisierte sie erstmals einen Kongreß mit dem Thema »Human/Companion Animal Bond«, der in London stattfand und beträchtliches Aufsehen bei Experten und Laien erregte. Heute umfaßt die Gesellschaft fünf Unterorganisationen in den USA, Großbritannien, Australien, Frankreich und Österreich. Zahlreiche internationale Symposien im Laufe der achtziger Jahre (u. a. Philadelphia, Wien, Boston, Monaco) mit Referenten aus der ganzen westlichen Welt, auch osteuropäischen Interessenten, und mehrere Publikationen begründeten den wissenschaftlichen Ruf der Gesellschaft und ihres neuen Wissenschaftszweigs ›Mensch-Tier-Beziehung‹.

Die Praxis ist aber noch immer voraus: In allen angelsächsischen Ländern entstanden ›Pet Visiting Programs‹: Tierliebende Gruppen und Institutionen wie Tierschutzvereine oder Hundezüchterverbände besuchen mit eigens für diesen Zweck ausgebildeten ›Therapietieren‹ Alten- und Pflegeheime, Krankenhäuser oder psychiatrische Anstalten. Sie unterhalten Streichelzoos für Großstadtkinder, vermitteln Heimtiere für kranke und einsame Menschen und bilden sogar einen ›Service-Hund‹ aus, der Körperbehinderten bei ihrer Arbeit im Hause zur Hand geht: als Gefährte und Diener zugleich.

In der Bundesrepublik Deutschland fand das Mensch-Tier-Thema zunächst wenig Interesse. Nur beim ›Therapeutischen Reiten‹ sind die Deutschen im wörtlichen Sinne Vorreiter in Forschung und Praxis der tiergestützten Behandlung von Kranken. Auf anderen Feldern gibt es erst seit den achtziger Jahren erste Studien und Experimente. So empfiehlt die Hamburger Psychologin Simone De Smet schon seit Jahren Tiere für Alten- und Pflege-Institutionen[8], der Direktor der neurochirurgischen Klinik Karlsruhe, Prof. Piotrowski, will Tiere in Krankenhäusern erlauben[9], der Münchner Psychiater Theodor Grimm verschreibt gegen psychosomatische Störungen statt eines Medikaments oft ein Haustier[10], die Bielefelder Versuchsschule Hartmut von Hentigs unterhält einen Schulzoo, um Kinder Verantwortlichkeit gegen sich selbst und ihre Mitwelt zu lehren. Der Theologe und Pädagoge Gotthard M. Teutsch lieferte eine erste bedeutende Materialsammlung zur »Soziologie und Ethik der Lebewesen«[11], die Psychologen Reinhold Bergler und Erhard Olbrich verfaßten Mitte und Ende der achtziger Jahre die ersten systematischen Studien zum Thema.[12]

Obgleich es in unserem Lande allmählich vorangeht mit dem praktischen Einsatz von Tieren als Helfern und Heilern, obgleich die wissenschaftliche Erforschung und Betreuung solcher Programme langsam in Gang kommt, hinkt die Bundesrepublik Deutschland der Entwicklung in vielen anderen Staaten weit hinterher. Tiere in Altenheimen, Krankenhäusern, psychiatrischen Kliniken und Strafvollzugsanstalten erscheinen vielen Deutschen als ein Ding der Unmöglichkeit. Erst seit wenigen Jahren gibt es Organisationen, die den Einsatz von Tieren in Institutionen empfehlen und interessierte Menschen und Gruppen über Konzepte, Methoden und geeignete Tiere informieren und beraten, z. B. den Verein »Leben mit Tieren« in Berlin.

Mein Buch will von solchen Aktivitäten im In- und Ausland berichten. Gleichzeitig möchte ich Einblicke in den wissenschaftlichen Stand der Forschung geben. Es handelt sich hier um einen Wissenschaftszweig, der in rascher Entwicklung begriffen ist. Tiergestützte Pädagogiken, Sozialisationen und Therapien sind sämtlich interdisziplinär angesetzt und darin das jüngste Beispiel moderner Forschung, die den Zaun der eigenen Disziplin übersteigen muß, um nicht durch Einseitigkeit zu Fehlergebnissen zu gelangen.

Besonders spannend ist das Forschungsfeld tiergestützter Menschenbehandlung deshalb, weil nicht einmal seine Konturen genau feststehen. Das gilt für jede sich neu etablierende Wissenschaft, führt übrigens auch zu jener Nervosität und Sensibilität, wie sie bei jungen Disziplinen üblich sind. Noch gibt es keine ›Schulen‹, sondern allenfalls Namen von Männern und Frauen der ersten Stunde, Forschungsschwerpunkte und wissenschaftliche Zentren. Strenggenommen hat diese Wissenschaft noch nicht einmal einen Namen, und auch welche Disziplin sie einmal am stärksten akzentuieren wird, ist noch offen. Im Spiel sind folgende Wissenschaften: menschliche und tierische Verhaltensforschung, allgemeine und spezielle Psychologien, Psychoanalyse und Psychiatrie, Soziologie, Pädagogik, Gerontologie, Sozialisationsforschung, Human- und Veterinärmedizin.

Praktische Erprobung in den angelsächsischen Ländern

Wissenschaftliche Entwicklungen stehen in enger Verbindung zum Zeitgeist. Bei meinem Thema handelt es sich um eine paradoxe Situation gegenläufiger Entwicklungen:
Auf der einen Seite werden immer mehr Tierarten ausgerottet, auf der anderen Seite wird das Tier immer stärker als Partner des Menschen gesehen. Das hat sogar Rechtsfolgen: Stadtstreicher dürfen ihre Hunde behalten, und die Sozialhilfe bezahlt die Kosten für ein Haustier, wenn es zum Mittelpunkt des Lebens oder zum einzigen Bezugsobjekt eines Menschen geworden ist.[13]
Auf der einen Seite wächst die Entfremdung vom Tier. Ein Großteil italienischer Kinder kennt keine Schmetterlinge mehr und assoziiert ›Glühwürmchen‹ nur mit Prostituierten.[14] Auf der anderen Seite wächst die Zahl der Tierfriedhöfe[15], der Tierhotels[16] und der Fälle aufwendigster Tierchirurgie mit künstlichen Hüftgelenken, Nierentransplantationen und Herzschrittmachern.[17]
Auf der einen Seite schreitet die Massenviehhaltung voran, und schlimmer: Man erwägt Züchtungen, welche die diesbezügliche Leidensfähigkeit von Tieren herabsetzen soll.[18] Auf der anderen Seite trauern in England vier von fünf befragten Tierhaltern beim Tod ihres geliebten Vierbeiners genauso stark wie um einen toten Großvater.[19]
Eine kritische Stunde also in der Geschichte des Verhältnisses von Mensch und Tier. Wir sind aufgewacht, das Thema ist gestellt: Wie wollen wir es in Zukunft mit den Tieren halten, im Großen wie im Kleinen?
Das Thema trifft in die Mitte dieses Komplexes, weil mit ihm die Beziehung von Mensch und Tier auf den entscheidenden Punkt der Frage gebracht wird: Sind die Tiere für uns Sachen oder Genossen, nur nützlich oder unentbehrlich, von anderer oder von unserer Art?
Diese Fragen sind alt und haben die Menschheit von Anbeginn

begleitet. In verschiedenen Phasen wurden verschiedene Antworten gegeben, und wir tun gut daran, uns ihrer zu erinnern.
Da geht vieles durcheinander. Tiere galten als Götter und wurden als Hexen verbrannt, wurden als zweites Ich erfahren und als Naturmaschine analysiert und seziert. Heute werden sie in Tierversuchen gequält und auf Gnadenbrot gesetzt, verzehrt und bestattet.
Ich will in drei kleinen Abschnitten die kulturgeschichtliche Bedeutung der Tier-Mensch-Beziehung umreißen, danach einige Aspekte der Domestikation ins Licht rücken und schließlich unter dem Stichwort der Du-Evidenz das mensch-tierische Kommunikationsproblem angehen.

Kulturgeschichtliche Phasen der Mensch-Tier-Beziehung

Der Mensch wurde zum Menschen, indem er sich der Natur entfremdete. Diese Dialektik, Teil der Natur zu sein und ihr gleichzeitig gegenüberzustehen – als Betrachter, als Herr und als Nutznießer –, verschärft sich im Blick auf die Tierwelt, und noch einmal besonders im Blick auf die höheren Tiere. Nicht nur mit den Primaten und Säugetieren, sondern mit vielen anderen Tierstämmen teilt der Mensch physiologische Grundgegebenheiten. Mit der Eidechse, dem Vogel und zum Teil noch mit der Biene teilt er die Anordnung des Gesichtes: zwei Augen, Nase und Mund. Er weiß sich auch von vielen Tieren solchermaßen als Mit-Tier erkannt.
Das ist ein Grund dafür, daß Tiere von Anbeginn als Inkarnation menschlichen Wesens gegolten haben. Die Anthropologie hält dafür eine unerschöpfliche Fundgrube von Beispielen bereit. Ob Gott-Tier oder Tier-Mensch, ob Doppelidentität oder ›Begleittier‹, stets hat das Tier den Menschen herausgefordert, nach sich selbst zu fragen und über das Tier und in Distanz zu ihm seine eigene

Identität auszubilden. Das gilt bis heute, und die Geschichte dieser Wechselwirkung ist gegenwärtig in eine dramatische Phase getreten. Das Kennzeichen dieser vielleicht letzten Entwicklungsstufe im Verhältnis von Mensch und Tier liegt in der Verschärfung der Dialektik, die unser Verhältnis zum Tier von Anfang an bestimmte: Einerseits haben wir uns durch unsere Kulturgeschichte weit vom Tier entfernt, andererseits zeigen uns heute menschliche und tierische Verhaltensforschung, wie dicht wir von Natur dem Tiere benachbart sind und wieviel Leben wir mit ihm teilen. Nur wer diesen Widerspruch erträgt und mehr: ihn als Bestimmungsfaktor der Humanität annimmt, kann sich für menschliche Sozialisation auf die Hilfe von Tieren stützen.

Am Beginn seiner Geschichte war der Mensch mit dem Tier so eng verbunden, daß sich sein Selbstbewußtsein noch nicht völlig von ihm trennte. In frühen Jägerkulturen konnte der Mensch stets gleichzeitig auch ein Tier sein, wie umgekehrt Tiere gleichzeitig als Erscheinungsformen lebender Menschen galten.[20] Es gab dann verschiedene Stufen der Herausbildung menschlicher Identität.[21] Das Gemeinsame dieser Typologien liegt in einer ständig fortschreitenden Trennung des menschlichen Selbstbewußtseins vom Tierbereich.

Eine späte und entscheidende Stufe bedeutet der Monotheismus des Judentums. Der Gott der Juden und später der Christen gehört selbst nicht zur Natur, sondern hat sie geschaffen. Mit dieser Schöpfung traf er zugleich eine konstitutionelle Unterscheidung zwischen Mensch und Tier: Der Mensch ist Herr über sie. Jetzt kann er sich nicht mehr im Umweg über sie verstehen, seine Identität setzt auf ›Geist‹, nicht auf ›Natur‹. Gestalten wie Franz von Assisi und Albert Schweitzer mit ihrer Meinung, die Schöpfung verbinde Mensch und Tier in einem tiefen naturhaften Sinne, bleiben bis heute Ausnahmen in der durch das Christentum geprägten europäischen Kultur.

René Descartes hat die philosophische Konsequenz aus der christlichen Schöpfungstheologie gezogen: Der Mensch besitzt eine Seele, das Tier hat keine, es ist nur Materie. Das hatte bisher keine

Theologie oder Philosophie auf Erden gelehrt. Selbst der aufgeklärte Aristoteles war überzeugt, daß Tiere eine Seele hätten: als Lebensantrieb, der die Weise ihres Seins bestimmt.

In dem Maße, in dem das Christentum den Weg der westlichen Zivilisation bestimmte, erfüllte sich das Schicksal der Tierwelt in ihr. Die archaische Verbindung zwischen Mensch und Tier zerriß. Kulturen, die wie die indische an ihr festhielten, galten als rückständig. Hinzu kam, daß Wissenschaft und Technik auf den Erfolgsweg einer Naturbeherrschung führten, welche die Herrenrolle des Menschen in der Praxis durchsetzte. Von den asiatischen Kulturen mißtrauisch und teilweise mit Verachtung verfolgt, entwickelte sich in Europa und in den von westlichen Ländern ›zivilisierten‹ Teilen der Erde eine immer tiefere Kluft zwischen dem Herrschaftswissen des weißen Mannes und einer Natur, die ihm immer ferner rückte: als Gegenstand seiner Nutzung und seiner Wißbegier. Erst spät entwickelte sich jene Haltung, die wir heute ökologisch nennen: Verantwortung, Pflege und Fürsorge für eine natürliche Welt, die inzwischen längst zum zoologischen Garten geworden ist. Es gab diesen Garten auch in der christlichen Vorstellung: als das Paradies. Heute ist er keine paradiesische Vorstellung mehr, sondern die harte Aufgabe des Naturschutzes, und dies zunächst wieder im Interesse des Menschen, der anders nicht überleben kann.

Aber wieder wirkt hier eine Dialektik: Nur durch abendländische Forschung sind wir heute in den Stand gesetzt, über Tiere so viel zu wissen, daß wir unsicher über die Angemessenheit unseres bisherigen Umgangs mit ihnen werden. Die tierische Verhaltensforschung ebenso wie die auf den Menschen bezogene Verhaltens- und Gehirnforschung lassen Zweifel darüber aufkommen, ob Descartes recht hatte mit seiner kruden Unterscheidung von Körper und Geist. Im Umweg über Wissenschaften, die er selbst in Gang gesetzt hat, werden uns heute die Augen geöffnet für Verbindungen, die eine tiefe Gemeinschaft zwischen Tier und Mensch vermuten lassen. Über das geistige Umfeld dieser Einsichten wollen wir uns am Schluß dieser Einleitung noch Gedanken machen.

Domestikation

Tiergestütztes Helfen und Heilen bedeutet eine neue und vermutlich die intensivste Stufe tierischer Domestikation: Tiere sollen nicht nur für diese oder jene Funktion im Dienste des Menschen abgerichtet werden, sondern durch ihre bloße Existenz selbst hilfreich sein.

Das kann nur gelingen, wenn man von einer tiefen Gemeinschaft von Mensch und Tier überzeugt ist. Hier gibt es eine große Spannweite. Eine wesentliche Unterscheidung im Blick auf die Gemeinschaftsfähigkeit von Tieren, die durch keine Domestikation aufzuheben ist, trifft Karl König in seinem Buch »Bruder Tier«, indem er sagt, die einen Tiere leben *neben* den Menschen, die anderen *mit* ihnen. Zu den wenigen, die mit den Menschen leben, gehören Hund und Katze: »Sie teilen das Haus und die Wohnstatt mit uns Menschen; auch wenn wir ihnen manchmal eine eigene Hütte oder einen Korb zu eigen geben. Beide, Hund und Katze, sind dem Menschen viel näher, als es jemals Kuh und Schaf waren.«[22] Papagei und Elster, Kanarienvogel und Wellensittich wohnen zwar mit Menschen zusammen, aber nur als Gefangene. Hunde und Katzen dagegen haben in der menschlichen Behausung ihre Heimat.

Eines der ältesten Haustiere ist der Hund. Seine Domestikation erfolgte schon in der Jäger- und Sammlerkultur der Altsteinzeit, und es ist durchaus kein Zufall, daß er zugleich das gemeinschaftsfähigste Tier ist. Bis heute ist offen, was eigentlich der wichtigste Grund für seine Domestikation gewesen ist: der Nutzen, den man von ihm hatte (Wächter, Hirte, Jagdhelfer, Nahrungsmittel und Abfallvertilger) oder seine Gefährtenschaft, die immer wieder als gleichermaßen belebend und beruhigend erfahren wird.

Was für den Hund gilt, gilt in noch stärkerem Maße für die Katze. Ihre Domestikation geht ursprünglich wohl nicht auf Nützlichkeitserwägungen zurück. Wennschon man sie vor ihrer völligen Domestikation in den Dörfern nach kleinen Nagern jagen ließ, hatte man für den Schutz seiner Vorräte vor Ratten und Mäusen andere Tiere abgerichtet, zum Beispiel das Frettchen oder den Mungo. Die Katze ist recht spät domestiziert worden und genoß in Ägypten als heiliges Tier hohe Verehrung. Sie durfte nicht getötet werden und erhielt teilweise kostbare Grabstätten. Noch in Rom besorgten den Mäusefang Wiesel, Iltisse und Marder, während Katzen einzig ihrer Schönheit wegen gehalten wurden. Die Reichen und Mächtigen sandten sich Katzen als kostbares Geschenk.

Die Geschichte der Katzen-Domestikation ist voll von Widersprüchen. Galt sie in Ägypten als heilig, so hatte das Christentum ein stark ambivalentes Verhältnis zu ihr, dessen Auswirkungen heute noch zu spüren sind. Zunächst ging es den Katzen gut. Christliche Eremiten übernahmen die ägyptische Sympathie für sie und teilten ihre Einsamkeit mit ihnen. Mit den Mönchen kam die Katze später nach Rom, und es gibt eine hübsche Geschichte für ihre Beliebtheit in jener Zeit. Gregor der Große hatte eine seiner gewaltigen Predigten mit der Aufforderung beschlossen, man solle sein Liebstes opfern. Da nahm ein Eremit aus dem weiten Ärmel seiner Kutte den einzigen Schatz auf Erden, seine Katze. Aber Gregor wehrte lächelnd ab und zog aus dem Ärmel sein eigenes Kätzchen hervor, das er immer bei sich trug.[23]

Aber dann kamen böse Zeiten für die Katze. Im Hochmittelalter und in der frühen Neuzeit wurde sie zum Teufelstier, galt als verschlagen und untreu. Dieses Bild von der Katze hält sich bis in unsere Tage. Das einst enge Band zwischen Katze und Mensch war zerrissen: Sie wurde in den Stall verbannt, durfte oft nicht einmal das Haus betreten oder nur, um nach Mäusen zu jagen. Der Mensch trat nach ihr, wenn sie ihm nahekam. Noch 1958 findet sich folgender Vergleich zwischen Hund und Katze und in ihm das Vorurteil von der Katze als eines Haustieres, das sich allenfalls dem Hause, nie aber dem Menschen zugehörig fühlt:

> Begegnet ein Hund seinem Herrn, den er lange nicht gesehen, so äußert er lebhafte Zeichen der Freude und Anhänglichkeit. Trifft man aber die eigene Hauskatze ..., so wird sie nie ein

> Zeichen freudigen Wiedererkennens geben … Statt der effektiven Bindung an den Menschen sucht die Katze das Haus … Für sie gibt es eben keine Treue im Sinne des Hundes, weil ihr von Natur aus eine Bindung an den Menschen abgeht, die der Hund sucht.[24]

Das ist Unfug. Das Mißverständnis läßt sich allerdings begründen: Da bis vor nicht langer Zeit Katzen vornehmlich als Mäusefänger in Haus und Hof gehalten wurden und der Mensch sich für seine emotionalen Bedürfnisse ausschließlich an den Hund hielt, konnten die Katzen keine personale Bindung zum Menschen aufbauen. Heute stehen Katzen, die mit Menschen zusammenleben, dem Hund an sozialer Sensibilität in nichts nach. Aus einem Forschungsbericht von Leyhausen:

> Alle meine gekäfigten Katzen, gleich ob einzeln oder zu mehreren gehalten, begrüßten stets zuerst mich bzw. den Pfleger, ehe sie sich dem mitgebrachten Futter zuwandten … Ließ man sie dann aus Versuchsgründen einmal ein oder zwei Tage hungern, so war doch das erste bei der nächsten Fütterung nicht die Nahrungsaufnahme, sondern ein wahrer Begrüßungssturm mit hochgehobenem Schwanz, Köpfchengeben, wobei sich die Tiere oft im Leeren einer ›imaginären‹ Streichelhand entgegen auf die Hinterbeine hoben …, und intensives Flankenreiben an den Beinen des Pflegers. Erst danach wandten sie sich dem Futter zu, nahmen oft nur hastig ein paar Bissen, um dann wieder erst einige Zärtlichkeiten auszutauschen. Zu mehreren gehaltene Katzen können dieses soziale Bedürfnis nicht aneinander abreagieren, der Artgenosse ist hierzu nicht einmal als Ersatzobjekt tauglich. Auch in üblicher Weise frei gehaltene Katzen bedürfen zweifellos dieses Kontaktes mit dem Menschen … So ist zwischen Menschen und solitären Katzenarten eine echte und dauernde Freundschaft möglich, wie sie bei Katzen unter sich nie vorkommt.[25]

Gründe für die Domestikation von Tieren gibt es zahllose: Für alle gilt als Voraussetzung ein Minimum an Symbiosefähigkeit, die in einer gemeinsamen naturhaften Verwurzelung von Mensch und Tier begründet ist. Das trifft besonders für die Domestikation von höheren Tieren zu, bei denen gemeinsame Bedingungen der Emotionalität, der Kommunikation und der Lernfähigkeit gegeben sind.

Die schönste und humanste Absicht der Tierdomestikation zielt auf die Symbiose von Mensch und Tier als solche. Unter Vernachlässigung aller Nutzfunktionen will man Solidarität von Lebewesen, die fühlen, daß sie verwandt und von der Natur selber zur Genossenschaft berufen sind. Diese Solidarität findet sich auch unter Tieren unterschiedlicher Arten. Schon manches Tier, dem im zoologischen Garten sein Artgefährte starb, ließ sich durch ein anderes Tier über den Verlust trösten. So war eine Giraffe, deren Gefährte starb, durchaus und auf Dauer mit der Genossenschaft eines Schafes zufrieden. Man kennt diese Tierfreundschaften auch quer durch alle Haustierarten. Es gibt nicht nur Feindschaften, sondern auch Freundschaften zwischen Hund und Katze, sogar zwischen Katzen und zahmen Vögeln.

Und wenn Anthropologen recht hätten mit ihrer Vermutung, die Wurzel der Domestikation läge in diesem Interesse des Menschen an einer zweckfreien Solidarität mit Tieren[26], so fände die These dieses Buches darin eine schöne Bekräftigung: daß wir Menschen eine ursprüngliche Freude an der Gemeinschaft mit Tieren haben. Die stärksten Argumente für diesen in sich selbst liegenden Sinn von Domestikation als der Wiederherstellung eines ursprünglich gegebenen Zusammenhanges alles Lebendigen finden sich in einem Phänomen, das die Grundlage dieser Gemeinschaft ist: der sogenannten Du-Evidenz.

Du-Evidenz

Mit Du-Evidenz bezeichnet man die Tatsache, daß zwischen Menschen und höheren Tieren Beziehungen möglich sind, die denen entsprechen, die Menschen unter sich bzw. Tiere unter sich kennen. Meist geht dabei die Initiative vom Menschen aus, es gibt aber auch Fälle, in denen Tiere sich einen Menschen als Du-Genossen auswählen.

Für diese Du-Evidenz ist nicht entscheidend, ob die Weise der Wahrnehmung oder der emotionalen Zuwendung objektiv das Wesen des als Du adressierten Partners trifft. Worauf es einzig ankommt, ist die subjektive Gewißheit, es handele sich bei einer solchen Beziehung um Partnerschaft. Solche Du-Erfahrungen können durchaus einseitig sein. Auf subjektive Erlebnisse beschränkte Du-Evidenzen sind auch unter Menschen bekannt, z. B. als die glühende Verehrung eines Stars durch seine ihm persönlich völlig unbekannten Fans oder die personhaft-emotionale Bindung eines Autobesitzers an sein ›Gefährt‹.

Die vom Menschen empfundene tierische Du-Evidenz äußert sich in vielen Erscheinungsformen, die eines gemeinsam haben: Das Tier wird als Genosse gesehen, dem personale Qualitäten zugeschrieben werden.

Der deutlichste Ausdruck für die Bereitschaft des Menschen, Tieren solche Genossenschaft zuzutrauen, ist die Tatsache, daß er ihnen Namen gibt. Mit dem Namen wird das Tier aus der Menge seiner Artgenossen herausgehoben, bekommt Individualität. Die Namensgebung macht das Tier zum Teil der Familie, zum Adressaten von Ansprache und Zuwendung, zum Subjekt mit Bedürfnissen und Rechten, denen ebenso entsprochen wird wie im Falle der menschlichen Mitglieder.

Wer ein Wesen als Individuum ein Leben lang respektiert hat, dem wird es schwer, seinen Leichnam in den Mülleimer zu kippen. Was immer man gegen Tierfriedhöfe sagen mag, der Wunsch nach einer humanen Bestattung ist verständlich: Wer einen Namen hatte und

Teil der Familie war, dessen sterbliche Hülle möchte man würdig bestatten und ihm auf diese Weise ein Andenken bewahren.

Sogar zu rechtlichen Konsequenzen kann Du-Evidenz führen. Vom Tötungsverbot der Katzen sprach ich schon. Im Mittelalter mußte für ein unrechtmäßig getötetes Tier eine Buße bezahlt werden. Auch Tierprozesse gab es. So wurde einem Schwein, das ein Kind verletzt hatte, ein formeller Prozeß gemacht, und bei seiner Hinrichtung mußten andere Schweine zuschauen.[27]

Bei uns zeigt die neuerliche Entwicklung des Tierschutzes eine deutliche Stärkung des Tieres als ›Rechtsperson‹. Noch vor 150 Jahren durfte in Deutschland ein Tier zwar nicht »öffentlich oder in Ärgernis erregender Weise bestraft, gequält oder roh mißhandelt werden«, doch, wie das Wort »öffentlich« zeigt, war das Tier nicht um seiner selbst willen geschützt, sondern geschont werden sollte der mitleidige Mensch, der solche Tierquälerei nicht ansehen durfte.

Seit der Jahrhundertwende war es verboten, »ein Tier roh zu mißhandeln oder absichtlich zu quälen«; dieses Gesetz anerkannte erstmals die Leidensfähigkeit eines Tieres. Aber das Leben des Tieres an sich war noch nicht geschützt. Erst ein Gesetz von 1972 schützt das Leben des Tieres schlechthin: »Dieses Gesetz dient dem Schutz des Lebens und Wohlbefindens des Tieres. Niemand darf einem Tier ohne vernünftigen Grund Schmerzen, Leiden oder Schäden zufügen.« – Aber auch dieses Gesetz reicht vom Standpunkt des Tierschützers nicht aus: Der Mensch definiert die »vernünftigen Gründe«; seine Interessen sind denen des Tieres stets übergeordnet; gegen Tierversuche und Massentierhaltung bietet das Gesetz keine Handhabe. Dennoch war es ein Fortschritt: Das Tier bekommt einen eigenen Anspruch auf Leben und später vielleicht einmal auf gesundheitliche Versorgung. Der Bundesrepublik Deutschland auf diesem Weg weit voraus ist die Schweiz, die in ihrem neuen Tierschutzgesetz verlangt, Tiere seien grundsätzlich »so zu behandeln, daß ihren Bedürfnissen in bestmöglicher Weise Rechnung getragen wird«... Die Geflügelhaltung in Käfigbatterien z.B. ist nach diesem Gesetz, einzigartig in der Welt, ab 1992 verboten: »Wer mit Tieren umgeht ... hat für deren Wohlbefinden zu sorgen.«[28]

Die Du-Evidenz ist die unumgängliche Voraussetzung dafür, daß Tiere therapeutisch und pädagogisch helfen können. Dabei reicht die Breite der durch die Du-Evidenz nahegelegten Zuwendung von Betrachten und Füttern der Aquarienfische bis zu einer Partnerschaft, welche kaum noch Unterschiede zu zwischenmenschlichen Beziehungen erkennen läßt. Das gilt besonders für die Kind-Tier-Beziehung. Das Kind ist dem Tiere aus verschiedenen Gründen näher als der Erwachsene[29], und es gibt Theorien für eine Stufung einer sich über das Leben verändernden Weise, in Tieren Du-Evidenzen wahrzunehmen und als beglückend zu erfahren.[30] Ich komme auf diesen Gedanken im Kapitel »Großwerden mit Tieren« zurück. Helmut Schelsky unterscheidet in der Erkenntnis des Menschen die Ich-Subjektivität und die Du-Subjektivität.[31] Schon Nietzsche hat darauf hingewiesen, daß das Du früher ist als das Ich: »Bevor das Kind sich selbst kennt als ein Ich, versteht es die Mutter und bald auch den Hund als ein Du.«[32] Das ist ein Grund dafür, daß Kinder für Du-Evidenzen aufgeschlossener sind als Erwachsene.

Es gibt einen starken Einwand gegen die Neigung, in Tieren ein Alter ego, ein anderes Ich, zu sehen und anzusprechen: den Anthropomorphismus. Man warnt vor einer allzu einfachen Vermenschlichung der Tiere mit dem richtigen Hinweis, daß in einer Hinsicht die Beziehung zwischen Mensch und Tier immer ungleich bleiben wird: Im Unterschied zum Tier hat der Mensch ein Ich und weiß immer um sich, wenn er mit anderen Menschen oder Tieren Verbindung hat. Das gilt schon für Kleinkinder, die im übrigen noch stark im animalen Gesamtzusammenhang leben. F. I. J. Buytendijk hat das so beschrieben:

> Beobachten wir genau, wie ein Säugling schon nach einigen Monaten die Mutter anschaut, so wird deutlich, daß sich sein Blick von jenem eines jungen Tieres grundsätzlich unterscheidet, ebenfalls von der Art und Weise, wie etwa ein Hund seinem

Herrn in die Augen schaut. Das Menschenkind zeigt im Blick eine gewisse ›Reserviertheit‹. Es bildet im Schauen eine gewisse Distanz, die es gleichzeitig überbrückt. Wir verstehen diese Eigenart sofort, und zwar als menschlich. Der Blick drückt Vertraulichkeit, Erkennen, aber auch Identifikation und Objektivierung aus. Diese Art des Anblickens ist beim Säugling im Prinzip dieselbe wie bei zweijährigen Kindern, die im Spiel eine Puppe anschauen: auch dann zeigt der Blick Teilnahme und Distanzierung.[33]

Tiere sind keine Menschen. Und doch liefern die Ethologie und die Gehirnforschung viele Gründe dafür, die Sorge vor einem falschen Anthropomorphismus nicht zu übertreiben. Es gibt einen großen Fundus gemeinsamer Grundstimmung bei höheren Tieren, zusammen mit gleichen Ausdrucksformen dafür. Was den Sozialkontakt angeht, finden sich zahlreiche Formen, die vergleichbar und somit durchaus verstehbar sind (Begrüßungsrituale, Zeichen für Feindseligkeit und Angst). Auch lernfähig ist nicht nur der Mensch. Tiere sind, wie der Schweizer Zoologe Heini Hediger gezeigt hat, in der Lage, ihre menschlichen Partner immer besser zu verstehen.[34] Vor allem Hunde und Katzen haben im Lauf ihres Zusammenlebens mit uns eigene, sehr differenzierte ›menschengerechte‹ Kommunikationsformen entwickelt.

Wieweit ein Tier den Menschen ›versteht‹, und umgekehrt: inwieweit der Mensch dem Hund ein Hund werden kann, diese Frage hat Soziologen schon lange beschäftigt. Max Weber kannte sie, und 1931 publizierte Theodor Geiger seinen Aufsatz »Das Tier als geselliges Subjekt«.[35] Diese Arbeit muß als bahnbrechend bezeichnet werden.

Aber es bedarf noch vieler Forschung, damit das, was das Wort Du-Evidenz verspricht, eingelöst wird: eine Gemeinschaft von Tier und Mensch, welche die gegenseitige Ansprache unter der Voraussetzung des Satzes erlaubt: »Du bist von meiner Art, wir sind Genossen.«

Erste Beispiele tiergestützter Erziehung und Heilung

Kinder gedeihen besser, wenn ihnen ein Tier als Gefährte beigesellt wird: als Identifikationssymbol, als Tröster oder als unbestechlicher und konsequenter Erzieher. Kinder, die mit Haustieren aufwachsen, zeigen mehr Verantwortungsgefühl, Einfühlungskraft und Mitleid.

Wer Haustiere hält, lebt gesünder und länger. Schon die bloße Anwesenheit eines Tieres und seine Betrachtung wirkt blutdrucksenkend und stabilisierend für Herz und Kreislauf. (Dagegen läßt die Gegenwart eines Menschen, auch eines noch so geliebten, den Blutdruck ansteigen.)

Wer Tiere hält, bleibt im Alter lebendiger und offener für seine Umwelt; er ist geselliger, heiterer und zufriedener als seine Altersgenossen ohne Haustier. Alte und apathische Menschen in Pflegeheimen werden durch ein Stations-Tier wieder aktiv.

Einsamen Menschen und solchen, die, aus welchen Gründen auch immer, am Rand unserer Gesellschaft leben, tun Tiere gut: körperlich oder seelisch Kranken und Obdachlosen zum Beispiel. In Gefängnissen, die den Gefangenen private oder gemeinsame Tierhaltung erlauben, gibt es weniger Gewalt unter den Insassen.

In der Psychiatrie, vor allem der Kinder-Psychiatrie, erzielt man mit tiergestützter Therapie oft verblüffende Wirkungen: Patienten, die vorher auf keine andere Methode ansprachen, reagieren auf Tiere und werden über das Tier für klassische Therapien empfänglich.

Diese Einsichten lassen sich heute empirisch belegen. (Allerdings gibt es große Probleme bei der Meßbarkeit solcher Erfolge. Ich berichte später darüber.) In den USA, Großbritannien und Australien, teils auch in Frankreich, beginnt man, Erkenntnisse einzelner Studien für die medizinische, psychologische und pädagogische Praxis nutzbar zu machen. In Schulen, Alten- und Pflegeheimen, in

Gefängnissen, Fürsorge- und psychiatrischen Anstalten halten Haustiere Einzug, um ihren Bewohnern und Insassen Freude, Genesung und Besserung zu bringen.
Gibt es Kehrseiten? Werden die Tiere bei ihrem humanen Einsatz nicht instrumentalisiert? Leiden sie vielleicht sogar? Hier ist Vorsicht geboten, und nur ein vernünftiger Einsatz des jeweils angemessenen Tieres bannt die Gefahr: Einzig die richtige, also die artgemäße Haltung von Hund, Katze, Vogel und Fisch garantiert die gewünschte Genossenschaft von Mensch und Tier. (Ich werde mich mit diesem Problem in einem eigenen Kapitel befassen.)
Aber dies war ja genau die Quintessenz der ersten Erfahrungen mit tiergestützter Erziehung und Heilung: daß Tiere *von sich aus* den Kontakt mit Menschen suchen und als beglückend erleben. Das können sie nur, wenn solche Verbindungen ihrer Natur entsprechen. Es kommt also darauf an, ihre Konstitution auf die Möglichkeit solch humanen Umgangs zu prüfen: Humanität im Interesse von Mensch *und* Tier. Das philosophische Umfeld dieses Gedankens ist Gegenstand des folgenden Schlußteils.

Tiergestützt – philosophisch betrachtet

Unsere Zivilisation steckt gegenwärtig in einer tiefen Krise. Die Reichtumsproduktion der westlichen Industrieländer führte in der Praxis auf allen Feldern zu Risiken, die gerade das gefährden, was die Moderne uns gebracht hat: hohe technische Standards, hohes Bruttosozialprodukt, soziale Sicherheit und die Beherrschung der Natur. Der Egoismus der Subsysteme in Politik, Wirtschaft und Gesellschaft erweist sich als kurzsichtig, weil die Schäden, die er außerhalb des eigenen Feldes hervorbringt, auf das Gesamtsystem zurückfallen, am Ende einer kürzeren oder längeren Kette von unbeabsichtigten Nebenwirkungen.
Viele führen diese Schwierigkeiten der Praxis auf eine grundsätzliche Fehlorientierung unserer Kultur zurück: Ein einseitig auf

Herrschaft ausgerichtetes Wissenschaftsverständnis, eine maßlose Ausbeutungssucht und schließlich ein einseitiger Identitätsbegriff, der Ambivalenzen, wie sie die asiatischen Philosophien kennen, ausschließt: all das habe zu den Widersprüchen und Gefahren geführt, die unsere Epoche bestimmen. Der westliche Mensch wollte sich auf der Erde so einrichten, daß er ein angstfreies und bequemes Leben führen kann. Jetzt sieht es so aus, als ob das Leben immer gefährlicher und immer entsagungsvoller würde.

Zusammen mit der Unbewohnbarkeit unserer Erde wächst eine Gefahr, die in dem Weg abendländischen Geistes angelegt war: Die Sinnfrage wird in dem Maße quälend, in dem wir nur noch Selbstgedachtem und Selbstgemachtem begegnen. Natur hat längst aufgehört, uns als ein ›Draußen‹ zu begegnen, mit Geheimnissen und Überlegenheiten, Bedrohlichem und Bergendem. Wir leben immer mehr in einem ›selbstreferentiellen System‹. Wirklichkeit begegnet uns immer mehr als ›drinnen‹, als Organisation des menschlichen Gehirns. Auf diese Weise bleiben wir immer bei uns selbst, und die Natur ist zum Material unseres Herrschaftswillens verkommen.

In dieser Situation gibt es heftige Gegenbewegungen. Unter dem Stichwort ›Fundamentalismus‹ will man auf allen Feldern die Realität eines ›Draußen‹ wiedergewinnen. Ob Religion, esoterische Erfahrungen, ob politische Entschiedenheit oder alternatives Naturverständnis, überall macht man Front gegen eine Modernität, die den Menschen bei sich selbst läßt. Aber Fundamentalismus ist keine Lösung, sondern der Kopfsprung zum Harakiri. Es hilft nichts, wir müssen auf dem Weg, den die abendländische Kultur und die Moderne gewiesen haben, weitergehen und können unser Heil nicht in einem Ausstieg aus ihr suchen. Worauf es ankommt, ist der bessere Gebrauch von Aufklärung und Wissenschaft. Dazu gehört vor allem eine Überprüfung und Korrektur ihrer Prinzipien und Maximen.

In dieser Lage hat das Interesse für tiergestützte Erziehung und Heilung einen hohen symptomatischen Stellenwert. Hier erfahren wir beides: Vertrautheit und Fremdheit von Tieren, die uns einerseits als Lebensgenossen nah, andererseits als Nichtmenschen fern sind und bleiben werden. Über modernste wissenschaftliche Erkenntnisse der Ethologie, der Gehirnforschung, der vielerlei Biologien haben wir Sachverhalte herausgefunden, die der Maßlosigkeit modernen Herrschaftswillens Grenzen weisen und Zügel anlegen. Tiere gehören zum ›Draußen‹, leben in einer eigenen Welt, die von uns akzeptiert und respektiert werden muß. Wir können Freude und Nutzen durch Tiere nur haben, indem wir ihre fremde Eigenart respektieren. Alles, was wir im Wege moderner Forschung von Tieren erfahren, dient im Wege dieser Dialektik einem besseren Verständnis der tierischen Wesenheit, die uns beides zeigt: Nähe und Ferne zum Menschen.

Gemeinschaft mit Tieren erlaubt uns somit in einer Zeit, die uns mit Selbstverursachtem umstellt, die Erfahrung eines ›Draußen‹ von hoher Realität. Tiere zwingen uns zu nonverbaler Kommunikation und erlauben uns emotionale ›Regressionen‹, für die unsere modernen Kommunikationssysteme sonst kaum noch Raum lassen. »So Ihr nicht werdet wie die Kinder ...«: Tiere können Kindheitsglück zurückbringen. Und deshalb können sie auch heilen, bessern, erziehen.

Über die Tiere kann der Mensch zu einem kleinen Teil wieder zu der Natur zurückfinden, die er sich selber verschlossen und verdorben hat. Das gilt nicht nur gegenüber Tieren, die weder domestiziert noch durch Züchtung verändert sind, sondern auch gegenüber dem Hund, der in allen seinen Erscheinungsformen das Resultat menschlicher Züchtung ist.

Gemeinschaft mit Tieren ist nicht nur pädagogisch wie therapeutisch ›effektiv‹, sondern sie ist in sich selbst sinnvoll. Tiere helfen unserer schwerbeschädigten Zivilisation zur Besinnung auf Gegenkräfte: nicht im Sinne eines fundamentalistischen Kopfsprunges in indische Seelenwanderungsideen, sondern als Korrektur eines modernistischen Hochmutes, der gerade das gefährdet, was wir doch beherrschen wollen: die natürlichen Grundlagen unseres Lebens.

Freude mit Tieren

Tierhaltung im internationalen Vergleich

»Ich behaupte, daß das Zusammenleben von Menschen und Tieren einen bedeutenden Einfluß auf unser Wohlbefinden und unsere Gesundheit ausübt.« Das sagte der amerikanische Psychiater Aaron Katcher auf einem Internationalen Symposium zur Mensch-Tier-Beziehung in Philadelphia 1983.[1] Seiner Meinung sind viele. Hier einige Zahlen:

1988 wurden allein in Europa 178 Millionen Haustiere gehalten, davon 84 Millionen Fische, 32 Millionen Käfigvögel, 26 Millionen Hunde, 24 Millionen Katzen und 12 Millionen Kleintiere wie Kaninchen, Meerschweinchen und Hamster.[2]

Wie wichtig den Menschen der westlichen Welt ihre Tiere sind, kann man daran ablesen, wieviel sie jährlich für sie ausgeben, nämlich pro Land durchschnittlich etwa 7 Millionen DM allein für Fertigfutter; auf dem Zubehörmarkt gibt es von der Leine über die Streu bis zum Hundepullover mehr als 4000 verschiedene Produkte, und das Angebot an ›Menüs‹ für Hunde, Katzen und Vögel ist inzwischen unübersehbar.[3]

Nach Angaben der Futtermittel- und Zubehörindustrie kostet ein Hund pro Jahr knapp 1000 DM, eine Katze knapp 700 DM. Für Fische werden 600 DM ausgegeben. Vögel sind relativ preiswert: Sie kosten nur 300 DM.[4] Und die Zahlen steigen von Jahr zu Jahr an, um 10–15 Prozent.[5]

Ein Ende des Trends ist noch nicht in Sicht. Im Gegenteil: Gerade in Deutschland steht der große Boom noch bevor, denn hier besteht Nachholbedarf.

Im europäischen und internationalen Vergleich der Haustierhaltung bilden die Bundesrepublik Deutschland und Japan nämlich das Schlußlicht. 1983 wurden auf einem Symposium erstmals Daten zur Haustierhaltung aus insgesamt 16 Staaten genannt. Ihre Befunde sorgten für einige Überraschung: So groß hatten sich die Experten die Unterschiede zwischen den Völkern nicht vorgestellt. Zwar führten, wie erwartet, angelsächsische Kulturen (USA, Australien) die Rangfolge an, dicht gefolgt von Kanada, Belgien und Frankreich. In diesen Ländern besitzen zwischen 30 und 40 Prozent der Haushalte Hund oder Katze oder ein anderes Kleintier. Am anderen Ende der Skala aber rangierten in verblüffend großem Abstand die Bundesrepublik Deutschland und Japan: 13 Prozent Haushalte mit Hunden und 9 Prozent (BRD) bzw. 6 Prozent (Japan) Haushalte mit Katzen.[6] Auch jüngste Daten des Deutschen Tierschutzbundes zeigen die Bundesrepublik Deutschland am untersten Ende der Tierhalter-Skala.

Heimtierbestand nach Ländern

Land	Beobachtungsjahr	% der Haushalte mit Hunde	Katzen
Österreich	1982	17	23
Belgien	1981	30	19
Dänemark	1982	26	16
Finnland	1982	22	16
Frankreich	1981	35	22
BRD	1982	13	9
Italien	1982	20	16
Niederlande	1982	26	20

Land	Beobachtungsjahr	% der Haushalte mit Hunde	Katzen
Norwegen	1982	16	20
Schweden	1982	20	16
Schweiz	1982	14	20
Großbritan.	1982	23	19
Australien	1982	39	32
Kanada	1981	33	27
Japan	1981	13	6
USA	1982	42	26

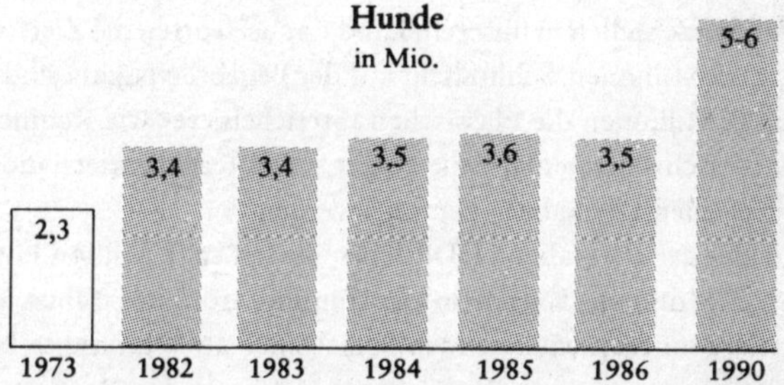

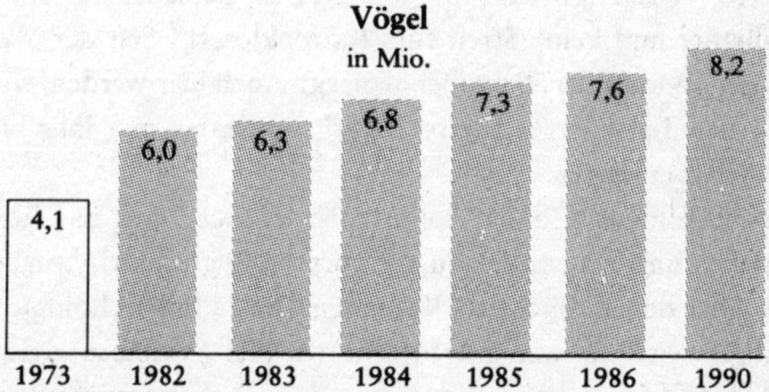

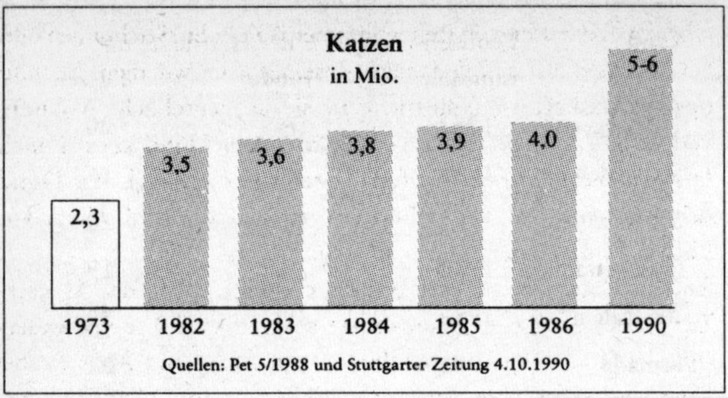

Aber die Bundesrepublik holt auf: In den frühen siebziger Jahren gab es je 2,3 Millionen Hunde und Katzen im westlichen Teil unseres Landes, heute sind es bereits zwischen 5 und 6 Millionen.[7]
An der Spitze stehen in unserem Land unübertroffen die Zierfische mit ca. 65 Millionen. Schlußlicht auf der Beliebtheitsskala sind mit knapp 3 Millionen die klassischen ›Streicheltiere‹ wie Kaninchen und Meerschweinchen und die Nager sowie Terrarientiere, die nur von speziellen Liebhabern gepflegt werden.[8]
Im Gebiet der ehemaligen DDR leben derzeit ca. 1 Million Hunde und 1,5 Millionen Katzen in der Familie, trotz des Tabus, dem Haustiere im real existierenden Sozialismus als sogenannte Nahrungskonkurrenten unterlagen. Bis zur Öffnung der Mauer gab es keinerlei Tierfertigfutter auf dem Markt, keinen Sand für das Vogelbauer und keine Streu fürs Katzenklosett.[9] Seit der Wende allerdings boomt der Tierzubehörmarkt. Auch hier werden, wie im westlichen Teil unseres Staates, Wachstumsraten pro Jahr bis zu 15 Prozent erwartet.
Angesichts dieser Zahlen sollte man denken, daß das Thema Menschen und Haustiere von der Forschung gründlich bearbeitet wird. Aber dem ist nicht so. Kaum ein Thema in Psychologie und Zoologie wird so wenig erforscht wie die Symbiose zwischen Mensch und Haustier. Selbst die tierische Verhaltenswissenschaft (Ethologie) hat sich so gut wie gar nicht dem Haustier gewidmet.

Über das Verhalten von Rehen in freier Wildbahn, Stichlingen oder Schildkröten auf den Galapagos-Inseln wissen wir mehr als über unsere Hauskatze. Was sie tut, wenn sie die menschliche Wohnung verläßt, liegt immer noch im dunkeln.[10] Beim Hund ist es ähnlich: Der Urhund in seiner Wildform interessiert mehr als der Hund, den wir kennen – als Gefährten von Kindern und Alten, von Blinden und Kranken oder von Obdachlosen.

Auch die Humanethologie und Psychologie haben der Mensch-Tier-Beziehung bisher kaum Interesse geschenkt. Die Traumdeutung kennt das Tier als Symbol für Wünsche und Ängste, aber damit ist nichts über eine reale Beziehung von Menschen und Tieren gesagt.[11] Dagegen gibt es Fragen, die dringend wissenschaftlicher Erforschung bedürfen: Wer hat warum welches Tier? Was erhofft sich der Mensch, wenn er ein Tier kauft? Was bringt die Verbindung dem Tier? Wie, was und wieviel spricht der Mensch mit seinem Tier? Wie reagiert das Tier auf unterschiedliche Verhaltensstile von verschiedenen Familienmitgliedern? Welche Eigenschaften und Fähigkeiten machen das Tier zu einem Familienmitglied?

Auf alle diese Fragen gibt es keine Antwort. Vor den siebziger Jahren wurden sie nicht einmal gestellt. Erst jetzt werden erste Studien veröffentlicht. Ich diskutiere diese Forschungsergebnisse in den einzelnen Kapiteln. Hier beschränke ich mich auf die generellen Faktoren, die man für positive Mensch-Tier-Beziehungen vermutet.

Wirkungen von Tieren auf die menschliche Physis

Das Zusammenleben mit einem Tier wirkt blutdrucksenkend und kreislaufstabilisierend. Diese Tatsache ist seit den späten siebziger Jahren bekannt und inzwischen vielfach belegt. Ein Zufall führte zu ihrer Entdeckung:

Die amerikanische Soziologin Erika Friedmann untersuchte die Überlebenschancen von Herzinfarktpatienten nach ihrer Entlassung aus dem Krankenhaus.[12] Alle besaßen nach ärztlichem Ermessen die gleichen Heilungsaussichten; trotzdem starben von 92 Patienten 14 schon im Laufe des folgenden Jahres. Erika Friedmann versuchte nun, die Faktoren herauszufiltern, die für eine Verbesserung oder Verschlechterung der Lebenssituation in Frage kamen. Dabei ging sie von der Vermutung aus, daß *soziale* Bedingungen, besonders die Anzahl und Intensität sozialer Kontakte zu anderen Menschen, einen wichtigen Einfluß auf die Gesundung ausüben müßten. Noch im Krankenhaus unterzog sie die Patienten einem Test, der ihre Stimmungslagen erfaßte. Außerdem ließ sie alle Personen einen Fragebogen ausfüllen, der Auskunft gab über ihr häusliches Leben, ihre Familie, die Zahl ihrer Kinder, die Qualität ihrer Ehe, Wohnverhältnisse, Interessen und Hobbys. Eher beiläufig fragte sie auch, ob die Kranken ein Haustier besaßen und wenn ja, welches.

Über 12 Monate lang verfolgte Erika Friedmann den Krankheitsverlauf der Patienten. Danach verglich der Computer die Daten von Patienten, die starben, mit denen jener Patienten, die überlebten oder sogar merkliche Besserung zeigten.

Wie Friedmann vermutete, zeigte sich ein klarer Zusammenhang zwischen schwacher sozialer Integration und dem frühzeitigen Tod der Patienten. Was die Forscherin aber verblüffte, war ein zweiter Faktor, den der Computer nach komplizierten Rechengängen auswarf: Patienten mit Tieren besaßen signifikant bessere Chancen zu überleben und zu gesunden als Patienten ohne Haustier.[13]

Aus verständlichen Gründen erschien dieser Befund Erika Friedmann und ihren beiden Kollegen – den Psychiatrie-Professoren der Universitäten Maryland und Pennsylvania Aaron Katcher und James Lynch – zunächst reichlich dubios, und man überprüfte alle Daten noch einmal sorgfältig.

Aber das Ergebnis blieb dasselbe. Nun suchte das Forscherteam nach plausiblen Erklärungen für die Tatsache, daß Tierbesitz und bessere Gesundungsaussichten in so signifikantem Zusammenhang standen. Sie begannen mit der Vermutung, die Bewegung in frischer Luft, die Hunde ihren Besitzern abfordern, könne die Ursache für die Verbesserung ihres Zustandes sein. Deshalb trennten sie die Tierhalter in Besitzer von Hunden und Besitzer von anderen Tieren und rechneten sämtliche Daten noch einmal durch, für beide Gruppen getrennt. Aber auch jetzt änderte sich am Ergebnis nichts. Einerlei ob Hund, Katze, Fisch oder Vogel: Der Computer wies für alle Tiere eine gleichermaßen günstige Wirkung auf ihre kranken Besitzer aus.

Blieb noch die Vermutung, die Tierhalter ihrer Stichprobe seien von Anfang weniger ernsthaft krank gewesen als andere Patienten. Auch diese Annahme ließ sich nach sorgfältiger Prüfung nicht halten.

Schließlich fragten sie sich, ob alle Patienten, die Tiere besaßen, aus diesem Grund ähnliche Persönlichkeitsmerkmale aufwiesen: Merkmale, die eine Heilung wahrscheinlicher machten als bei anderen Patienten. Diese Hypothese überprüften sie in einer eigenen Studie; aber auch sie lieferte keine neuen Erkenntnisse.

Es blieb also dabei: Der Besitz eines Haustieres mußte sich *als solcher* positiv auf den Krankheitsverlauf ihrer Besitzer auswirken. Aber warum?

Eine Erklärung für diese Tatsache fanden Katcher, Lynch und Friedmann erst Jahre später, nach einer Reihe von Experimenten, in denen sie den Effekt von Tieren auf den menschlichen Organismus systematisch durchprüften. Dabei interessierten sie sich vor allem für die Kriterien Blutdruck und Kreislauf. In zahlreichen Schriften haben die Forscher ihre Ergebnisse dokumentiert. Jede einzelne dieser Studien ist spannend; ich stelle im folgenden nur die wichtigsten vor.[14]

Einer der ersten Versuche maß den Blutdruck von Menschen in vier verschiedenen Situationen: wenn sie still saßen, wenn sie laut vorlasen, wenn sie mit einem Versuchsleiter sprachen und wenn sie ihren Hund streichelten. Vorlesen und Sprechen trieb bei allen Personen den Blutdruck in die Höhe, Stillsitzen senkte den Blutdruck, aber der niedrigste Wert wurde gemessen, wenn die Versuchsperson ihren Hund streichelte.

Zoologen wußten schon lange: Streicheln wirkt auf *Tiere* beruhigend.[15] Jeder Tierhalter weiß, daß er seinen Hund oder seine Katze im Wartezimmer des Tierarztes auf diese Weise ruhighalten kann. Gleichzeitig – das wissen wir erst seit Katcher und Friedmann – beruhigt er damit aber auch *sich selbst*. Oft sind Herrchen und Frauchen beim Tierarzt viel nervöser als ihre Patienten.

Inzwischen weiß man, daß nicht nur Streicheln, sondern die bloße *Präsenz* eines Tieres blutdrucksenkende und damit streßreduzierende Wirkungen hat. Das bewies das nächste Experiment, das Katcher und seine Kollegen durchführten. Schauplatz dieses Versuches war das Wohnzimmer des Psychiaters James Lynch. Die Versuchspersonen rekrutierten sich aus den Kindern der engeren Nachbarschaft. Sie mußten laut vorlesen. Wie sich zeigte, empfanden alle diese Aufgabe als Belastung. Sie reagierten mit typischen Streß-Symptomen wie steigendem Blutdruck und Erhöhung der Herzfrequenz. Sowie sich den Kindern ein Hund hinzugesellte, wurde die Situation entspannt: Der Blutdruck der Kinder zeigte signifikant niedrigere Werte.

Die Wissenschaftler hatten die Kinder zunächst in zwei Gruppen geteilt: Die Jungen und Mädchen der ersten Gruppe trafen beim Betreten des Raums gleich auf Versuchsleiter *und* Hund. Die zweite Gruppe begegnete zunächst nur dem Versuchsleiter. Der Hund kam später hinzu. Während des ganzen Versuchs waren die Kinder der ersten Gruppe entspannter als die der zweiten, und der Effekt hielt sogar noch an, nachdem das Tier wieder hinausgeführt worden war. Die zweite Gruppe reagierte zunächst sehr nervös. Erst als der Hund zu ihr stieß, ließen die Streß-Symptome merklich nach. Aber ihre Blutdruck- und Herzfrequenzwerte sanken auch später nie auf die niedrigen Werte derjenigen Kinder, die gleich zu Beginn des Versuchs mit dem Hund zusammen waren.

Übrigens durften die Kinder nicht mit dem Tier interagieren. Er war nur Teil des ›visuellen Umfeldes‹ (so der Begriff, den Katcher und seine Kollegen verwandten).[16] Nun war bewiesen, daß die *reine Präsenz* eines Hundes genügte, um Streß abzubauen. In diesem Stadium des Versuches fand eine Dissertation des englischen Psychologen J. Sebkova endlich Beachtung, die in der Bibliothek der Universität Lancaster nur in wenigen Exemplaren vorlag. In ihr hätte man schon 1977 nachlesen können, daß Menschen, die einen Angst-Test mitmachten, deutlich geringere Angst-Werte zeigten, wenn ihnen während der Testsituation ein Hund beigesellt wurde.[17]

Das Ergebnis der Studie von Katcher und Lynch: Der Hund vermittelt den Menschen ein Gefühl von »Sicherheit und Vertrautheit«.[18] Später bewiesen Katcher und sein Mitarbeiter Alan Beck, daß diese Effekte sich keineswegs nur auf Hunde beschränkten. Zierfische in einem Aquarium besitzen gleichsam hypnotische Wirkung.

Versuchspersonen waren diesmal Patienten in einer zahnärztlichen Praxis, denen ein chirurgischer Eingriff bevorstand. Katcher und Beck testeten ihre Reaktion auf verschiedene Entspannungstechniken, die vor der Behandlung im Wartezimmer angeboten wurden: Stillsitzen und Konzentration auf den kommenden Vorgang, konzentriertes Betrachten eines Posters an der Wand, Betrachten eines Aquariums mit Fischen, Hypnose. Die Reaktion wurde mit vier verschiedenen Methoden kontrolliert: Alle Patienten füllten vor und nach der Behandlung einen ausführlichen Fragebogen aus. Ihr Blutdruck wurde die ganze Zeit über gemessen, und ein neutraler Beobachter beschrieb ihr Verhalten während des Eingriffs. Auch der Zahnarzt selber gab Auskunft darüber, inwieweit sich die Patienten während des Eingriffs entspannten und kooperierten. Weder der Beobachter noch der Zahnarzt wußten, welche Entspannungstechnik ein Patient im Wartezimmer ausgewählt hatte.

Alle vier Entspannungstechniken führten, wie der Versuch zeigte, zu niedrigerem Blutdruck und größerer Ruhe als bei Patienten, die keinerlei Technik angewandt hatten. Die nachhaltigste Entspannung lieferten Hypnose und Konzentration auf das Aquarium, vor allem als Kombination der Methoden.[19]

Nun weiß man seit langem, daß *jedes* Objekt, das von einer streßreichen Situation ablenkt, eine beruhigende Wirkung ausübt: ein Bild, ein Fensterausblick, ein Aquarium, ein Hund. Dabei wirkt der Anblick von lebenden, sich bewegenden Dingen stärker als der von starren Objekten. Diesen Effekt kannten Katcher und Beck selbstverständlich. Aber die Ergebnisse ihrer zahlreichen Studien erschienen den beiden als viel zu eindeutig, um durch eine so einfache Weisheit erklärt werden zu können. Hohn und Spott ihrer Kollegen riskierend, zogen sie nachstehende Schlußfolgerung:

> Nun können sich unsere experimentellen Ergebnisse recht einfach durch die Hypothese erklären lassen, daß das Aquarium eben eines von vielen wirksamen Ablenkungsmitteln sei, die sich allesamt dadurch auszeichnen, daß sich darin ein Ding oder eine Gruppe von Dingen bewegt. Manchmal ist es jedoch nützlich, die Forderung nach der einfachsten Erklärung zu mißachten, wenn man zu interessanten Forschungshypothesen gelangen will. Etwas zaghaft wollen wir daher die vorsichtige Hypothese formulieren, daß die Gegenwart ungestörter Lebewesen deshalb beruhigend wirkt, weil in der menschlichen Evolution jahrtausendelang, wenn nicht sogar immer, der Anblick und das Geräusch ungestörter Tiere und Pflanzen ein wichtiges Zeichen für Sicherheit waren. Wir wissen, daß infrahumane Primaten das Fluchtverhalten anderer Tiere, die schärfere Sinne besaßen, als Gefahrensignal werteten. Die plötzliche Unruhe einer grasenden Antilopenherde, die einen Leoparden wittert, ist ein gutes Beispiel für ein derartiges Warnsignal. Wenn sich also ein Tier ruhig verhält, das in Gegenwart eines für die Primaten gefährlichen Tieres gewöhnlich flieht und erkennbares Fluchtverhalten zeigt, so kann dies als Sicherheitssignal gewertet werden …
> … Wir wollen damit nicht unterstellen, daß die Patienten, die unsere Aquarien betrachteten, auf ererbte oder rassische Erinnerung an ein Leben in der afrikanischen Savanne vor hunderttausend oder Millionen von Jahren zurückgreifen. Zwei einfachere Erklärungen bieten sich an:

1. Die Funktionsweise eines angeborenen, neurologischen Musters für die Unterscheidung verschiedener Bewegungsabläufe in der Umwelt. Die Tendenz, sich nach fernen, bewegten Objekten zu orientieren und sie zu verfolgen, könnte durch den Selektionsdruck geprägt worden sein, als Raubzüge oder Aggressionen unter Artgenossen noch bestimmend zu den Todesursachen gehörten. Ganz sicher wissen wir, daß Unterschiede in der Art, sich gegenüber Umweltsignalen zu orientieren, ein Teil der Varianz der angeborenen Verhaltensmuster bei Tieren wie bei Menschen ist.

2. Noch vordergründiger erscheint, daß wir in unserer Sprache und unseren gemeinsamen Symbolen immer noch die ungestörte Natur als ein Zeichen für Sicherheit verwenden. Die Flucht von Tieren ist ein visuelles Mittel, im Film und Fernsehen Gefahr darzustellen. Im Disney-Film »Schneewittchen« wird dieses Mittel wirksam eingesetzt, indem die Tiere fliehen, als die Hexe erscheint, um Schneewittchen einen vergifteten Apfel anzubieten. Sogar ungestörtes Pflanzenleben ist ein Zeichen für Sicherheit. Pflanzen und Bäume, die sich im aufkommenden Sturm biegen, sind ein klassisches Zeichen für drohende Gefahr. Im wirklichen Leben ist der friedliche Schlaf oder der ruhige Schritt eines Wachhundes immer noch ein nützliches Sicherheitssignal. Die Sicherheit, die uns das ungestörte Tierleben vermittelt, zeigt sich in der symbolischen Darstellung des »Friedlichen Königreichs«, in dem Räuber und Beute Seite an Seite ruhen; eine Darstellung, die durch den biblischen Ausspruch »Da werden die Wölfe bei den Lämmern wohnen und die Panther bei den Böcken lagern« angeregt wurde. Deshalb ist es auch gar nicht verwunderlich, daß dieses friedliche, aquatische Königreich im Mikrokosmos Aquarium entspannend sein kann, einfach wegen der ruhig schwimmenden Fische und der sanft im Wasser wogenden Pflanzen.[20]

Wie erwartet, sorgten die kühnen Thesen der beiden Forscher Katcher und Beck für beträchtliches Aufsehen: Von Hohngelächter

und radikaler Ablehnung über verständnisloses Kopfschütteln bis zu emphatischer Zustimmung reichte das Spektrum der Reaktionen bei der Fachwelt. Und wie es stets bei aufregenden wissenschaftlichen Entdeckungen geht: In der Herz- und Schmerz-Presse wurde das Thema aufgegriffen und auf den simpelsten Nenner gebracht. Unglaubliche Beispiele für die heilbringende und lebensverlängernde Wirkung von Haustieren auf ihre Besitzer kamen da in einer Flut von Leserbriefen und Titelgeschichten an den Tag.
Katcher und Beck – und ihrem neuen Wissenschaftsfeld – hat diese überzogene Aufnahme ihrer Themen in der Öffentlichkeit eher genützt als geschadet. Immerhin fanden sich in der Folgezeit Sponsoren, die ihre Studien durch Stipendien und Stiftungen förderten. Die wissenschaftliche Arbeit ging voran. Zahlreiche Mediziner, Psychologen und Tierärzte haben die Arbeit der ›Nestoren‹ Friedmann, Lynch, Katcher und Beck seitdem fortgeführt. An ihren Ergebnissen kommt die Forschung nicht mehr vorbei: Daß Kontakt zu Tieren Blutdruck und Herzfrequenz senkt, während die Interaktion mit Menschen den Blutdruck erhöht, wurde inzwischen immer wieder bestätigt, von Experten anderer Universitäten und anderer Nationen.[21]
Die Gründe dafür sind bis heute letztlich nicht geklärt. Es gibt eine Fülle von Hypothesen, die ich hier nicht entwickeln will.[22] Aber zweifelsfreie Beweise fehlen. Das ist jedoch kein Hinderungsgrund für den therapeutisch erfolgreichen Einsatz von Tieren in angstbesetzten Situationen.

Lachen als Therapie

Einen weiteren physiologischen Effekt von Haustieren vermutet der amerikanische Mediziner Michael McCulloch: Tiere reizen zum Lachen und Spielen und bewirken damit eine chemische Reaktion im Organismus, die der Mensch als beglückend empfindet – so seine These. Wissenschaftlich nachweisen ließ sie sich bisher nicht, aber vieles spricht dafür, daß McCulloch recht hat. Er trug auf dem Internationalen Symposium zur Mensch-Tier-Beziehung in Wien 1983 folgendes vor:

> Es ist seit einiger Zeit bekannt, daß der menschliche Körper ›interne Opiate‹ besitzt, die Teil eines komplizierten neuro-endoktrinen Regelmechanismus sind. Vieles weist nun darauf hin, daß die Enkephaline Neurotransmittoren spezifischer Neuronensysteme des Gehirns sind, die die Integration von sinnlichen Wahrnehmungen, die mit Schmerz und Gefühlsverhalten zu tun haben, vermitteln … Das Beta-Endorphin ist eine andere endogene, morphinartige Substanz, die hauptsächlich in der Hypophyse eine Rolle spielt. Sie wird mit ACTH und anderen Substanzen im Falle von Streß und auch durch elektrische Stimulierung sowie andere noch unbekannte Methoden ausgeschüttet … Es ist eine Annahme, daß das Lachen dieses interne Opiatsystem beeinflußt. Cousins beschrieb zwei Stunden der Schmerzunempfindlichkeit nach zehn Minuten herzlichen Gelächters, als er an einer schweren Kollagenerkrankung litt. Goldstein stellt fest, daß Studien, die psychologische und physiologische Messungen vereinen, typischerweise herausfinden, daß Gelächter kurzfristig ›arousal‹ beliebigen Ursprungs reduzieren kann, womit die Theorie unterstützt wird, daß das Gelächter manchmal beim Streßabbau seine Wirkung entfaltet. Endorphine verringern den Schmerz und lösen Gefühle freudiger Erregung aus. Gelächter kann nicht nur physischen Streßabbau und Schmerzlinderung bewirken, sondern auch die Empfindung von Euphorie. Haustiere sind eine häufige Quelle für Humor, Gelächter und Spiel im Leben von Menschen und können auch durch diesen neuro-endoktrinen Pfad zur Vermittlung dieses Effekts wirken.[23]

Körperkontakt

Tiere sorgen für Entspannung

Physiologische Reaktionen durch Tierkontakte hat man inzwischen nicht nur im Blick auf Blutdruck und Herztätigkeit nachweisen können. Wer mit einem Tier spricht oder es streichelt, zeigt eine Reihe von stereotypen Veränderungen in seinem Gesicht und der Stimme:

> Das Gesicht wird entspannter. Insgesamt läßt die Muskelspannung, die besonders in der Augenbrauen- und Augengegend sichtbar ist, nach. Das Lächeln, das die Interaktion stets begleitet, ist entspannter, wobei an den Mundwinkeln weniger Anspannung erkennbar wird. Wer zum Tier spricht, hält die Lippen oftmals geöffnet und leicht gespitzt. Die Stimme wird weicher und für Beobachter in einer Entfernung von 1 1/2 m manchmal unhörbar ... Die Stimmlage wird höher, und das Sprechmuster ist in kurze Wortabschnitte aufgeteilt, die oft fragend formuliert sind und mit ansteigender Intonation enden. Diesen Fragen folgen Pausen, in denen die Person Blickkontakt und Beantwortungsgesten des Tieres erbittet. Meist erwidert das Tier den Blickkontakt und dreht seinen Kopf zum Kopf der Versuchsperson. Interessiert sich das Tier gerade für etwas anderes, so erzwingt die Versuchsperson oft den Blickkontakt, indem sie den Kiefer des Tieres mit der Hand umfaßt und seinen Kopf so dreht, daß ein Blickkontakt hergestellt werden kann. Manchmal wird die Frage vom Sprecher stellvertretend für das Tier beantwortet, besonders dann, wenn das Tier verhaltensmäßig nicht reagiert.[24]

Die hier beschriebene physiologische Veränderung in Mimik und Rede nennt der englische Veterinärmediziner R. D. Ryder treffend »loosening the stiff upper lip«.[25] Tiere beruhigen und lösen, so Ryder, schon deshalb, weil sie kein ›gutes Benehmen‹ erwarten. Sie sind Natur und erlauben uns, auch Natur zu sein. Sie verlangen keine passende Garderobe, keine zugeknöpfte Jacke, nicht einmal eine geschlossene Hose. Da sie selbst keine ihrer natürlichen Funktionen verbergen, fühlen wir uns frei, solche Bedürfnisse in ihrer Gegenwart nicht zu unterdrücken. Das entlastet, und mehr: Es kann uns vielleicht hie und da den verlorengegangenen Sinn für unsere natürliche Eingebundenheit wiederfinden lassen: für Geburt und Tod, Ernährung und Entleerung, Schlaf und Wachen, Begierde und Sättigung. Möglich, daß Tiere in viktorianischen und wilhelminischen Zeiten des Triebverzichtes die einzigen Ventile für solche zugleich natürlichen und menschlichen Neigungen waren.[26]

Tiere verhindern Selbstmord

Andere Studien lassen vermuten, daß Tiere wirksame Mittel gegen Einsamkeit, Depression und sogar Selbstmord sind. Der ungarische Mediziner A. Pethes will nachweisen, daß ein Haustier eine Garantie gegen Suizid bedeutet. Auf dem bereits erwähnten Wiener Symposium berichtete er von mehreren wissenschaftlichen Arbeiten zu diesem Thema. Noch nie habe zum Beispiel in seinem Land ein blinder Mensch Selbstmord begangen, der einen Blindenhund hatte, während die Suizidquote bei Sehbehinderten im ganzen sehr hoch sei.[27]

Mit diesen Vermutungen entfernen wir uns von wissenschaftlich zuverlässigen Forschungsprogrammen der Mensch-Tier-Beziehung. Jedenfalls verlassen solche Programme die eingefahrenen Gleise exakter Naturwissenschaft. Anders als im Falle des sinkenden oder steigenden Blutdrucks gibt es für die Effekte von Tieren auf Menschen, die im folgenden vorgeführt werden, keinen klaren ›Beweis‹ im wissenschaftlichen Sinn, sondern nur Vermutungen und ›Evidenzen‹.

Tiere erlauben Sinnlichkeit

Tiere darf man *anfassen*, streicheln, liebkosen, in den Arm und auf den Schoß nehmen. Das alt-tiefe Bedürfnis nach Berührung und Nähe, das der Mensch wie das Tier in sich trägt, bleibt in unserer zivilisierten Welt weithin unbefriedigt. Vor allem die nördlichen, protestantisch-puritanischen Völker haben über Jahrhunderte ihrer Geschichte fast jeden Körperkontakt unterdrückt. Sexuelle Lust war tabuisiert, und aus Sorge vor ihr wurde auch jede nichtsexuelle Zärtlichkeit zwischen Menschen aus dem Leben verbannt. Schon eine kurze Umarmung unter Freunden – im Süden seit eh und je üblich – steht bei den nördlichen Gesellschaften im Verdacht erotischer Annäherung und ist deshalb tabuisiert. Aber Tiere darf jedermann liebkosen, ohne das Mißverständnis einer erotischen Attraktion zu riskieren. Psychiater und Anthropologen vermuten, daß, wie in anderen Tieren, auch im Menschen ein Instinkt zur gegenseitigen ›Fellpflege‹ angelegt sei, eine Art Lust, sich selbst und andere zu lausen. Natürlich sei dieser Trieb, der übrigens mehr auf der Befriedigung des Hungergefühls gründe als in zärtlicher oder gar sexueller Verlockung, in der menschlichen Gesellschaft unterdrückt. »Unter Menschen gibt es dieses gegenseitige Rupfen und Zupfen nur in geschlechtlicher Intimität, wo alle verbotenen Früchte sich zu einem köstlichen Fruchtsalat vereinigen. In der Mensch-Tier-Beziehung fehlen die hohen Tabuschranken, und jeder darf sein Tier nach Herzenslust streicheln und striegeln, knuddeln und knutschen.« – so der britische Arzt R.D. Ryder in einem Vortrag vor Ökologen und Tiermedizinern in London mit dem programmatischen Titel »Pets in Man's Search for Sanity«.[28] Psychoanalytiker und Anthropologen belehren uns heute darüber, daß das Bedürfnis nach Zärtlichkeit und nichtsexueller Berührung bei Männern und Frauen ähnlich stark ausgeprägt sei. Männer dürfen es aber in unserer Gesellschaft noch weniger ausleben als Frauen. Freundinnen umarmen und küssen sich sogar in den berührungsfeindlichsten Ländern wie Großbritannien; für Männer ist solches Weibergetue durchweg tabu. Zärtlichkeit paßt nicht zur männlichen Welt. Aber das gilt wieder nur im Blick auf Menschen: Ein Tier darf ›man‹ streicheln und auf den Arm nehmen, man darf mit ihm spielen und lachen. Im Spiel mit dem Tier gewinnt der Mann jene Eigenschaften und Fähigkeiten zurück, die eine sinnenfeindliche Religion und eine puritanische Erziehung ihm ausgetrieben haben.

Viele psychologische Studien haben inzwischen gezeigt, daß der Kontakt mit dem Tier aus diesem Grund für Männer noch weit größere Bedeutung besitzt als für Frauen: als ihre vorläufig einzige Chance für Nähe und Zärtlichkeit oder zweckfreies Spiel.

Das Tier als ›soziales Gleitmittel‹

Tiere stiften Beziehungen

Tiere darf man nicht nur *anfassen*, sondern man kann sie auch ungefragt *ansprechen*. Auf diese Weise stiften Tiere soziale Kontakte zu anderen Menschen: als ihre Herren und Halter. Jeder darf jeden Hund und jede Katze, denen er auf dem Spaziergang begegnet, ohne Scheu anreden. Wenn am anderen Ende der Leine ein Mensch geht, ist dieser indirekt mitadressiert, und in der Folge entspinnt sich vielleicht ein Gespräch zwischen zwei wildfremden Menschen. Unmöglich die Vorstellung, mit einem Fremden ein Gespräch zu eröffnen, ohne einen Grund dafür zu haben oder bekannt gemacht worden zu sein.

Mit Hunden und anderen Tieren in seiner Nähe wirkt ein Mensch offenbar eher zugänglich. Diese Einsicht, die niemanden sonderlich überrascht, der selbst ein Tier hält, wurde durch Experimente amerikanischer und britischer Psychologen auf eindrückliche Weise bestätigt. Ein Beispiel:

Der Engländer Peter Messent und seine Kollegen beobachteten im Londoner Hyde-Park Spaziergänger ohne und mit Hundebegleitung. Dieselben Menschen, die *ohne* Hund unbeachtet und unangesprochen ihres Weges gingen, fanden sich *mit* Hund im Zentrum des Interesses zahlreicher anderer Spaziergänger: Häufig traf sie bei der Begegnung ein Lächeln, oft wurden sie freundlich gegrüßt, ab und zu begann der Entgegenkommende sogar ein Gespräch. Dabei wurde niemals der Hundebesitzer sofort selbst adressiert, sondern das Wort wurde zunächst an den Hund gerichtet, dann erst an den zugehörigen Herrn. Das Ergebnis der Studie war, obgleich Messent es fast vorausgesagt hatte, insgesamt doch frappierend: Die Chance zum sozialen Kontakt lag mit Hund ungleich höher als ohne das Tier.[29] Dem entspricht, daß in vielen Umfragen Tierhalter aussagen, das Tier eröffne die Chance, mit anderen Menschen zu sprechen, oder gar: das Tier ›schaffe Freunde für sie‹. Das war das Fazit einer schwedischen Studie von Adell-Bath. Auch die jüngste deutsche Untersuchung von Reinhold Bergler kommt zu solchen Schlüssen.[30]

Dieser Effekt eines Tieres als ›soziales Gleitmittel‹ spielt in geriatrischen und psychiatrischen Therapien eine zunehmend wichtige Rolle.[31] Wiederum profitieren Männer hier mehr als Frauen, die bessere kommunikative Gaben für Kontakte zu anderen Menschen mitbringen. Männer dagegen sind ohne das Gleitmittel Tier zur Kommunikation mit fremden Menschen weitgehend unfähig.

Machen Tiere freundlicher?

Tierhalter haben nicht nur größere soziale Kontaktchancen, sie gelten auch für kontaktfreudiger. Das zeigt eine Studie des amerikanischen Psychologen Randall Lockwood. Er wies im Experiment nach, daß Menschen mit Tier als freundlicher, glücklicher, unerschrockener und weniger verkrampft eingeschätzt werden als Menschen ohne ein Tier. Lockwood unterzog etwa 150 Versuchspersonen einem sogenannten TAT-Test. Dieses Verfahren wird in der Psychologie eingesetzt, um verschiedene Wahrnehmungsweisen zu messen. Die Teilnehmer, zur Hälfte Psychologiestudenten des 1. Semesters und zur anderen Hälfte Leute, die sich auf Grund einer Annonce meldeten, bekamen Zeichnungen vorgelegt, die einen oder mehrere Menschen darstellten und bewußt vielerlei

Deutungen der im Bild festgehaltenen Situation zuließen. Im selben Bild war einmal der Mensch allein und in einem anderen Fall zusammen mit einem Tier dargestellt. Die Betrachter mußten notieren, welchen Eindruck der Mensch oder die Menschen im Bild auf sie machten: fröhlich, gesund, vital, schlecht gelaunt, bedrohlich oder was sonst.

Ein Beispiel: Man sieht einen Mann breitbeinig auf einer Parkbank; beide Hände stützt er aufs Knie, in der linken Hand hält er einen Gegenstand, der wie ein aufgeschlagenes Buch aussieht. Sein Blick geht am Betrachter vorbei ins Weite. In einem zweiten Bild verändert sich die Szenerie im Zeichnerischen nur unwesentlich durch einige Vögel und ein Eichhörnchen vor der Parkbank. Obwohl sich, wie gesagt, im Bild sonst nichts ändert, hinterließ die zweite Zeichnung bei den Betrachtern einen völlig anderen Eindruck: Derselbe Mann, dem die Versuchspersonen in Bild 1 eine gelangweilte oder sogar depressive Stimmung zuschrieben, erschien ihnen in Bild 2 als ein freundlicher, offener, entspannter und unterhaltsamer Charakter.

Das gleiche wiederholte sich bei den anderen Zeichnungen: Sowie ein Tier mit im Bild war, wurden der Mensch oder die Menschen in seinem Umkreis als weitaus sympathischer und leichter zugänglich beurteilt.[32]

Das Lockwoodsche Experiment dient übrigens auch der Werbung: Gleichgültig welches Objekt zum Verkauf steht, ein Tier auf dem Plakat oder im TV-Spot macht es attraktiver. Auch der politische Wahlkampf arbeitet mit dieser Methode: Vor den amerikanischen Kongreßwahlen 1980 wurde den Kandidaten der Republikaner von ihren Wahlkampffachleuten dringend nahegelegt, sich oft mit Tieren zu zeigen und sich fürs Wahlkampffoto mit einem Hund ablichten zu lassen.

Tiere können Ehen retten

Man weiß heute, daß ältere, schon etwas müde gewordene Ehen von gemeinsam gehaltenen Tieren profitieren. Sie liefern ihrer sonst mageren Gesprächsthemenpalette stets neuen Stoff. Schon zu Beginn der achtziger Jahre hatte die amerikanische Ärztin Ann Cain auf einem Kongreß die Behauptung gewagt, Haustiere verhinderten Krach in der Ehe.[33] Ende der achtziger Jahre wurde ihre These in einer repräsentativen Umfrage erstmals geprüft – und bestätigt: Von 430 befragten Ehepaaren – 213 mit Hund, 217 mit Katze – gaben 80 Prozent zu Protokoll, das Haustier diene als Tröster bei einer zeitweiligen Trennung vom Partner, und weit über die Hälfte erklärten, das Tier versöhne die Partner nach einem Streit. Weil das Tier als Vermittler auftrete, werde das drückende Schweigen nach einem Krach rasch wieder beendet. Drei Viertel der Hundehalter und zwei Drittel der Katzenbesitzer sind davon überzeugt, daß ihr Tier das Zusammengehörigkeitsgefühl in der Ehe wesentlich stärke. Der wichtigste Faktor dafür: das Tier liefere Stoff für Gespräche.[34] Auch kleine Käfigtiere wie Vögel und Meerschweinchen tun ähnliche Dienste: Sie sorgen für Gesprächsstoff innerhalb der Familie.

Tiere als Familienmitglieder

Das Tier liefert nicht nur Stoff für Gespräche, sondern es ist selbst Gesprächspartner. Fast alle Besitzer empfinden ihr Tier als ›Familienmitglied‹.[35]

Ein hübsches Beispiel dafür liefern der österreichische Schauspieler Klaus Maria Brandauer und seine Frau, die Regisseurin Karin Brandauer: Auf einer Glasscheibe in der Veranda ihres Ausseer Hauses sind vier Buchstaben eingraviert: K + K, C + F: Klaus und Karin, Christian und Figaro. Christian ist der Sohn, Figaro der irische Setter des Künstler-Ehepaares.[36]

Das Tier als Familienmitglied, und häufig als wichtigster Teil der Familie: In Großbritannien war das immer schon so. In einer Parodie auf England läßt Peter Ustinov einen typischen Briten sein Zuhause mit den folgenden Sätzen beschreiben: »Das ist, wo meine Hunde und Pferde leben und meine Kinder – und natürlich meine Frau.« Wo sonst als in England trägt der Hund den Familiennamen seines Besitzers oder wird gar mit Sir tituliert? Der britische Arzt Bruce Fogle redet in einem Buch über die Mensch-Tier-Beziehung von einem gewissen Jackson McLeod ebenso ernsthaft wie von einem Andrew Yoxall. Yoxall ist Professor der Universität Cambridge, Jackson McLeod ein ungezogener Cockerspaniel.[37]

Alle bisher vorliegenden Studien sind sich, wie gesagt, einig darin, daß das Tier als ein volles Familienmitglied akzeptiert wird. Man redet mit ihm wie mit einem anderen Menschen, meist wie mit einem Kind. Das Tier erhält ebenso viel Aufmerksamkeit und Zuwendung wie die anderen Familienmitglieder, oft sogar mehr. Mit einem empörten Aufschrei kommentierte die amerikanische Presse die Studie von Ann Ottney Cain, die herausfand, daß in den meisten Haushalten mit Kindern und Tieren die Erwachsenen dem Tier mehr Aufmerksamkeit zukommen ließen als ihren Kindern.[38]

Doch ist diese Tatsache, bei Licht besehen, wirklich schockierend? Kinder müssen selbständig werden, Haustiere nicht. Kinder warten nicht bei allen Aktivitäten auf Impulse von ihren Eltern, hängen nicht ständig am Schürzenzipfel von Mutter und Vater. Ein Hund dagegen wartet über Stunden, Tage – sein ganzes Leben lang auf das freundliche Wort, auf den Impuls für ein Spiel mit dem Herrn, der ihm das Gefühl gibt, ein vollwertiges Mitglied im Wolfsrudel zu sein. Es muß nicht unbedingt verwundern, wenn er häufiger adressiert wird als die Kinder im gleichen Haushalt.

Verständigung ohne Worte

Tiere sind Gesprächspartner

Das Tier ist nicht nur Kind in der Familie. Oft ist es auch eine ›erwachsene Vertrauensperson‹. Fast alle Tierhalter der bisher vorliegenden Studien versichern, ihr Hund, ihre Katze oder auch ihr Kanarienvogel verstünden genau, was sie sagten. Das Tier ist für viele ein echter Gesprächspartner, dem man seine Freude, vor allem aber sein Leid anvertraut. Obwohl es die einzelne Information nicht versteht, fühlt es intuitiv die Stimmung seines menschlichen Partners. Es lauscht auf den Ton und achtet auf Körpersignale. Es weiß, ob sein Herr fröhlich oder verstimmt ist, und wirkt somit wie ein ›stiller Psychiater‹, weil es geduldig und scheinbar teilnahmsvoll zuhört, ohne dazwischenzureden. Menschen, die sich über den Verlust ihres Lebensgefährten grämen, kommen leichter über den Kummer hinweg, wenn sie ein Haustier besitzen.[39] Der amerikanische Psychiater Boris Levinson spricht deshalb vom Haustier als einem ›therapeutischen Element im Alltag‹.[40]

Tiere sind nachsichtig

Was noch wichtiger ist: Das Tier ›versteht‹ – und versteht gleichwohl nichts: Es fühlt die Niedergeschlagenheit seines Herrn, den sein Chef zurechtwies, aber es kennt ihn nicht als ›Versager‹. Es spürt den Kummer der Herrin, die keinen Liebhaber findet, aber es weiß nicht, daß sie nach menschlichen Kategorien unattraktiv ist. Seine Liebe bleibt von solchen menschlichen Gesichtspunkten unbetroffen. Gerade in schwierigen Lagen stützt das Tier den menschlichen Partner dadurch, daß es ihm ein Gefühl von Wichtigkeit und Unersetzlichkeit vermittelt: Man wird gebraucht und verehrt. Besonders Hunde sind Schmeichler: »Sie verehren auch den dümmsten Herrn noch als Helden … Jeder Hundebesitzer kann sich vorstellen, wie einem römischen Feldherrn zumute sein mußte, der nach gewonnener Schlacht im Triumph in Rom Einzug hielt.

EINTRETENSWAHRSCHEINLICHKEITEN

NUTZENFAKTOREN

rechne überhaupt nicht damit / erwarte ich nicht	rechne sicher damit erwarte ich

0 1 2 3 4 5 6

Für mich ist es wahrscheinlich,

... daß ich mit dem Hund spielen kann
... daß ich mit dem Hund schmusen kann
... daß der Hund um mich herum ist
... daß ich zu dem Hund reden kann
... daß ich mich um den Hund kümmern kann
... daß ich durch den Hund einen geregelten Tagesablauf habe
... daß ich in dem Hund einen Kameraden bzw. Freund habe
... daß der Hund mich und meine Probleme versteht
... daß der Hund mir dankbar ist
... daß ich durch den Hund öfter an der frischen Luft bin
... daß ich durch den Hund mehr Bewegung habe
... daß ich durch den Hund naturverbundener lebe
... daß ich von dem Hund beschützt werde
... daß ich dem Hund etwas beibringen kann
... daß der Hund gut ist bei der Erziehung meiner Kinder
... daß ich es genieße, dem Hund zuzusehen
... daß ich wegen des Hundes von anderen anerkannt und geachtet werde
... daß mich der Hund vom Alltag ablenkt
... daß mir der Hund Freude am Leben gibt
... daß ich durch den Hund andere Leute kennenlerne

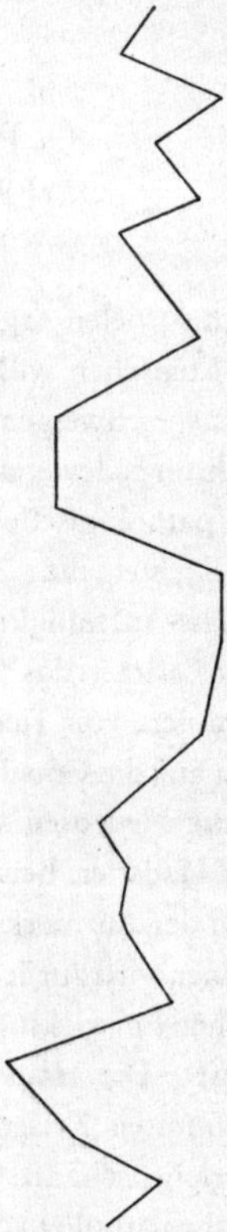

Quelle. Bergler 1986/1987, S. 313

Und wenn er nach einem ausgiebigen Kneipenbesuch nach Hause kommt, begrüßt ihn der Hund – im Unterschied zu seiner Frau – als lange vermißten Freund und als Helden.«[41]
Die Grafik auf S. 57 aus einer Studie von Reinhold Bergler über die Beziehung von Menschen und Hunden faßt viele der bisher zur Sprache gekommenen Aspekte noch einmal auf anschauliche Weise zusammen:

Pathologische Züge der Mensch-Tier-Beziehung

Nach so vielen Argumenten für eine heilsame Wirkung von Tieren auf Menschen will ich auch die dunklen Seiten dieser Beziehung nicht verschweigen: das Tier als Status-Symbol, als Opfer perverser Züchtungsideale, als Ziel unausgelebter Aggression. Es gibt auch eine pathologische Liebe zum Haustier. Tierärzte klagen über die ständig steigende Zahl hochneurotischer Haustiere. In ihren Verhaltens-Auffälligkeiten spiegelt sich stets eine psychische Störung ihrer Besitzer: das Tier als Opfer menschlicher Unzulänglichkeiten, therapiert von Tier-Psychologen, die besser Herrchen und Frauchen auf die Couch bitten sollten.
Solche Neurosen sind häufig die Folge einer krankhaften Liebe zum Haustier. Beispiel unglückliche Ehe: Das Tier rückt ins Zentrum der Aufmerksamkeit eines der Partner, und der menschliche Partner wird zurückgesetzt. Jedenfalls gibt es Psychologen, die vor solchen Entwicklungen warnen; so auch Leonard J. Simon in seiner Schrift »Die Haustier-Falle«. Simon räumt ein, daß ein Tier in bestimmten Krisensituationen für den Menschen eine wichtige Überlebenschance bieten kann. Aber in vielen Fällen schätzt er die Gefahr pathologischer Zuwendung zum Haustier höher ein als den entlastenden Effekt:

> Ich habe von Scheidungen gehört, die sich ohne Tier niemals ereignet hätten, und ich habe von Scheidungen gehört, die sich

viel früher hätten ereignen sollen und (nach dem Tod des gemeinsamen Tieres) endlich vollzogen wurden. Ich habe von Kindern gehört, die um eines Haustieres willen vernachlässigt wurden. Ich habe von Kindern gehört, die geboren worden wären, wenn nicht ein Tier im Haus existiert hätte. Ich habe von Kindern gehört, die von Hunden gebissen wurden, die zuvor deutliche Zeichen von Eifersucht zu erkennen gaben, aber ihre Besitzer wollten sich nicht von dem Tier trennen.

Solche pathologischen Situationen folgen nach Simon stets denselben Strukturen: Ein Mensch kann seine Unfähigkeit zum normalen Kontakt mit anderen Menschen durch seine Liebe zum Tier kompensieren. Er erfährt auf diese Weise niemals genug ›Leidensdruck‹, um an sich zu arbeiten. Er zieht sich statt dessen immer stärker zurück und lebt nur noch dem Tier.[42]
Dieser Einwand ist ernst. Niemand wird leugnen, daß es überzogene Tierliebe gibt, die Menschen als Partner ausschließt. Nicht nur Leonard Simon, sondern auch andere Psychologen vertreten die These, Tierliebe bedeute in vielen Fällen nur einen Ersatz für die mangelnde Liebe zu Menschen. Das Forscherteam Cameron/Mattson meinte beweisen zu können, daß Menschen, die sich für tierlieb erklären, gleichzeitig sämtlich zu Misanthropie neigen.[43] Die Studie erhielt Zustimmung von vielen, aber sie ist mittlerweile durch zahlreiche andere Arbeiten ergänzt worden, die das Gegenteil zeigen: Menschen, die Tiere gern mögen und selbst welche halten, sind statistisch heiterer, geselliger und selbstbewußter als jene, die kein Haustier besitzen.[44]
Wer hat recht? Es sieht nach dem gegenwärtigen Stande der Forschung deutlich so aus, als lägen die besseren Argumente in diesem Streit bei denjenigen Wissenschaftlern, welche die *positiven* Aspekte der Mensch-Tier-Beziehung ins rechte Licht rücken.

Methodische Fragen

An dieser Stelle ist ein grundsätzliches Wort zu den Forschungsmethoden unserer neuen Wissenschaftsdisziplin der Mensch-Tier-Forschung notwendig: Es ist, wie schon früher erwähnt, außerordentlich schwierig, die in Rede stehenden Faktoren einer Beziehung von Menschen und Tieren exakt zu messen. Auch gibt es bisher nur wenige Studien zum Thema. Schon deshalb gründen die vorliegenden Ergebnisse noch auf unsicherem Boden. Aber problematischer ist, daß nur die wenigsten Studien im strengen Sinn wissenschaftlichen Ansprüchen genügen. Viele Ergebnisse stammen aus klinischen Studien mit psychisch kranken und alten Patienten, in denen Tiere als Kotherapeuten eingesetzt waren. Die Forscher berichteten übereinstimmend von wachsendem Selbstwertgefühl bei den Patienten durch den Kontakt zu den Tieren auf ihrer Station, stärkere körperliche und geistige Aktivität, steigende Verantwortungsbereitschaft und soziale Kontaktfähigkeit. (Ich komme auf diese Studien zurück.)

Aber diese Befunde sind nicht ohne weiteres auf andere Situationen übertragbar. Die Stichproben bestanden meist nur aus wenigen Menschen, waren also nicht repräsentativ. Fast nie wurden Kontrollgruppen gebildet. Es fehlt also eine Vergleichsmöglichkeit zwischen der Versuchsgruppe, die in den Genuß einer Tiertherapie kam, und Patienten, die nicht therapiert wurden. Außerdem lag den wenigsten Studien ein sauberes Forschungs-Design zugrunde, d. h. ein Plan, nach dem alle einzelnen Schritte des Versuches minutiös ablaufen mußten. Das war in der Regel kaum möglich, weil die Studien oft eher zufällig entstanden: Man entdeckte – in der Verfolgung ganz anderer Zwecke und Ziele – überraschende Reaktionen auf einen gerade vorbeilaufenden Hund, eine schnurrende Katze oder einen trillernden Vogel bei den Patienten und stellte das Experiment spontan auf das neue Versuchsziel ›Tiertherapie‹ um.[45] Für großangelegte Versuchsreihen war dann meist keine Zeit.[46]

Der Einwand eines nicht streng empirischen Vorgehens betrifft aber die Psychiatrie und besonders die psychoanalytische Richtung in ihr grundsätzlich: Es geht bei diesem Ansatz nicht um statistische Repräsentativität, sondern um qualitative Einsichten durch die intensive Beschäftigung mit einzelnen Fällen. Forschungsmethoden sind nicht lange Meßreihen, sondern Beobachtungen und Fallstudien. Auch sind diese Forschungen häufig weniger theorie- als praxisorientiert: Wenn sich eine Einsicht therapeutisch bewährt, läßt man es mit dem theoretisch vielleicht unbefriedigenden Stand der Forschung bewenden.

Aber selbst Erfolg oder Mißerfolg einer Therapie sind manchmal schwer meßbar, weil nur in den seltensten Fällen eine bestimmte Reaktion des Patienten kausal mit dieser oder jener Maßnahme verknüpft werden darf: Wer könnte, wenn ein Mensch geheilt ist oder Besserung spürt, empirisch nachweisen, daß sich seine Gesundung der Therapie eines Psychiaters verdankt und nicht ganz anderen Einflüssen?

Daraus folgt: Die in den frühen siebziger Jahren veröffentlichten Studien über den therapeutischen Nutzen von Haustieren besitzen zwar viel Plausibilität, beweisen aber meist wenig. Auf vielen Symposien forderte man deshalb weltweit neue Studien mit aussagekräftigeren und verallgemeinerungsfähigeren Ergebnissen über die Wirkung von Tieren auf Menschen. Inzwischen sind Studien vorgelegt worden, die diesem Anspruch eher genügen. Einige habe ich schon präsentiert.

Mit welchen Methoden die Forschung dem äußerst komplexen Thema am besten gerecht werden kann, darüber gehen bis heute die Meinungen auseinander. Bei einer so jungen Forschungsrichtung kann das nicht verwundern: Die Auswahl von Methoden resultiert aus bestimmten Fragestellungen und Hypothesen. Aber gerade an dieser theoretischen Grundlage fehlt es noch immer. Ein Forschungszweig, der so verschiedene Disziplinen umfaßt, tut sich naturgemäß schwer, seine Interessen, Erkenntnisziele und Aktivitäten zu koordinieren und auf wenige, alle in gleichem Maße interessierenden Fragen zu richten. Einer der Altväter der Mensch-

Tier-Beziehung, Boris Levinson, erkannte schon 1982 dieses Manko und mahnte zur Selbstbeschränkung und Vereinheitlichung:

> Mir scheint, daß die Mensch-Tier-Beziehung fast sämtliche menschlichen Verhaltensformen umfaßt und betrifft. Wenn wir sorgfältige Forschungen vornehmen wollen, müssen wir deshalb das Feld möglicher Untersuchungsziele beschränken und auf einen gemeinsamen Fokus ausrichten. Wir sollten entscheiden, was wir eigentlich tun wollen und auf welchen Feldern wir arbeiten. Ist es vergleichende Psychologie, was wir betreiben, oder ökologische Psychologie, Milieupsychologie, Ethologie, Soziobiologie oder Sozialpsychologie? Ich glaube, daß unsere Arbeit in keiner dieser etablierten Disziplinen angesiedelt ist, weil keine von ihnen alle Interessen unserer neuen Wissenschaft einschließt. Statt dessen müssen wir neue Einsichten, neue Definitionen und neue Eingrenzungen suchen.[47]

Zusammen mit neuen Definitionen und Abgrenzungen wären nach Levinson neue Theorien und theoretische Ansätze zu entwickeln und in der Folge die angemessenen Forschungsmethoden. 1982 empfahl er zwei grundverschiedene Verfahren: einen im engeren Sinn wissenschaftlichen Zugang und eine ›intuitive‹ Methode:

> Einerseits berührt die neue Forschungsdisziplin Probleme, die mit durchaus rigiden wissenschaftlichen Experimenten untersucht werden können. Andererseits schließt sie Fragen mit ein, bei denen die klassischen Messungsmethoden keine Antworten bringen. Diese Probleme müssen mit intuitiven Methoden bearbeitet werden … Beide Ansätze sind, meiner Meinung nach, gleichermaßen geeignet und lohnend. Die intuitive Methode betrachtet das Tier als einen Lehrer und Freund, während die wissenschaftliche Methode das Tier als Gegenstand menschlicher Neugier betrachtet … Der wissenschaftliche Zugang ist eine Methode, mit der wir Antworten auf die Fragen zu geben versuchen, die unser intuitives Wissen über die Mensch-Tier-Be-

> ziehung uns aufdrängt. Auf diese Weise versuchen wir, diese Verbindung unter die Herrschaft des Naturgesetzes zu stellen, anstatt sie dem Reich von Magie, Symbolismus und Phantasie anheimzugeben.[48]

Seit Levinsons Mahnung hat sich die Mensch-Tier-Forschung eher noch weiter ausdifferenziert als auf gemeinsame Ziele verständigt. Doch die Arbeit geht weiter, wenn auch mit unterschiedlichen Fragen und Zielen. Allerdings ist der zu Beginn fast euphorische Schwung mittlerweile nüchterner wissenschaftlicher Arbeit gewichen. Manch früher Befund hat sich bei sorgfältiger Prüfung nicht halten lassen, jedenfalls nicht in der zunächst angenommenen Eindeutigkeit. Tiere tun Menschen gut, dieses Urteil scheint gesichert. Aber wenn *jedes* Haustier bei *jedem* Besitzer in *jeder* Lebenssituation derart günstige Wirkungen zeigte, wie zunächst vermutet, dann wären alle Tierhalter rundum gesunde und glückliche Leute. Dem ist aber nicht so: Bei manchen wirkt Tierbesitz Wunder, bei anderen zeigt sich kein Effekt, bei manchen eine ›Dysfunktion‹.
Aber die Forschung ist insgesamt weitergekommen. Inzwischen kennen wir viele Faktoren, die unser Verhältnis zu Tieren bestimmen. Dazu gehört auch die folgende Einsicht, die uns in vielen Kapiteln dieses Buches begegnet: Wer als Kind mit einem Tier aufwuchs, profitiert auch als erwachsener, vor allem als älterer Mensch von der heilsamen Wirkung der Tiere. Wer als Kind niemals Kontakt zu einem Tier fand, dem bleibt es in der Regel das ganze Leben lang fremd.
Zum Schluß muß eine Wahrheit mit allem Nachdruck ausgesprochen werden: Erwachsene Menschen müssen kein Haustier besitzen, um glücklich zu sein. Eine direkte und unter allen Umständen geltende Korrelation zwischen Gesundheit, Zufriedenheit und einem Haustier gibt es nicht. Was dagegen alle Forschungen übereinstimmend vermuten lassen, ist dies: Es gibt Gruppen, die signifikant vom Umgang mit Tieren profitieren: Kinder, Alte, Benachteiligte, d. h. Kranke, Behinderte, Straffällige, Süchtige. Um diese Gruppen soll es in meinem Buch gehen.

Großwerden mit Tieren

»Ein Tier kann dem Kind dabei helfen,
die Aufgaben des Großwerdens zu meistern.«
(Boris M. Levinson)

»Am Tier zuerst übt sich das Kind in Barmherzigkeit
oder in Grausamkeit, und erwachsen wird es
dann barmherzig und hilfsbereit oder unbarmherzig
und selbstsüchtig gegen seine Mitmenschen sein.«
(Friedrich Fröbel)

Jedes Kind wünscht sich ein Tier.[1] Eltern kennen diesen Wunsch und geben ihm meist gern statt. Der weitaus größte Teil aller Haustiere in Deutschland lebt in Familien mit Kindern: Nach Umfragen des Institutes für Jugendforschung in München besitzen 60 Prozent unserer Kinder ein Tier.[2]

Das Thema Kinder und Tiere hat Erzieher immer wieder beschäftigt. Das Kind ist in seinen ersten Lebensphasen dem Tier eng verwandt: in der Ursprünglichkeit seiner Bedürfnisse und Antriebe. Diese Einsicht teilen Philosophen, Pädagogen und Ethologen in vielen Kulturkreisen. Auch die Tatsache, daß Kinder fast ausnahmslos auf jedes Tier zugehen, es streicheln und mit ihm reden, gibt seit alters Anreiz, sich über die Nähe von Kindern und Tieren Gedanken zu machen.

Das Thema ist somit klassisch. Im Unterschied zu anderen Aspekten meines Buches verdanken sich viele Einsichten in die Verbindung von Kindern und Tieren nicht neuen wissenschaftlichen Erkenntnissen. Andererseits hat der Wissenschaftszweig Mensch-

Tier-Beziehung dem Thema doch frische Stoßkraft verliehen: durch Studien, die frühere Vermutungen empirisch absichern konnten. Dabei traten neue Fragen auf, und einige Zusammenhänge zwischen Tierhaltung und der Entwicklung der kindlichen Psyche verblüfften erfahrenste Pädagogen und Psychologen.

Das Tier als Erzieher

Betrachten wir zunächst das Tier als Erzieher: Man vermutet folgende pädagogische Wirkung durch Tiere:

- Tiere regen die Phantasie und Erlebnisfähigkeit von Kindern an.[3]
- Kenntnisse eines Kindes über Tiere sind besser entwickelt, halten auch länger an, wenn es ein eigenes Tier hat. (Kinder ohne direkten Kontakt zu Hund, Katze oder Meerschweinchen assoziieren mit ›Tier‹ Comic-Stars wie Schweinchen Dick, Alf und Micky-Maus oder die ebenso unrealistischen Fernsehtiere wie Fury, Lassie und Flipper.[4])
- Ein Tier bringt Großstadtkindern Natur ins Haus. Dazu gehört die Erfahrung des Todes. So schmerzlich es ist, so hoch muß dieses Erlebnis für eine normale Entwicklung des Kindes veranschlagt werden. Es begreift den Kreislauf von Geburt, Leben und Sterben. Es kann, unter Anleitung seiner Eltern, ›Trauerarbeit‹ lernen.[5]
- Ein Tier erzieht zu Ordnung, Pünktlichkeit und (Selbst-)Disziplin.
- Früher Umgang mit Tieren sorgt für späteres Engagement im Tier- und Naturschutz.[6]

Erziehung zur Humanität

Ein Tier erzieht zu Fürsorglichkeit und Verantwortung für andere Tiere, und in der Folge auch für Menschen. Dieser Aspekt steht im Mittelpunkt vieler Betrachtungen über die pädagogische Wirkung von Tieren. Konservative und progressive Pädagogen sind sich in dieser Bewertung – bei Unterschieden in einzelnen Fragen – übrigens einig. Wie der große Pädagoge Friedrich Fröbel sind sie der Meinung, »am Tier zuerst übe das Kind sich in Barmherzigkeit«. Der Umgang mit Tieren diene einer Erziehung zur Humanität.

Das meint heute der Karlsruher Pädagoge und Theologe Gotthard M. Teutsch in seinem Aufsatz »Kinder und Tiere. Von der Erziehung zum mitgeschöpflichen Verhalten«.[7] Er definiert zunächst den Begriff ›Humanität‹: »Humanität ... ist die säkularisierte und mit Elementen der Aufklärung vermischte Konzeption der biblischen Schöpfungsethik, die das Tier in das Gebot der Barmherzigkeit (Spr. Salomonis 12, 10) und in den göttlichen Heilsplan (Röm. 8, 18ff.) einschließt.« Er fährt dann fort:

> Menschlichkeit wird so zu einer Tugend, die uns dazu befähigt, den im Menschen notwendigerweise angelegten Trieb zur Selbsterhaltung gegen die Versuchung zu rücksichtsloser Durchsetzung der eigenen Interessen zu beschränken. Wie notwendig diese Tugend ist, verspüren wir immer dann, wenn wir selbst ein Opfer oder doch Zeugen von Handlungen sind, begangen von Menschen, die beruflichen und materiellen Erfolgen auch um den Preis der Inhumanität nachjagen. In dieser Erfolgsmoral hat die Rücksicht auf andere keinen Platz, ja sie wird sogar als Einfältigkeit und Schwäche diffamiert: die Erfolgsmoral der Gegenwart und die Herrenmoral der Vergangenheit sind in ihrer Inhumanität von gleicher Wirkung.

Teutsch empfiehlt Tiere als geeignete Partner und Kopädagogen für ein neu zu errichtendes »Lernziel Empathie«.[8] Soziale Empathie oder »die Bereitschaft und Fähigkeit zu einfühlendem Denken« gilt ihm als Heilmittel gegen die zunehmend inhumaneren Züge unserer Gesellschaft. ›Einfühlendes Denken‹ könne dabei nur durch die »ständige Einübung von Verhaltensweisen und durch den Aufbau einer Haltung entstehen, die die Rücksichtnahme auf den Mitmenschen zum Inhalt haben«.[9]

Das gilt besonders für Einzelkinder, die solche Eigenschaften nicht an Geschwistern ausbilden können. Aber Teutsch hält Tiere sogar für die besseren Erzieher als Brüder und Schwestern:

> Weil Kinder in ihren jüngeren Geschwistern oder Freunden die Hilfsbedürftigkeit nicht erkennen, sondern deren Schwächezeichen als Rivalitätsverhalten deuten (was ja gelegentlich auch zutreffen kann), muß man versuchen, ihre Motivation zur Fürsorglichkeit im Kontakt zu Partnern zu wecken, denen sie sich uneingeschränkt überlegen fühlen, und das sind insbesondere kleine Tiere, die sich weder zur Wehr setzen noch durch Flucht in Sicherheit bringen können. Dieser methodische Umweg über das Tier ist für das Kind insofern ein direkter Weg, als das Tier zunächst gar nicht als Wesen anderer Art, sondern als ein vielleicht etwas zu klein geratenes oder auch ›verzaubertes‹ Mitkind empfunden wird.[10]

Die Nächstenliebe zum Tier führt, Teutsch und anderen Pädagogen zufolge, demnach zur Liebe zum Mitmenschen. Aus diesem Grund besitzt jeder israelische Kibbuz seinen eigenen Zoo: Über den Umgang mit Tieren wachsen die Kinder in die soziale Dynamik des Kibbuzlebens hinein; der Zoo dient als eine »Art Mini-Kibbuz: Die Tiere leben in einer Umgebung, die Kommunikation, Gefühlsbindungen, Altruismus und ein tief verinnerlichtes Verantwortungsbewußtsein fördern hilft. Die Tiere sind Schlüssel und Brücke zugleich.« (So der Bericht einer israelischen Forschergruppe vor der Gesellschaft für Mensch-Tier-Beziehung in Monaco 1989.[11])

Erste empirische Studien bestätigen diese Vermutung: Kinder, die mit Haustieren aufwachsen, fügen sich besser in eine Gemeinschaft, sind kooperativer und weniger aggressiv als andere Kinder.[12] Dasselbe gilt für Erwachsene, die in ihrer Kindheit ein Haustier besaßen. Das Vorurteil, Tierliebe gehe in vielen Fällen mit Menschenverachtung oder gar Kinderfeindschaft einher, läßt sich deshalb nicht halten. Trotzdem ist es besonders in Deutschland verbreitet. Spätestens seit deutsche KZ-Kommandanten Menschen umbrachten und gleichzeitig ihre Schäferhunde liebkosten, ist Tierliebe vielen Intellektuellen verdächtig. In einem im ›Jahr des Kindes‹ gesendeten Fernsehbeitrag mit dem Titel »Kommt Tierliebe vor Kinderliebe?« suggerierte der Filmkommentar eine direkte Verbindung von Tierliebe und Kinderfeindschaft.[13] Das ist Unsinn. Das Kapitel »In die Gesellschaft zuruckfinden mit Tieren« wird zeigen, daß das Gegenteil zutrifft: Kindesmißhandlung und Grausamkeit oder Gewalt gegen Menschen gehen stets mit Grausamkeit und Gewalt gegen Tiere einher. Humanes Verhalten gegenüber der menschlichen Mitwelt wird deshalb in vielen Erziehungsanstalten am besseren Umgang mit Tieren geübt.

Tiere gegen Rechtsradikalismus?

Eine gewagte Hypothese zur weiteren Stützung der These von der humanisierenden Wirkung des Umgangs mit Tieren auf Kinder wurde 1990 in Bremen auf einem Forum ›Pädagogik gegen rechts‹ vorgetragen: Kontakt zu Tieren stabilisiere Kinder und Jugendliche gegen Radikalismus und Extremismus. Man empfahl die Gründung von Jugendfarmen und Kinderzoos in allen Städten und möglichst in allen Stadtteilen als pädagogisches Mittel gegen Rechtsradikalismus.[14]

Eine kühne These fürwahr. Dennoch enthält sie einen richtigen Kern: Anfälligkeit oder Immunität gegen radikale Tendenzen hängen stets auch mit der Konstellation bestimmter Persönlichkeitszüge zusammen. Kinder, die mit Tieren aufwachsen, scheinen, wie erste empirische Studien aufdecken, ausgeglichenere

Charaktere und stabilere Wesenszüge zu entwickeln als Kinder ohne ein Tier. Von solchen Aspekten ist auf den folgenden Seiten die Rede.

Das Tier als Freund und Gefährte

Ein tierischer Freund helfe dem Kind, die Aufgaben des Großwerdens zu meistern, lasen wir anfangs als Motto von Levinson. Ein Tier stützt und stabilisiert den Entwicklungsprozeß eines Kindes. Von ›Aufgaben‹ zu sprechen, die ein Kind während seiner Entwicklung bewältigen muß, ist durchaus berechtigt: Das Kind lernt unaufhörlich, und als Erwachsener würde man die Lern- und Erfahrungsleistung eines Kindes wahrscheinlich als schwere Arbeit empfinden. Die meisten Aufgaben stehen unter der Last drohender Frustrationen und Ängste, die Krisen auslösen können. Hier hilft ein Haustier.

Die Kinderpsychologie unterscheidet verschiedene Entwicklungsstufen und -phasen, die alle Kinder (mit größeren oder kleineren Abweichungen von einem ›Normalmaß‹) durchlaufen. Trotz mancher Differenzen bei der Festlegung und Bewertung von einzelnen Phasen (je nach psychologischer Schule und Richtung[15]) gibt es einige allgemein akzeptierte Grundaussagen über die wichtigsten Stufen der kindlichen Entwicklung.

Zwei Wissenschaftler aus ganz verschiedenen Disziplinen, der amerikanische Kinderpsychoanalytiker Boris Levinson und der französische Tierarzt Ange Condoret, haben für jede dieser kindlichen Entwicklungsstufen gezeigt, welche Bedeutung dabei Tieren zukommt. Sie zogen ihre Schlüsse unabhängig voneinander. Ich skizziere die wichtigsten Ergebnisse ihrer Überlegungen:[16]

Dabei handelt es sich wirklich um ›Überlegungen‹, da beide ihre Ideen und Thesen nicht empirisch absichern können. Levinson folgt in seinen Ausführungen der psychoanalytischen Deutung der Kinderentwicklung und gerät damit bei seinen Kollegen aus anderen psychologischen Richtungen zwangsläufig in den Verdacht einer gewissen Einäugigkeit. Gleichwohl finde ich seine Gedanken auch für Pädagogen und Psychologen anderer Schulen anregend genug, um sie hier wiederzugeben.

Kleinkinder, Kinder und Jugendliche mit Tieren

Tiere für das Kleinkind

Kleinkinder suchen im Tier vor allem Sicherheit und Geborgenheit. Ein Tier – auch ein Stofftier – besitzt für das Kind magische Kraft. Das Kind ist im Nacht- und Tagtraum von vielen Tieren umgeben, es identifiziert sich selbst mit großen Tieren, und es stellt im Spiel seine Eltern und andere Erwachsene als Tiere dar: als ›liebe‹, aber auch als furchteinflößende Tiere. Es glaubt an die Verwandlung von Menschen in Tiere und umgekehrt, und es ist überzeugt, daß ein Tier ›spricht‹: als ein Mensch in anderer Gestalt.[17]

Gegen Ängste, die ein Kind in dieser Lebensphase entwickelt (vor allem gegen die Trennungsangst, wenn die Eltern es zeitweilig allein lassen), hilft ein weiches, kuscheliges Tier, das immer präsent ist. Das Tier dient als Mittler und Brücke (Levinson) zwischen dem Kind und seiner Welt.

Die meisten Kinderexperten empfehlen ein *Stofftier* für diese Altersstufe.[18] Condoret und Levinson dagegen halten einen großen, freundlichen Hund für weitaus besser geeignet: weil er sich bewegt, aktiv kommuniziert, und weil er duftet. Ich berichte an anderer Stelle mehr über die Kommunikation zwischen Kindern und Tieren. Hier nur soviel: Eine französische Forschergruppe analysiert gegenwärtig die Bedeutung von *Düften* für die Kommunikation und Interaktion von Kindern und Tieren. Erste Befunde sprechen dafür, daß Gerüche bislang stark unterschätzt worden sind: Dem olfaktorischen Sinn scheint für die Kommunikation gleiches Gewicht zuzukommen wie den übrigen Sinnen. Schon aus diesem Grunde bietet ein Stofftier nicht ohne weiteres Ersatz für ein lebendes Tier.[19]

Es versteht sich, daß das Begleittier eines Kindes gutmütig und sehr gut erzogen sein muß. Das gilt in besonderem Maße für größere Hunde. Nicht jede Rasse ist gleichermaßen geeignet. Auf seine Größe kommt es übrigens weniger an: Dackel und Pudel beißen häufiger als Bernhardiner und Dogge.[20] Jedenfalls muß das Tier kinderlieb und von ausgeglichenem Wesen sein. In den Vereinigten Staaten ist der Golden Retriever als ausgesprochen kinderfreundlicher Hund sehr beliebt. Er ist bei uns wenig bekannt. Der Golden Retriever vereint Lernfähigkeit mit großer Gutmütigkeit. Aus diesem Grund tut er heute auch in vielen psychiatrischen Institutionen und Altenpflegeheimen der Vereinigten Staaten gute Dienste. Es gibt noch viel mehr kinderfreundliche Rassen. Eine Studie der französischen Forscher Filiatre, Millot und Montagner über die beste Verbindung zwischen Kindern und Tieren legt die folgenden Grundsätze nahe[21]:

- Je älter der Hund, desto besser gelingt die Interaktion zwischen Kleinkind und Tier.
- Je größer der Hund, desto weniger Aggressionen des Kindes zieht er auf sich, desto weniger aggressiv verhält er sich selbst.
- Je länger der Hund schon vor der Geburt eines Kindes zur Familie gehörte, desto stärker kommuniziert er mit ihm.
- Der ›ideale‹ Familienhund ist mehr als drei Jahre alt, weiblich, groß und hat ein weiches und kuscheliges Fell. Er lebte schon vor der Geburt eines Kindes im Hause.

Da werden Gegenrechnungen aufgemacht: Sterben nicht jährlich unzählige Kinder an Bissen von Hunden? Werden nicht gerade Kleinkinder von eifersüchtigen Hunden getötet? – Ein richtig erzogener Hund beißt aber unter keinen Umständen zu. Darüber sind sich Hundeexperten in aller Welt einig. Es kommt darauf an, dem Tier seine untergeordnete Rolle im Rudel unmißverständlich deutlich zu machen. Ich komme auf dieses wichtige Thema im letzten Kapitel noch einmal zurück.

Eine besonders bedeutsame Rolle spielt das Tier, wenn das Kind den ersten Forderungen aus der Erwachsenenwelt begegnet. Wenn das Krabbelalter beginnt und das Kind alle Gegenstände in seiner

Reichweite zu untersuchen beginnt, gibt es erstmals Tabus und Verbote, deren Sinn ihm nicht einleuchten. Das ist auch die Phase, in der es lernen muß, seine Körperbedürfnisse unter Kontrolle zu bringen und den Topf zu benutzen. Das Kind entwickelt in dieser Phase Aggressionen gegenüber Erwachsenen und Schuldgefühle gegenüber sich selbst. Boris Levinson meint, ein Tier könne helfen, diese Gefühle balancieren und kontrollieren zu lernen: Einerseits denkt sich das Kind seinen tierischen Freund als symbolhaften Ersatz für das eigene ›Ideal-Ich‹, das allen Ansprüchen der Erwachsenenwelt in vollkommener Weise genügt.

Andererseits zeigt sich das Tier – wenn es dem Kind nicht gehorcht oder von Mutter und Vater gescholten wird – als ein unvollkommenes Wesen. Diese ambivalente Erfahrung hilft dem Kind zu einem realistischen Umgang mit sich selbst. Auch die Tatsache, daß das Tier seine Bedürfnisse frei auslebt, kann dem Kind dabei helfen, eigene Schuldgefühle zu steuern oder gar nicht erst zu entwickeln.[22]

Das gilt um so mehr, wenn das Kind, psychoanalytischen Theorien zufolge, in die ödipale Phase eintritt (zwischen 4 und 6 Jahren) und zwischen der Liebe zum andersgeschlechtlichen Elternteil und dem Neid auf den gleichgeschlechtlichen Elternteil ausgleichen muß: eine Phase, die stets krisenhafte Erfahrungen in sich birgt.

Die Geburt eines Geschwisters stürzt manches Kind in Verzweiflung. Levinson und mit ihm viele andere Kinderpsychotherapeuten[23] sind fest überzeugt, daß ein Tier solche Krisen besser bewältigen hilft, und daß das Kind unter dem Eindruck des Tieres in seiner Nähe diesen Lebensabschnitt ohne bleibende psychische Störungen abschließen kann.

Das Kind im Grundschulalter

Auch im Alter von 6 bis 10 oder 12 Jahren hat das Kind vielfältige Aufgaben zu erfüllen und zahlreiche Krisen zu meistern. Die Schule stellt völlig neue Ansprüche, die von der kindlichen Psyche verkraftet sein wollen: Einordnung in einen Klassenverband, neue Autoritäten in Gestalt von Lehrern, Hausmeistern und Straßenbahn-

schaffnern, Leistungserwartungen durch Eltern und Lehrer, Prüfungen, Versagenserfahrungen.
Bei all dem kann ein Tier helfen, ausgleichen, beruhigen, stabilisieren. Zunächst einfach deshalb, weil es ablenkt und auch das traurigste Kind zum Herumtollen und Lachen ermuntert. Das Tier ist liebebedürftig und zärtlich, auch wenn Lehrer und Eltern wegen schlechter Schulnoten zürnen. Es kann bei den Hausaufgaben zusehen und das Kind auf diese Weise zu besserer Leistung anspornen, und es wird zum schulischen Leidensgefährten, wenn das Kind ihm kleine Dressuraufgaben abfordert. Wenn das Kind seinem Tier etwas beibringt, ist es sein Herr, gleichzeitig Herr seiner selbst und Herr der Lage, auch wenn sonst alles schiefgeht.
»Das Tier als Mittel gegen Schulversagen«, so überschrieb der spanische Psychologe José A. M. Teixeira sein Referat auf dem Internationalen Symposium für Mensch-Tier-Beziehung in Monaco 1989.[24] Er beschrieb die Rolle des Haustiers für Schulmotivation und Leistungsbereitschaft von Kindern. Sein Fazit: Tiere entlasten auf vielfache Weise von dem Druck, den die Erwachsenenwelt mit ihren Erwartungen, Ansprüchen, Geboten und Verboten auf Kinder ausübt. Einem Tier gegenüber darf jede Gefühlsstimmung spontan ausgedrückt werden. Anders als Eltern, Geschwister und Freunde hat es unentwegt Zeit und dient als geduldiger Zuhörer. Das Tier hilft dem Kind auf diese Weise, Frustrationen und Ängste zu umgehen. Damit wird sein Kopf frei für die schulischen Anforderungen. Sein Selbstwertgefühl wächst mit der besseren Leistung und erlaubt eine stabile Entwicklung der kindlichen Psyche insgesamt.[25] Dies gilt besonders für Kinder mit psychischen Störungen oder anderen kleinen und größeren Handikaps. So fand z. B. J. S. Hutton in einem Vergleich von Familien mit eigenen Kindern und Familien mit Pflegekindern heraus, daß ein Tier für ein Pflegekind größeren psychischen Nutzen bringt als für die eigenen Kinder des Haushalts.[26] Aus ähnlichen Gründen empfehlen sich Tiere besonders für Heim-Situationen wie SOS-Kinderdörfer oder Heilpädagogische Einrichtungen.[27]

Während für kleinere Kinder ein Hund ganz besonders geeignet erscheint, erfüllt später auch jedes andere Tier seine Rolle als Freund und Gefährte. Wer Hund und Katze nicht mag, findet in der einschlägigen Fachliteratur zahlreiche Tips für das ›richtige‹ Tier. Ich verzichte bewußt auf den Abdruck verschiedener Tabellen von Kinder- und Tier-Wissenschaftlern und auch auf eigene Ratschläge. Einen Einwand gegen die üblichen Ratgeberschriften will ich aber nicht unterdrücken: Dort wird in der Regel empfohlen, Kindern unter 6 oder 8 Jahren kein Tier anzuvertrauen. (Einem größeren Hund z.B. seien Kinder erst ab etwa 14 Jahren gewachsen.) Das ist richtig, was die selbständige Pflege des Tieres und seine Erziehung angeht, aber kein Grund, auf ein Tier ganz zu verzichten, solange das Kind dieses Alter noch nicht erreicht hat: Man begibt sich sonst vieler der günstigen Wirkungen, die hier vorgestellt wurden.

Vorpubertät und Pubertät

Eine extreme Rollen- und Statusunsicherheit prägt diese Phase im Blick auf das eigene wie auf das andere Geschlecht, auf die allmähliche Ablösung von der Familie und die gleichzeitige Zuwendung zur Peer-group, der Gleichaltrigengruppe.

Während das Tier in den Träumen von Kindern zwischen 6 und 10 Jahren keine große Rolle mehr spielt, gewinnt es jetzt für die Traumwelt wieder neue Bedeutung. Mädchen zwischen 9 und 11 Jahren und Jungen zwischen 12 und 13 Jahren berichten von lebhaften Traumbildern, die häufig ein Tier als Hauptperson zeigen.[28]

Im wirklichen Leben kann ein eigenes Tier in dieser Zeit noch einmal großes Gewicht bekommen. Das gilt besonders für das Pubertätsalter. Der Jugendliche fühlt sich einerseits schon als erwachsen, andererseits empfindet er überdeutlich seine Abhängigkeit und Hilflosigkeit. Er zweifelt an sich und den Eltern, fühlt sich von niemandem verstanden und nicht genügend geliebt. Er sucht Zuflucht und Tröstung, aber nicht bei den Eltern.

Dies ist die Stunde eines eigenen Hundes, einer Katze oder eines anderen Tieres, das dem Jugendlichen anvertraut ist. Mädchen verbringen ihre Tage im Reitstall, nicht allein wegen des Sports, sondern vor allem, weil sie die tröstende Nähe des Tierkörpers suchen, der Schutz und Geborgenheit gibt. Man hat viel darüber spekuliert, warum gerade Mädchen im Pubertätsalter die Reitställe füllen. Dabei werden zuweilen recht schlichte, darunter auch sexuelle Gründe genannt, deren Darstellung ich mir hier schenke. Wichtiger scheinen mir folgende Argumente[29]:

- Mädchen genießen die Interaktion mit dem Pferd. Sie sind einfühlsamer, kommunikativer und im Umgang mit dem Pferd stärker auf Kooperation bedacht als Jungen. Mädchen sind deshalb durchweg bessere Reiter als Jungen.
- Mädchen haben selten Gelegenheit, in der Konkurrenz mit Jungen auf einem Feld zu bestehen, das bisher (und immer noch) als besonders männliche Domäne galt. Jetzt sitzen auch sie auf hohem Roß.
- Fütterung und Pflege des Pferdes bedeutet für Mädchen ein Tun eigenen Sinnes, während Jungen die Versorgung eher als zweckrationale Funktion erleben.
- Mädchen haben weniger ›peer groups‹ als Jungen: Sie spielen weniger Mannschaftsspiele wie Fußball und Handball und freuen sich deshalb mehr als Jungen an den Gruppenerlebnissen, die der Pferdesport anbietet und fördert.

Tiere erleichtern Kontakt zu anderen Kindern

Das Tier hilft vor allem jüngeren Kindern, Kontakt zu anderen Kindern zu finden: Wer ein eigenes Haustier besitzt, gilt als attraktiver Gefährte. Dieser Zusammenhang liegt auf der Hand und ist empirisch leicht zu belegen.[30] Besonders schüchterne Kinder profitieren von diesem Prestige- und Beliebtheitsgewinn.[31] Kinder finden zu Tieren spontaner und rascher Zugang als zu anderen Menschen, auch anderen Kindern[32]: Tiere darf man gleich beim ersten Kontakt anfassen und streicheln; das erleichtert die Kommunikation erheblich.

Gegenüber einem Tier muß das Kind auch nicht Sorge haben, daß es nicht anerkannt wird. Es muß die kritische Prüfung von Kleidung, Sprache und Benehmen nicht fürchten. Auch das schüchternste Kind öffnet sich leicht einem vierbeinigen Fremden. (Diese leichtere Öffnung von Kindern gegenüber Tieren macht sich heute die Kinderpsychotherapie gern zunutze. Ich berichte davon im Kapitel »Gesund werden mit Tieren«.)

Ein Tier läßt nicht alles mit sich machen. Es ist ein eigenes Wesen, mit eigener Natur, die man respektieren, mit individuellen Charakterzügen, die man kennenlernen, mit Unarten, die man ihm abgewöhnen muß. Es hört auf zu spielen, wenn es keine Lust mehr dazu hat, und das Kind muß dies hinnehmen. Ist das Kind aggressiv, wird sein Tier ihm Grenzen zeigen; notfalls wird es sich körperlich wehren. Auch ein Goldhamster kann kräftig zubeißen, und das Kind lernt, sich den schmerzenden Finger selbst zuzuschreiben. Dieser Effekt wäre bei einer Prügelstrafe von Eltern und Lehrern zwar durchaus derselbe, aber die Psyche des Kindes wird durch den Schmerz, den ihm das Tier zufügt, nicht verletzt.

Sich ohne Worte verstehen

Kinder und Tiere verstehen einander ohne Worte. Wissenschaftler verschiedener Disziplinen versuchen derzeit, Schlüssel für solche Kommunikation und Interaktion zu finden. Vorläufig ist vieles noch unklar. Sicher ist nur, daß Gestik, Mimik, Augenkontakt, Geruch, Körperhaltung und Bewegungsweisen eine ebenso deutliche Sprache sprechen wie Worte. Es steht mittlerweile auch fest, daß bei Kindern mit eigenem Haustier die Fähigkeit zum körpersprachlichen Ausdruck ungleich stärker ausgeprägt ist als bei Kindern, die ohne Tiere aufwachsen. Man hat das in Experimenten geprüft, und das Ergebnis ist deutlicher als zunächst vermutet ausgefallen.[33] Auch Erwachsene, die bei psychologischen Tests besondere Gaben für nonverbale Kommunikation zeigten, entpuppten sich bei genauerer Nachfrage häufig als frühere oder derzeitige Haustierbesitzer.

Dieser Aspekt der Haustierhaltung verdient nach Ansicht des französischen Entwicklungspsychologen J. C. Filiatre und seiner Kollegen besonderes Interesse: Tiere, vor allem Katzen und Hunde mit ihren differenzierten Körpersignalen, spielen in der Erziehung von Kindern eine aktive Rolle. Zum Beispiel lerne das Kind im Umgang mit einem größeren Hund oder einer selbstbewußten Katze frühzeitig bestimmte ›Beschwichtigungsgebärden‹, die sein späteres Interaktionsrepertoire erweitern. Kinder mit Tieren zeigen, Filiatres Studien zufolge, ein »insgesamt besser strukturiertes und sozial wirksameres Verhaltensrepertoire« als andere Kinder.[34]

Eine Studie der beiden Psychologen M. M. Levine und S. J. Bohn weist in ähnliche Richtung: Die Auswertung einer langen Testreihe zeigte, daß Menschen, die mit Hunden groß wurden, zu ausgeprägter sozialer Kommunikationsfähigkeit neigen. Menschen, die mit einer Katze aufwuchsen, sind durch viel Unabhängigkeitsstreben geprägt, bei gleichzeitig hohem Verantwortungsgefühl. Wer mehrere Tiere besaß, zeigt viel ›Sinn für Familie‹.[35] Die beiden Forscher sind fest überzeugt, daß Tiere zu einer »positiven Persönlichkeitsentwicklung von Kindern wesentlich beitragen« können.[36]

Und so schließt sich der Kreis: Was Pädagogen und Philosophen vermuten: daß Tiere bei der Erziehung von Kindern heilsamen Einfluß besitzen, das beweisen inzwischen empirische Studien von Psychologen, Zoologen und Ethologen in aller Welt. Man weiß heute auch, daß die Liebe zum Tier weitgehend ›ansozialisiert‹ ist: Wer mit Tieren aufwuchs, der bewahrt sich seine Neigung zum Tier auch im Erwachsenenalter.[37] Wir werden in anderen Kapiteln des Buchs noch erfahren, welch hohe Bedeutung ein Haustier z. B. im Alter oder während einer langfristigen Krankheit erlangt. Das gilt aber nur dann, wenn schon zuvor eine Nähe zu Tieren bestand. Der Grundstein dafür muß schon in der Kindheit gelegt worden sein.

Aus all dem folgt: Kinder brauchen Tiere, und die Erwachsenen müssen dafür sorgen, daß Kinder mit Tieren aufwachsen können.

Die Familie *allein* ist mit dieser Aufgabe oft überfordert. Nicht in jedem Fall ist ein eigenes Haustier zu halten möglich und richtig: In vielen Mietwohnungen gilt ein strenges Verbot von Haustieren. Auch die Rücksicht auf ein allergisches Familienmitglied verbietet mitunter allen anderen Mitgliedern ein eigenes Tier. Und bei Eltern, die Tiere nicht mögen, stößt der kindliche Wunsch nach einem vierbeinigen Freund oft auf taube Ohren.
Um so wichtiger ist es, daß andere Erziehungsinstanzen Kontakt zu Tieren erlauben und pflegen. Schon der Kindergarten kann das Fundament zu späterer Tierliebe bereitstellen: durch Ausflüge in den zoologischen Garten, zu einem Ententeich in der Umgebung oder auf eine Wiese mit Schmetterlingen und Bienen.[38] Nur auf diese Weise läßt sich den übermächtigen Fernsehgeschichten von Schweinchen Dick oder Lassie eine realistische Erfahrung mit Tieren entgegenstellen.

Der Schulzoo

Wichtiger als der Kindergarten ist die Schule, wenn es darum geht, in Kindern Naturverständnis und Liebe zu Tieren zu wecken. Die Voraussetzungen für eine tiernahe Erziehung sind dabei günstig: Kinder sehnen sich nach einer lebendigen und naturnahen Schule. Die Stadt Gelsenkirchen hat Kinder aus 22 Schulklassen im Alter von 8 bis 10 Jahren malen lassen, wie sie ihre Schule erleben und wie sie nach ihrer Vorstellung aussehen sollte. Eine große Ausstellung dieser Bilder offenbarte immer wieder denselben Mißstand: langweilige Pausenhöfe, auf denen sich nicht richtig spielen läßt, und öde Klassenzimmer, die keine Lust machen zum Lernen. Die Bilder der Wunsch-Schule zeigten statt dessen Aktivspielplätze, Rasen, Bäume und Blumen, bunte Klassenräume – und darin Tiere.[39] Eine kindliche Utopie? Nicht unbedingt. Peter Kraft zeigte schon in den siebziger Jahren in seinem Buch »Der Schulhof als Ort sozialen Verhaltens« Alternativen zum deutschen Pausenhof,

die in anderen Ländern teilweise längst realisiert worden sind.[40] Warum nicht ein kleines Tiergehege in den Hof integrieren?
Soll das etwa heißen, daß in der künftigen Schule Tiere herumtollen dürfen? Eben das. Es gibt heute schon Schulen, die zeigen, wie eine solche Vision realisiert werden kann.
Eine der ersten Schulen in Deutschland, die einen eigenen Schulzoo besaß, war die Bielefelder Laborschule Hartmut von Hentigs. Der Zoo dient dem Ziel dieser Schule: Kinder sollen sich in ihr wohl fühlen können; sie sollen in einem Ambiente von Freiheit und Selbstentfaltung lernen dürfen; sie sollen nicht lediglich klassischen Wissensstoff lernen, sondern ganzheitliche Erfahrungen machen.[41] Die Schüler sollen Sinn für Ordnung, Disziplin, Pünktlichkeit und Verantwortungsfreude entwickeln, aber nicht als preußische ›Sekundärtugenden‹, sondern aus eigener Einsicht in die Notwendigkeit bestimmter Regeln und Pflichten, ohne die keine Gemeinschaft auskommen kann. Die Pflege von Tieren ist ein wichtiger Beitrag zu diesem Konzept: Wer die Sorge für ein Tier übernommen hat, sieht bald ein, daß er es nicht nur dann füttern, tränken und seinen Käfig ausmisten kann, wenn er Lust dazu hat.
Eine erfahrene Expertin hat den kleinen Bielefelder Schulzoo in den ersten Jahren betreut: Alissa Fuss, Jahrgang 1914, hatte zuvor den Schulzoo in einer staatlichen Sonderschule für verhaltensgestörte Kinder in Tel Aviv mitaufgebaut und viele Jahre geleitet. Sie war deshalb mit allen Problemen einer solchen Einrichtung vertraut.[42] Die Kinder dieser israelischen Schule besaßen zwar sämtlich eine normale bis überdurchschnittliche Intelligenz, ordneten sich aber nicht in einen normalen Schulbetrieb ein. Sie reagierten unangemessen, waren reizbar, aggressiv und von triebhafter Unruhe. Wegen Disziplinlosigkeit und Mangel an Konzentrationsfähigkeit konnten sie dem Unterricht in einer Regelschule nicht folgen. Einige dieser Kinder waren bereits mit dem Gesetz in Konflikt gekommen.
Als ihr wichtigstes Ziel definierte die ›Broschim-Schule‹, Kinder in einem möglichst konfliktfreien, emotional günstigen Umfeld ›zu sich selber‹ zu bringen. Hierbei halfen die Tiere im Schulzoo. Ich

berichte im Kapitel »In die Gesellschaft zurückfinden mit Tieren« ausführlicher über die Schule.

Alissa Fuss konnte ihre Erfahrung aus diesem Projekt in der Laborschule Bielefeld gebrauchen, denn nicht von Anfang an lief das Experiment in der wünschbaren Form. Die Kinder vergaßen, die Tiere zu füttern oder den Käfig zu säubern, und Alissa Fuss mußte manchmal als Retterin in letzter Minute einspringen. In einer Phase wurden die Tiere Zielscheibe der Aggressionen anderer, nicht in der Tiergruppe mitarbeitender Kinder. Wiederum hing es vor allem an der Lehrerin, die Sünder ausfindig zu machen und von der Gemeinheit ihres Tuns zu überzeugen.

Doch im Laufe der Zeit bekam sie die meisten Probleme gut in den Griff. Drei Stunden ihres Lehrdeputats wurden ihr für die Betreuung des Zoos gutgeschrieben. Außerdem halfen ein junger Sozialarbeiter im Anerkennungsjahr und eine Gruppe aus 60 bis 80 Schülern zwischen 8 und 14 Jahren, die im Zoo arbeiteten.

Die Tiere – Kaninchen, Meerschweinchen, Mäuse, Hamster, Vögel und ›Tiere nach der Saison‹ (Kaulquappen, Maikäfer und Raupen) – wurden von den Kindern mitgebracht, vom Schulzoo gekauft oder waren Geschenke von Freunden der Schule.

Pflege und Versorgung der Tiere sind inzwischen den Kindern allein anvertraut. Jedes Kind ist für einen Käfig oder ein Tier verantwortlich. Neben jedem Verschlag hängt ein Karteikärtchen mit Bleistift, in das es regelmäßige Eintragungen macht: Datum und Zeitpunkt der Fütterung und Käfigreinigung, Menge des Futters, besondere Vorkommnisse und Auffälligkeiten.

Mit diesen Karten ist eine gewisse Kontrolle durch die erwachsenen Betreuer gesichert: Kein Tier soll leiden, wenn sein kindlicher Pfleger einmal nachlässig sein sollte. Aber die Karte dient gleichzeitig auch der Einübung in Ordnung und Selbstdisziplin für die Kinder. Ein weiterer Vorteil: Wenn kleinere Kinder mit dem Ausfüllen ihrer Karteikärtchen nicht selber zurechtkommen, wenden sie sich an die größeren um Hilfe. So lernen sie, was vielen sehr schwerfällt: um Hilfe zu bitten und danke zu sagen.

Käfige und Regale für ihren Schulzoo bauen die Kinder selbst auf, die Erwachsenen geben nur Ratschläge. Sie fassen überhaupt nur in seltenen Fällen einmal selber mit an. Also gelingen die Arbeiten nur dann, wenn die Kinder zusammenarbeiten. Gerade diese Erfahrung von Gruppenarbeit und Solidargemeinschaft gilt in der Laborschule Bielefeld als besonders bedeutsamer Sinn des Schulzoos. Alissa Fuss und ihr Kollege berichten:

> Viele Kinder fingen wohl mit der Arbeit an, aber einige ermüdeten und meinten, nun werde ›Jemand‹ das Werk schon vollenden. Der ›Jemand‹ kam aber nicht. Also faßten sie alle wieder mit an, denn die Ställe mußten vor Regen geschützt werden. Auch die Kleinsten machten mit, und wenn sie auch nur die Platten hielten, während die anderen schraubten. Jungen und Mädchen arbeiteten mit Spaß und einer Portion Stolz, als sie ihr Werk wachsen sahen. Schließlich mußte man nur die Werkzeuge bereitlegen, und sie arbeiteten allein (sogar im Regen unter Schirmen!). Zweifellos haben sie nun eine bessere Beziehung zu der ganzen Einrichtung ›Schulzoo‹, als wenn sie es fix und fertig vorgesetzt bekommen hätten.[43]
> Der Zoo soll ein Platz sein, wo Kinder ihre Erfahrungen machen können, aus eigenem persönlichen Interesse etwas miteinander zu tun, mit ihren Kameraden zusammen zu arbeiten. Das heißt, hier wird die Erfahrung gemacht, daß man in der Gruppe etwas machen kann, was man persönlich gern möchte, was man aber allein nicht schafft. Was nur in gemeinsamer Anstrengung gelingen kann.[44]

Alle Arbeiten, vom Bau der Gehege bis zu Fütterung, Käfigputzen und Karteikärtchen ausfüllen, erledigen die Kinder vor oder nach dem Schulunterricht, in den Pausen und ihren Freistunden. Auch die ›Zooversammlung‹ tagt grundsätzlich nur in der Freizeit, Unterricht darf dafür nicht ausfallen. Mitglieder in dieser Versammlung sind alle Schüler, die ein Tier pflegen, dazu die erwachsenen Betreuer. Hier werden organisatorische und finanzielle Probleme des Schulzoos besprochen, aber auch nachlässige Schüler

von ihren Kameraden zur Rede gestellt und ›Wiederholungstäter‹ unter Umständen sogar aus der Gruppe verwiesen.
Fast überflüssig zu sagen, daß der Schulzoo außerdem noch zu Unterrichtszwecken eingesetzt wird: Schüler arbeiten z. B. über die Pflege von Kleintieren selbst Unterrichtseinheiten aus. Neben dem ›Erfahrungsbereich Naturwissenschaften‹ profitiert auch der ›Erfahrungsbereich Sprache‹ (Beobachtung/Dokumentation) von den Tieren; im Erfahrungsbereich ›Wahrnehmen und Gestalten‹ liefern die Schultiere reiche Anregung für kreative Aktivitäten wie Malen und Töpfern. (Die Laborschule ist nicht nach klassischen Schuldisziplinen gegliedert, sondern faßt einzelne Fächer zu interdisziplinär angelegten Erfahrungsbereichen zusammen.)
Zum Schluß noch ein Wort über einen heiklen Punkt des Projektes Schulzoo, die Finanzen: Der Zoo bezieht die notwendigen Mittel aus drei verschiedenen Töpfen des Gesamt-Schuletats: aus dem Freizeitbereich, dem Erfahrungsbereich Naturwissenschaften und aus Mitteln des Fördervereins, darüber hinaus aus einer Spendenkasse von Schülern. Es kommt jedes Jahr genügend Geld zusammen, um den Zoo zu betreiben. Die erwachsenen Betreuer sind deshalb überzeugt, ihr Schulzoo sei »keine exotische Pflanze aus der Laborschule, sondern auf jede andere Schule übertragbar«.[45]
Jedenfalls in Bielefeld selbst machte das Beispiel rasch Schule: Eine zweite Schule fing kurze Zeit später mit dem Bau eines schuleigenen Zoos an. Inzwischen hat er erstaunliche Ausmaße angenommen: Schon in der Eingangshalle empfängt den Besucher das Gekreisch von ca. 40 Kleinpapageien in einer großen Voliere. Ein 5000-Liter-Aquarium im Foyer stimmt auf weitere Zoo-Überraschungen ein. Knapp 40 größere Becken mit verschiedensten Fischen und anderen Wassertierarten faßt ein eigener Raum für Aquarien. Schüler überprüfen ph-Werte; kleine Tafeln am Rande der Becken liefern Informationen über die Tierart, das Alter der Tiere und über bestimmte Zuchtformen oder Krankheiten.
In einem weiteren Raum sind Kleintiere in Käfigen und kleinen Ställen untergebracht: Grillen, Rennmäuse, Meerschweinchen und viele andere Arten. An jedem Käfig hängt ein Namensschildchen,

das anzeigt, welches Kind für den kleinen Kumpanen im Käfig zuständig ist.

Eltern und Schüler sind gemeinsam für die Tiere verantwortlich, die von fast allen Lehrern – welches Fach sie auch geben – im Unterricht eingesetzt werden. Keiner mag sich die Schule mehr ohne den Zoo vorstellen, und das nicht nur auf Grund seines pädagogischen Nutzwertes, sondern vor allem, weil er den Schulalltag ›menschlicher‹ macht.[46]

Der Zoo lebt allerdings unter dem Druck knapper Finanzmittel. Nur die Spendenbereitschaft der Eltern hält ihn am Leben. Von den zuständigen Ämtern gibt es so gut wie kein Geld.

Dieses Schicksal teilt jede neue Idee in der ersten Phase ihrer Realisierung. Nur ein Experiment, das als förmliches ›Modellprojekt‹ anerkannt ist, bekommt finanzielle Unterstützung von staatlicher Seite. So z. B. die Peter-Petersen-Grundschule in Köln-Hohenhaus, ein pädagogisches Mehrfach-Modell. Hier wird etwas erprobt, was es nach Ansicht der Mehrheit der deutschen Kultusminister nicht geben dürfte: eine gemeinsame Schule für gesunde und geistig behinderte Kinder. Die Integration geistig behinderter Kinder in die normale Regelschule ist nämlich das Ziel einiger Schulversuche in Nordrhein-Westfalen: eine Absage an die Sonderschule, die viele Eltern als schulische Absonderung kritisieren. Wie selbstverständlich gehören zu diesem Experiment auch Tiere: »Die Kinder sitzen nicht in Jahrgangsklassen, sondern in 25köpfigen ›Stammgruppen‹ aller 4 Klassenstufen. Sie können ›Schafsdienst‹ verrichten an den schuleigenen Muttertieren samt Lämmern, können beim ›Wochenfest‹ die schuleigenen Hühnereier amerikanisch versteigern, in den Freistunden – man ist natürlich Ganztagsschule – aus der Fahrradwerkstatt ein Gefährt ausleihen oder im Schulgarten die Regenwurmzucht auf Vordermann bringen. ›Ich bin zu allem bereit‹, erklärt der Schulleiter Erwin Klinke, ›ich will nur, daß die Kinder sich vorher verpflichten, die anfallenden Aufgaben zu erledigen‹.«[47]

420 Kinder, darunter ein Dutzend geistig behinderte Kinder, gehen in diese Schule ohne festen Eingangsbezirk. Viele Anmel-

dungen mußten 1990 mangels Platz abgewiesen werden. Die Schule ist für Lehrer wie Schüler gleichermaßen attraktiv: Beide Gruppen müssen mehr ›leisten‹ als in einer anderen Schule, aber sie tun es mit Freude. Was könnte man über eine Schule Besseres sagen?

Bisher haben Schulen mit Tieren noch Seltenheitswert. Aber jede neue Idee ist einmal aus dem Nichts entstanden. Vergleicht man die heutige Schule mit der Schule vor 30 Jahren, wird deutlich, wie viele damals exotische Luxuseinrichtungen inzwischen als selbstverständlich erscheinen: behagliche Schüler-Aufenthaltsräume, Pausenhof-Sitzbänke, Sprachlabor, Cafeteria ... Möglicherweise besitzt im Jahr 2000 jede Schule ein Kleintiergehege. Obwohl die Reformbewegung der Bildungs- und Schulpolitik seit den 60er/70er Jahren viel an Schwung eingebüßt hat, gibt es Anzeichen dafür, daß unsere Gesellschaft diesen vernünftigen Weg einschlagen wird. Seit den achtziger Jahren kommen Schulgärten wieder in Mode[48], und viele Naturwissenschaftslehrer haben hinter der Schule mit ihren Schülern ein Biotop angelegt. Im Rahmen solcher Aktivitäten verbreitet sich langsam auch die Idee, neben Molchen, Fischen und Fröschen auch anderen Tieren in der Schule einen Platz einzuräumen, so z. B. in der Landgraf-Ludwig-Schule in Gießen.[49]

Im Bielefelder Vorort Ummeln gibt es mittlerweile einen richtigen Schulbauernhof für »praktische Umwelterziehung, naturverträgliche Landwirtschaft, praktischen Umweltschutz und bäuerliches Handwerk« (aus dem Prospekt). Sogar in der (offiziell) haustierfeindlichen ehemaligen DDR setzte sich die Erkenntnis, daß Tiere die Kindererziehung erleichtern, im Laufe der achtziger Jahre allmählich durch.[50]

In den letzten Jahren befassen sich nun auch einschlägige Fachzeitschriften mit der Frage, welche Tiere unter welchen Umständen für welche Schule und Klasse geeignet sein könnten.[51] So erfreulich diese Entwicklung insgesamt anmutet, so enttäuschend ist immer noch der Vergleich zwischen den Überlegungen, die man bei uns derzeit anstellt, und den längst realisierten Projekten in anderen Ländern. Hygiene, medizinische, rechtliche und vor allem bürokratische Hürden scheinen in Deutschland ungleich höher zu sein als anderswo. Aus solchen Erwägungen heraus schlagen deutsche Pädagogen als Schul- oder Klassentiere fast nur extrem pflegeleichte Tierarten vor, vor allem Fische und Grillen, allenfalls Mäuse. Falls irgendwo richtige Streicheltiere auftauchen, ist ausgerechnet das ›Schmusen‹ mit ihnen verboten.[52]

Eine Studie von drei französischen Wissenschaftlern wies nach, daß zwei Fünftel aller Schulklassen in Frankreich eigene Klassentiere besitzen: Vögel, Reptilien, Nagetiere aller Art, Meerschweinchen, Kaninchen. In der Hälfte der Fälle dürfen die Tiere auch frei im Klassenzimmer herumlaufen, jedes Kind darf sie anfassen und mit ihnen schmusen. Klagen von Eltern gab es nur in 15 Prozent aller Fälle, nicht ein einziges Mal auf Grund von Hygieneproblemen. Einzig Allergien der Kinder kamen in Form von Änderungsvorschlägen (nicht: Abschaffungsvorschlägen) von seiten der Eltern zur Sprache.[53]

Das gleiche gilt auch für Großbritannien. Hier ist man traditionell weniger ängstlich im Blick auf Hygiene- oder Disziplinprobleme, die sich durch Tiere ergeben. Alle möglichen Arten und Rassen kommen für Pädagogen in England und den Vereinigten Staaten als Klassen- und Schultiere in Frage; Hauptsache nur: Lehrer und Schüler sind einig in ihrem Wunsch nach dem Tier. Wie man die Pflichten verteilt, die das Tier mit sich bringt, bleibt Kindern und Lehrern überlassen.[54]

Ein Zoo in der Schule spricht gleichzeitig Gefühl und Verstand an und vereint so die beiden Grundzüge des Menschen, die in der modernen Erziehung auf schmerzliche Weise auseinanderdividiert sind: Die Familie ist für die emotionale Seite der Kindererziehung zuständig, die Schule für den Verstand. Beides gehört aber zusammen, und es stünde der Schule gut an, ihren pädagogischen Auftrag auch im Blick auf die emotionale Entwicklung von Kindern zu verstehen: »Der Intellekt ist nur eine unter mehreren fundamentalen psychischen Funktionen und genügt nicht zur Schaffung eines allgemeinen Weltbildes. Dazu gehört zum mindesten auch das Gefühl. – Das Gefühl hat vielfach andere Überzeugungen als der Intellekt, und es ist nicht immer zu beweisen, daß die Überzeugungen des Gefühls gegenüber denen des Intellekts minderwertig seien.« So C.G. Jung[55] schon zu Beginn unseres verstandes-betonten Jahrhunderts. Heute beklagt der Züricher Sozialpsychologe Gerhard Schmidtchen die »emotionale Armut« in unseren Schulen, aber auch zunehmend in der Familie.[56] In einer Schrift mit dem programmatischen Titel »Triumphe der Aufklärung und Katastrophen der Seele« analysiert er die ›entemotionalisierte Erziehung‹ unserer Tage, die unausgesetzt Forderungen an das Kind stellt, ohne dabei einen gefühlsmäßigen Rückhalt zu geben. Eine schlimme Folge dieser Erziehung erkennt er in den psychischen Störungen einer kontinuierlich wachsenden Zahl junger Menschen mit Rückzugstendenzen, Selbstmordphantasien, Anfällen von unkontrollierter Aggressivität und Selbstmitleid.[57] Seine Forderung deshalb: »Der erlebnismäßige Anteil der Schule muß größer werden.«[58]

Tiere im Biologieunterricht

Intellektuelle Einseitigkeit wirft auch der Biologielehrer Franz Dreidax der heutigen Schule vor. Sein Buch »Emotionale Erziehung in der Schule«[59] ist ein Plädoyer für Tiere in Klassenzimmer und Schule. In seiner eigenen Schule, einer als Ganztagseinrichtung geführten Mittelpunktschule in Jever (Ostfriesland), hat er seine Ideen in die Praxis umsetzen können. Er bringt, wenn es der Lehrplan wünschenswert macht, Tiere in seinen Unterricht mit: Vögel, Meerschweinchen, eine Katze, einen zahmen Fuchs, ein Frettchen oder ein Osterlämmchen.

So macht Biologieunterricht auch den Kindern Spaß, die mit abstraktem Lehrstoff allein nicht oder nur schwer motivierbar wären. Aber Dreidaxens Lehrmethoden sind, so selbstverständlich sie scheinen, durchaus nicht verbreitet in Deutschland. Im Gegenteil: Mit dem Biologieunterricht und der Tierkunde liegt es im argen.

Zu diesem Ergebnis kommt eine Befragung von Lehrern, die das Schulbiologiezentrum Hannover in Zusammenarbeit mit der Zeitschrift »Unterricht Biologie« Anfang der achtziger Jahre durchgeführt hat.[60] Der Unterricht sei eher langweilig, naturfern und praxisfern, didaktisch wenig durchdacht. Die Kinder interessierten sich kaum für das Fach.

Dieser katastrophale Befund spiegelt die objektive Situation des Fachs Biologie in unseren Schulen. Was für die schulische Pädagogik allgemein gilt: eine entemotionalisierte Erziehung, gilt ausgerechnet für das Fach ›Lehre vom Leben‹ noch in besonderer Weise. Das Thema Haustiere, das die Kinder naturgemäß am meisten von allen Stoffen interessiert, kommt in der Regel nur in den ersten vier oder sechs Klassen zur Sprache. Diese Altersgruppen reagieren noch rein emotional auf das Thema: Sie sollten das Kaninchen, den Hund oder Vogel sehen, riechen, befühlen und möglichst auch auf den Arm nehmen können, um die Informationen aufnehmen zu können, die der Lehrer vermittelt. Aber kaum eine Lehrkraft nutzt diese Chance.

Zuweilen gibt es gute Ideen und Projekte. So berichtete 1990 die Stuttgarter Zeitung von einer sinneskundlichen Ausstellung an der Vogelsangschule, die ein Projekt der Erstkläßler und ihrer Lehrer dokumentierte:

> Sechsjährige morgens um fünf vor der Schule? Verdutzt hatten sich die Nachbarn der Vogelsangschule die Augen gerieben. Die Erstkläßler waren zur Aufnahme von Vogelstimmen erschienen am eigens gebauten Vogelbad vor ihrem Klassenzimmer – eine von vielen Aktionen während des letzten Halbjahrs, die nach dem Willen des Schulleiters R. A. und seines Lehrerkollegiums in den 460 Kindern von der Paulusstraße die Liebe zur Natur wecken sollten. Was dabei herausgekommen ist, können die Besucher an diesem Wochenende bis Sonntag abend anschauen, ausprobieren und riechen … Fächerübergreifend haben die Mädchen und Jungen die Obstbaumblüte dokumentiert, sich mit Regenwürmern und Borkenkäfern befaßt und Hummelhöl-

zer gefertigt. Das Blumenbeet braucht jetzt nur noch Sonne, die Kaninchendame im selbstgefertigten Stall einen Gefährten …

Der Text wird begleitet von einem zweispaltigen Bild, welches das Kaninchen sichtlich zufrieden inmitten fröhlicher Erstkläßler zeigt.[61] Daß über solch ein Projekt eine Zeitung berichtet, besitzt zweifellos gute Signalwirkung, dokumentiert aber zugleich seinen Seltenheitswert.
In den höheren Klassen befaßt sich der Biologieunterricht kaum mehr mit Haustieren, obwohl sie auch bei den älteren Kindern noch immer hohe Motivationskraft besitzen. Tiere tauchen im Unterricht nur noch in Form von Farbtafeln, allenfalls Dias und Videos auf. Dabei setzt biologisches Denken und Handeln das Studium des lebenden Wesens voraus: »Wesentlich ist es«, so G. Fritzsche in der Zeitschrift »Naturwissenschaft im Unterricht«, »daß weit mehr als es allgemein geschieht biologisches Grundwissen durch die Arbeit am lebenden Objekt, durch Beobachtungen in der freien Natur und in Vivarien, die in der Schule einzurichten sind, erworben wird … Biologisch sehen und denken lehren bzw. lernen, das ist die Aufgabe jeglicher biologischer Unterweisung, im Sachunterricht wie im späteren Fachunterricht.«[62]
Aus Sorge vor einer Anthromorphisierung der Tiere und einer zu emotionalen Betrachtung von Tieren bemüht sich der Biologieunterricht in den höheren Klassen dagegen um eine strenge Versachlichung seiner Lehrthemen. Dabei gerät er leicht in das andere Extrem: eine Verwissenschaftlichung, die nicht nur von konservativen Pädagogen als ›Verkopfung‹ bemängelt wird.[63]
Was tun? Die Entwicklung des Biologieunterrichts sollte in die vom Schulbiologiezentrum Hannover vorgeschlagene Richtung weitergehen. Dieses Zentrum, das verschiedenste botanische und zoologische Institutionen umfaßt und in den 80er Jahren insgesamt 6 pädagogische und 22 gärtnerische Lehrkräfte beschäftigte, hat in den 30 Jahren seines Bestehens zahlreiche Serviceleistungen für alle Schulen im Umkreis Hannovers geliefert: vom Entwurf von Curricula und Unterrichtsmodellen über Beratung

für die Naturkundelehrkräfte bis zur praktischen Arbeit mit Schulklassen. Die Schüler werden dabei zu einzelnen Kursen (z. B. »Leben in Gewässern« für die 7. Schulklasse) auf Kosten der Stadt mit Bussen in einen der Schulgärten des Zentrums gefahren und dürfen dort über Stunden, mitunter auch mehrere Tage, praktische Experimente durchführen. Ähnliche Kurse finden auch im Zoo des Schulzentrums oder im Zoologischen Garten Hannovers statt. Die Schüler sind mit großem Eifer bei der Sache; eine ›Motivierung‹ durch Lehrkräfte ist kaum mehr notwendig.[64]

All das gelingt aber nur dann, wenn der Biologieunterricht seine klassischen Fachgrenzen sprengt. Hier liegt der entscheidende Schlüssel für eine Reform des deutschen Naturkundeunterrichts.[65] Nur in Versuchsschulen und alternativen Schulmodellen wie den Freien Waldorfschulen ist bisher jener interdisziplinäre Umgang mit biologischen Stoffen erlaubt, der einzig Verständnis für die Natur und die Liebe zu ihr zu wecken vermag: durch die Zusammenschau aller biologischen, chemischen, physikalischen, ethologischen, anthropologischen, kulturgeschichtlichen und auch sozialwissenschaftlichen Aspekte, die das Thema umfaßt. Dazu hätte als weiterer Stoff noch der Aspekt Mensch-Tier-Beziehung zu treten. Die Ergebnisse dieser Forschung sind in Deutschland noch zu wenig bekannt, um schon im Schulunterricht Aufnahme zu finden.[66] In den USA wurde schon Anfang der achtziger Jahre ein Curriculum für alle Lehramtsstudenten entwickelt und in praktischen Schulversuchen erfolgreich getestet, welche die wichtigsten Aspekte der Mensch-Tier-Beziehung, die hier vorgestellt werden, in den Mittelpunkt rücken.[67]

Zoopädagogik

Eine Initiatorin der ›Zoopädagogik‹ ist die Lehrerin und Zoologin Dr. Rosl Kirchshofer, die ›dienstälteste Zoopädagogin Europas‹.[68] Zusammen mit Bernhard Grzimek hat sie nach amerikanischem

Vorbild die erste Zoo-Schule in Deutschland gegründet. Seit knapp 30 Jahren betreut sie im Frankfurter Zoo Schulklassen bei ihrem Rundgang durch den Tiergarten. Über 400 Schulklassen mit jährlich 13 000 Schülern erfahren bei ihr und ihren Kollegen, daß ein lebendiger, tiernaher Unterricht Spaß machen kann, auch wenn Biologie sonst nicht eben Lieblingsfach ist. Interessierten Pädagogen gibt Rosl Kirchshofer schriftliche Unterrichtshilfen an die Hand.

Unglaublich, daß sie, trotz des unstrittigen Erfolgs ihrer Arbeit, über drei Jahrzehnte die einzige fest angestellte Zoopädagogin Frankfurts blieb: Ihre Kollegen arbeiten auf ehrenamtlicher Basis. Aber diese Tatsache ist leider durchaus symptomatisch für die Lage der Zoopädagogik in Deutschland: Erst in den achtziger Jahren haben die deutschen Tiergärten nach dem Vorbild des Frankfurter Zoos eigene Schulabteilungen gegründet, mit kleinen Mitarbeiterstäben, die von der Fülle der Aufgaben, die auf sie warten, von Anfang an überfordert sein mußten. Trotzdem stürzten sich fast alle Zoopädagogen mit Schwung in die Arbeit. Der Zuspruch von Lehrern und Kindern gibt ihnen recht, wenn sie ihre Aktivitäten als gesellschaftlich außerordentlich wichtig erachten.

Wiederum wirkte das schon früher zitierte Schulbiologiezentrum Hannover als eine Art Motor der Bewegung: Zu Beginn der achtziger Jahre hatte das Zentrum die botanischen Gärten, die Zoos und Naturkundemuseen der Bundesrepublik zu einem ersten Symposium zusammengerufen, auf dem Fragen der pädagogisch-didaktischen Vermittlung von Naturkundestoffen im Mittelpunkt standen. 75 Direktoren und/oder pädagogische Mitarbeiter beteiligten sich an diesem Kongreß. Seine Ergebnisse wurden in Buchform zusammengefaßt und 1982 als erste Veröffentlichung über gemeinsame Ziele der pädagogischen Arbeit in Zoos und botanischen Gärten der deutschen Öffentlichkeit präsentiert. Das Buch enthält viele gute Ideen für lebendige Unterrichtsformen. Seitdem sind weitere Schriften zum Thema erschienen. Lehrer, die ihren Unterricht durch den direkten

Kontakt mit Tieren anreichern wollen, können inzwischen auf guten Vorarbeiten ihrer Kollegen aufbauen.[69]

Schade nur, daß auch in manchen Modell-Unterrichtseinheiten sich häufig die sprichwörtliche deutsche Neigung zur Pädagogisierung aller Lebensfreuden einstellt: Kaum gibt es eine Zoopädagogik, da wird von manchen Autoren und Lehrern rigoros reglementiert, wie ein Zoobesuch mit der Klasse ablaufen muß: zehn Minuten beobachten, dann ein Bild malen, dann einen Aufsatz verfassen. Folgendes war die hoffentlich nicht alltägliche Beobachtung einer pädagogisch nicht sehr versierten Kinder- und Tierfreundin im Zoo: Ein kleines Mädchen will keine Giraffe malen und weint. Der Lehrer wendet erst alle Überzeugungskunst an, dann ist er böse und schimpft. Das Mädchen schluchzt laut; die Szene wird Mittelpunkt des Interesses der Schulklasse und anderer Besucher des Zoos. Der Lehrer läuft rot an und verläßt mit der feixenden Klasse die Stätte seines zoopädagogischen Scheiterns.

Streichelgehege im Zoo

Ebenso wichtig wie die Zoopädagogik und bei den Kindern noch ungleich beliebter ist eine neue Einrichtung vieler Tiergärten: die Streichelecke im Zoo. Kinder wollen Tiere nicht nur betrachten, sondern sie fühlen und streicheln. Diesem Bedürfnis kommen die Zoos durch Gehege mit Schweinen, Ziegen, Schafen und Kleintieren entgegen. Sogar zum Gelsenkirchener Löwenpark des Grafen Westerholt gehört seit einigen Jahren ein Streichelgehege mit harmloseren Tieren. Der Graf verdankt seine Einsicht, daß Kinder die Tiere im Zoo anfassen möchten, einem schlauen Kioskbesitzer bei der Kasse zu seinem Großkatzenzoo: Der clevere Geschäftsmann machte glänzenden Umsatz mit seinen Stofflöwen und anderen Stoffkuscheltieren, um welche die Kinder nach dem Besuch bei den Löwen ihre Eltern anflehten. Darauf trennte der Graf von seinem Löwenpark eine Weide mit streichelfreundlichen Tieren ab.[70]

In Streichelgehegen dürfen Kinder Tiere füttern und mit ihnen spielen. Voraussetzung für solche Streichelecken in Zoos sind dabei

- ein möglichst großes Gehege,
- Tabuzonen, in welchen die Tiere ungestört bleiben,
- Futterautomaten, die nur eine verträgliche Gesamtmenge eines geeigneten Futters pro Tag abgeben, und vor allem:
- verständnisvolle Zoodirektoren und -pfleger.

Der Direktor des Zoos in Hannover bringt dieses Verständnis aus seiner eigenen Kinderzeit mit. Er wollte alle Tiere anfassen und hat diesen Wunsch als Erwachsener niemals vergessen. Kein Wunder, daß er bei seinem Zoo auf die Möglichkeit sann, Kinder und Tiere in direkten Kontakt miteinander zu bringen.[71]

Etwa 60 Tiere leben derzeit auf der Streichelwiese des Zoos. Zunächst gab es auch Hunde und Katzen in dem Gehege, aber die Kinder gerieten in Streit um die Tiere: Keines wollte die Lieblingskatze oder den Lieblingshund mit anderen teilen. Der Zoo hätte Hunderte von Katzen und Hunden benötigt, um dem Bedürfnis der Kinder nach ihrem je eigenen Tier gerecht zu werden, und das ließ sich nicht machen.

Alle Tiere nehmen die Zärtlichkeiten der Kinder gern an. Ohne Unterlaß werden sie gestreichelt, umarmt, hochgehoben. Bringt das nicht zu viel Streß für die Tiere?

Eine verhaltenswissenschaftliche Studie im Kopenhagener Zoo bewies 1986 das Gegenteil. Mehrere Monate lang hat man die Kinder und Tiere dort beobachtet und beider Verhalten sorgfältig dokumentiert. Das Ergebnis: Die Tiere mögen es offensichtlich, liebkost und gestreichelt zu werden. Sie tummeln sich stets inmitten der Kinder. Ganz selten nur zieht sich eines in seine Ruhezone zurück, in die kein Kind ihm folgen darf. Fazit der Zeitschrift »Das Tier«: »Zoos sollten weiterhin mit gutem Gewissen ihren kleinen Besuchern Streichelgehege anbieten.«[72]

Auch das Streichelgehege im Zoo von Hannover ist derzeit

Gegenstand einer wissenschaftlichen Studie über Kinder und Tiere. Hier geht es nicht, wie bei der Kopenhagener Forschung, primär um die Tiere, sondern um das Verhalten der Kinder. Die Hildesheimer Professorin für Psychologie Irene Würdinger untersucht, in welcher Weise Kinder verschiedener Altersgruppen Kontakt zu den Tieren aufnehmen: Welches Tier und welcher Körperteil dieses Tiers wird gestreichelt? Nimmt das Kind dafür seine offene Hand, oder berührt es das Tier nur vorsichtig mit den Fingerspitzen? Wie verändert sich dieses Verhalten im Laufe der Jahre?[73] – Man darf auf die Ergebnisse gespannt sein, denn bisher wissen wir, wie gesagt, viel zu wenig über die Interaktion von Kindern und Tieren.
Sicher ist eines: Streicheln tut gut, und deshalb gilt unwidersprochen, was der Münchner Erziehungswissenschaftler A. Lückert feststellt: »Streichelwiesen im Zoo sind für die Erziehung junger Menschen zu Toleranz und Verständnis von ungeheurer Bedeutung.«[74]

Spielplätze mit Tieren

Aber es gibt längst nicht genug zoologische Gärten, um diesem Erziehungsauftrag voll zu entsprechen. In Dänemark hat man das Gewicht dieses Themas schon vor Jahren erkannt und auf den meisten ›Bauspielplätzen‹ des Landes eine Tierecke errichtet.
Bauspielplätze sind keine normalen Kinderspielplätze, sondern Institutionen mit gut durchdachtem Pädagogikkonzept. Fragt man die Jugendarbeiter allerdings nach diesem Konzept, so erhält man mitunter die Antwort: »Wir haben gar keines, die Kinder sollen sich bei uns nur wohl fühlen.« Die dänische Jugend-Freizeitpädagogik schreibt grundsätzlich nichts vor, sondern beschränkt sich auf Angebote: »Pädagogische Zielvorstellungen werden nicht über Maßnahmen, sondern über das materiale und soziale Angebot der Bauspielplätze realisiert. Es gibt

kein Eingreifen der Erwachsenen, um Verhaltensweisen der Kinder herbeizuführen, zu verändern oder zu verhindern ... Die Kinder bestimmen ihre Aktivitäten und ihr Verhalten selbst. Sie sollen lernen, die Konsequenzen, die sich hieraus ergeben, selbständig zu tragen. Sie werden durch die Realität veranlaßt, sich selbst zu regulieren und Eigenverantwortung zu entwickeln. Sie lernen, ihr Verhalten Einschränkungen zu unterwerfen, die sich aus Eigenschaften der Materialien und Werkzeuge, aus den Pflegeansprüchen von Tieren und den Forderungen der anderen Kinder oder Gruppe ergeben.«[75] So schildern Hamburger Erziehungswissenschaftler in einer explorativen Studie die Bauspielplätze »in einem kinderfreundlichen Land«.[76]

Schon 1943 entstand in Kopenhagen der erste derartige Spielplatz. Inzwischen gibt es auf der ganzen Welt ähnliche Einrichtungen. Die deutschen Abenteuer- oder Aktivspielplätze kommen der dänischen Urform ziemlich nahe. Was die dänischen Bauspielplätze von den deutschen Aktivspielplätzen unterscheidet, sind ihre Tierareale. Auf neun der zehn von dem Hamburger Wissenschaftsteam detailliert untersuchten Spielplätzen in Dänemark gibt es Kleintiere (Kaninchen, Meerschweinchen, weiße Mäuse, Goldhamster, Katzen, Hühner, Gänse, Tauben, Zierfische, Vögel und anderes), auf sechs Plätzen große Tiere wie Pferde und Ponys, Esel, Hunde, Schweine, Ziegen und Schafe. Ställe und Weiden sind in das Spielplatzgelände integriert. (Die Weiden dürfen von den Kindern nicht betreten werden; hierher ziehen die Tiere, die freien Auslauf im Areal haben, sich zurück, wenn ihnen der Rummel zu viel wird.)

Die Tierabteilung der Plätze übt eine außerordentlich hohe Anziehungskraft aus: Über die Hälfte der Kinder kommt nur wegen der Tiere. Kein Wunder, denn Bauspielplätze liegen hauptsächlich in Großstadtregionen, oft in besonders verdichteten Räumen, die keine Tierhaltung erlauben.

Hinzu kommt, daß der größte Teil der Kinder und Jugendlichen, die Bauspielplätze besuchen, aus Unterschichtsfamilien stammen, die ohnehin weniger Sinn für eigene Tiere aufbringen als Eltern aus der Mittelschicht. Ein typisches Beispiel ist der Spielplatz »Hundegrunden« im Kopenhagener Stadtteil Vesterbro. Das Quartier grenzt unmittelbar an das Pornozentrum der Stadt und weist eine hohe Kriminalitätsrate auf. Für die Kinder des Stadtteils ist das Tierareal auf dem Platz eine stete Quelle von Freude. Die Erziehungsprinzipien der Jugendarbeiter kommen den Kindern entgegen. Der Spielplatz soll eine Gegenwelt zu den Verboten und Zwängen in Schule und Elternhaus liefern: »Unerwünschte Verhaltensweisen (z. B. Übernachten auf den Plätzen) übersieht man lieber, als die Atmosphäre durch Restriktionen zu beeinträchtigen. In diesem Zusammenhang ist die Tatsache erwähnenswert, daß die deutsche Gruppe keinerlei ernste Aggressionen von Kindern auf den Plätzen beobachtet hat. Die Freizeitpädagogen bestätigen, daß Aggressionen oder Eigentumsdelikte sehr selten unter den Kindern, die regelmäßig die Plätze besuchen, auftreten. Man kann vermuten, daß das Milieu der Bauspielplätze ein ›Komplementärmilieu‹ zum alltäglichen, durch Forderungen, Gebote und Verbote gekennzeichneten Lebensmilieu des Kindes darstellt.«[77] Dies gilt besonders für die Plätze, »auf denen es gelungen ist, individuelle Eigentumsbedürfnisse zugunsten eines ›kollektiven‹ Eigentums zu verändern ... Auf den Plätzen, auf denen dieser Bewußtseinswandel bereits stattgefunden hat, sind beispielsweise die Türen der Kinderhäuser nicht, wie auf anderen Plätzen, durch große Vorhängeschlösser gesichert.«[78]

In der Regel gehören kleinere Tiere einzelnen Kindern, große allen zusammen. Die Tiere sind Spiel- und Streichelgefährten, Esel und Pferde dienen gleichzeitig als Helfer beim Transport von schweren Materialien für andere Aktivitäten des Spielplatzes. Sie werden von ihren Besitzern oder wechselnden Kindern versorgt. Jugendarbeiter und Tierärzte überwachen die Pflege der Tiere, aber am sehr langen Zügel. Auf dem Bauspielplatz in Tingbjerg bringen die Kinder Kennkärtchen an, wenn sie ihre Tiere gefüttert haben. Eine fehlende Karte ist Hinweis darauf, daß ein Tier noch versorgt werden muß. Ein anderes Kind, notfalls ein Erwachsener, übernimmt diesen Dienst. Grundsätzlich liegt aber die Pflege ganz in der Verantwortung derjenigen Kinder, die sich für die Aufgabe freiwillig melden. Wenn ein Kind krank ist, muß ein anderes seinen Dienst mit übernehmen; auch diese Organisation ist den Kindern selbst anvertraut.

Nur in seltenen Fällen muß ein Erwachsener in diesen Prozeß eingreifen. Wenn die Kinder Rat suchen, ist er immer zur Stelle. Die Hamburger Wissenschaftsgruppe berichtet: »Wie ... unsere Beobachtung ergeben hat, treten diese Situationen jedoch selten auf. Ein Grund mag in der Tatsache zu sehen sein, daß das Verhalten der Erwachsenen im Umgang mit den Kindern, mit Aufgaben, mit Materialien und Tieren sich unmittelbar vorbildgebend auswirkt.«

Das Experiment Tierareal auf dem Kinderspielplatz habe sich als pädagogische Einrichtung glänzend bewährt, konstatiert der Erziehungswissenschaftler Peter Herrmann: »Am Beispiel der Tierhaltung läßt sich gut darstellen, daß die Kinder nicht tun können, ›was sie wollen‹, wenn man ihnen gestattet, sich nach ihren Bedürfnissen zu betätigen. Vielmehr werden die Kinder durch die Sache, in diesem Fall durch die Tiere, vor Forderungen gestellt, die durch ihre eigenen Bedürfnisse entstanden sind.«[79]

Deutsche Spielplätze, selbst deutsche Aktivspielplätze, werden dem dänischen Vorbild bisher nur selten gerecht. Schon ihre Kleinheit bringt große Einschränkungen des Programmes mit sich. Kaum ein Spielplatz bietet die Möglichkeit, Materialien und Spielgeräte selbst zu verändern. Die Möblierung von Abenteuer- und Westernspielplätzen spiegelt oft eher die Karl-May-Jugendträume der Architekten und Landschaftsplaner als die Bedürfnisse von Kindern und Jugendlichen in unserer Zeit. Das einzig kreative Element auf unseren Spielplätzen ist häufig die Sandkiste, aber oft genug fehlt noch das Wasser, ohne das nicht richtig gebaut werden kann. Auf vielen Spielplätzen stehen Verbotstafeln (Ballspielen verboten, Spielen von 12 bis 14 Uhr und Spielen nach 18 Uhr verboten usw.), die eine freie Entfaltung der Kinder verhindern.

Jugendfarmen

Tiere fehlen auf deutschen Spielplätzen durchweg. Eine ähnliche Idee wie die dänischen Tierareale verfolgen bei uns immerhin die ›Jugendfarmen‹. Es gibt nur viel zu wenige davon. Die meisten finden sich bisher im Raum Stuttgart. Kein Wunder, denn hier, im Elsental, liegt die Geburtsstätte dieser Idee. Hier residiert auch der Dachverband der Jugendfarmen in Deutschland.

Die Farmen stehen allen Kindern und Jugendlichen im schulpflichtigen Alter offen. Eintrittsgeld wird nicht verlangt, wohl aber ein Versicherungsbeitrag von ein paar Mark pro Jahr. Die Anlagen entsprechen kleinen Bauernhöfen, mit einem Nutzgarten, den die Kinder selbst pflegen, und allen Tieren, die auf einem richtigen Bauernhof leben: Schweinen, Ziegen, Schafen, Hühnern, Pferden, Kaninchen, Hunden und Katzen. Die Kinder dürfen mit den Tieren spielen, z.B. sich von einem Ziegenbock oder Esel im Wagen durch das Gelände ziehen lassen; sie reiten Ponys, tollen mit den Hunden herum und streicheln Katzen, Lämmer und Schweine. (Schweine sind besonders empfänglich für Zärtlichkeiten!)

Aber zum Vergnügen gehört auch die Pflicht: einen Zaun für die Pferdekoppel bauen, Käfige für die Hasen zimmern, Hühnerställe errichten, putzen und misten, striegeln und füttern. Es versteht sich, daß alle Tiere artgerecht untergebracht sind; Legebatterien und vollautomatisierte Milchställe gibt es hier nicht.

Auf einigen größeren Farmen kann man auch spinnen und weben lernen. Die Kinder sind mit Feuereifer bei der Sache und packen auch bei unangenehmeren Aufgaben zu. Manche kommen fast täglich; besonders häufig sind Kinder zu Gast, die aus einem eher problematischen sozialen Umfeld stammen. Viele erfahren in Familie und Schule nur Leid, und die Farm ist die einzige Quelle von Freude und Selbstsicherheit.

Aber die Farmen finden durchaus nicht überall Freunde. Gründung und Unterhalt der Anlagen kosten Geld, und viele Stadtväter oder

-mütter sehen nicht ein, warum sie aus dem kommunalen Etat zu dem Projekt beisteuern sollen. Oft kommen die Kinder mit schmutzigen Kleidern nach Hause, und manche Eltern und Lehrer meinen, die Kinder verbrächten einen zu großen Teil ihrer Freizeit auf der Farm. Auch die Schulämter sind über die ›Konkurrenz‹ aus der offenen Jugendarbeit nicht immer begeistert. Das größte Problem sind aber die Anwohner der Farmen, die solche Aktivitäten in ihrer Nachbarschaft häufig nicht dulden wollen. Eine Jugendfarm, die weit draußen vor der Stadt liegt, wo niemand gestört werden könnte, bringt aber nichts: Die Kinder müssen sie leicht erreichen können, zu Fuß, mit dem Fahrrad oder mit einem öffentlichen Verkehrsmittel, das bei der Farm hält.

Es ist bei den Farmen wie bei den Schulzoos und Spielplätzen: Die Deutschen sind weit zurück im Vergleich zu anderen europäischen oder amerikanischen Ländern: Ordnung und Sauberkeit zählen bei uns offenbar mehr als glückliche Kinder – und glückliche Tiere.

Tiere sind zufrieden, wenn sie artgerecht leben und nicht von Menschen instrumentalisiert oder mißbraucht werden. Nicht nur dem Kind, sondern auch der Natur ist mit solchen Einrichtungen gedient: »Niemals wird ein ›Jugendfarmkind‹, das eine persönliche Beziehung zu einem Tier aufbauen konnte, in späteren Jahren einen Hund oder eine Katze als ›Wegwerfware‹ betrachten.« So urteilt die Zeitschrift »Das Tier« in einem Bericht über die Jugendfarmen in Deutschland.[80]

Die Idee, »Kinder zu lehren, wie ein Tier denkt«, verfolgt die Macomber-Farm im US-Staat Massachusetts[81] und steuert auf diese Weise ihr Ziel, bei Kindern den Sinn für die Bedürfnisse von Tieren zu schärfen, direkter an als die konventionellen Jugendfarmen. Wissenschaftler aus der Gesellschaft für Mensch-Tier-Beziehung haben in Kooperation mit dem Tierschutzverband von Massachusetts die Farm in den siebziger Jahren gegründet. Sie ist einerseits ein normaler Bauernhof, auf dem Kinder und Jugendliche mithelfen dürfen. Andererseits will sie durch eigens für diesen Zweck erfundene Spiele und sportliche Aktivitäten Kinder zur Empathie mit Tieren erziehen. Die Kinder sollen erkennen, daß jedes Tier auf der Farm besondere Eigenschaften und Fähigkeiten und daraus resultierende Bedürfnisse hat. Spiele wie »Gehen wie eine Ziege«, »Arbeiten wie ein Pferd«, »Schnüffeln wie ein Schwein« und andere mehr sollen die Kinder für diese Eigenheiten des Tiers sensibilisieren. Psychologen und Pädagogen beobachten die Jugendlichen bei ihrem Spiel und befragen in regelmäßigen Abständen ihre kleinen Besucher über ihre Eindrücke oder lassen sie auch einmal einen kleinen Aufsatz über die Farm schreiben. Es sieht so aus, als käme die Macomber-Farm ihrem Ziel ziemlich nahe, den Kindern die Augen für Tierbedürfnisse zu öffnen. Das Projekt finanziert sich übrigens durch Eintrittsgebühren selbst und dient jetzt schon als Vorbild für weitere Farmen in den Vereinigten Staaten.

Tiere im Stadtpark

So großangelegte Projekte wie die Macomber-Farm bräuchte es möglicherweise gar nicht. Wichtiger als ein großer Zoo oder Bauernhof in der Stadt wären mehrere, auf verschiedene Viertel verstreute kleinere Farmen und Kleintiergehege. Die meisten der folgenden Beispiele stammen nicht zufällig aus Holland: Hier ist die Idee von Tieren in Großstädten schon früh umgesetzt worden.

Zum Beispiel Tollbrugstraat in Amsterdam: Bis 1970 gab es hier einen gepflegten Rasen mit Strauchrosen, Sommerblumen und Sitzbänken, auf denen selten jemand saß. Eines Tages standen zwei angepflockte Ziegen auf der Wiese, zum Entzücken der Kinder, die von weit her zusammenliefen, um die Tiere zu sehen. Kurze Zeit später entstanden einige kleine Ställe und eine Vogelvoliere. Im Lauf weniger Jahre kamen richtige Tiergehege hinzu: für Pferde, Esel, Schweine, Ziegen, Kaninchen, Hühner, Fasane. Initiator all dessen war Mijnheer van der Veen, ein Bewohner dieses Quartiers, den das tote Grün in der Tollbrugstraat schon lange geärgert hatte.

Beim Aufbau seines Privatzoos rechnete er mit den Kindern der Gegend als Verbündeten gegen Leute, die seine Tiere nicht mochten. Er täuschte sich nicht im Blick auf die Kinder: Die waren begeistert von seinem Projekt. Aber die Reaktion seiner erwachsenen Nachbarn hatte er völlig falsch eingeschätzt: Er bekam wenig Kritik, kaum Einwände, sondern generelle Zustimmung. Und die Stadtverwaltung schritt wider Erwarten nicht ein, sondern überließ den Bewohnern die Entscheidung darüber, ob der Zoo bleiben durfte oder nicht.

Alle Haushalte im ganzen Umkreis sammelten Küchenabfälle für diesen Kleinzoo, und einmal pro Woche retteten die Kinder auf dem Wochenmarkt alle Gemüseabfälle vor den städtischen Kehrtrupps. Die Kinder versorgten und pflegten die Tiere unter Anleitung Mijnheer van der Veens und einiger Eltern, die etwas von Tierhaltung verstanden. Ein Tierarzt kontrollierte in regelmäßigen Abständen den Gesundheitszustand. Zeitweise waren die Erdgeschosse von leerstehenden sanierungsreifen Häusern des Viertels in Pferdeställe verwandelt.[82]

Ein weiteres Beispiel: Utrecht. Schon Mitte der siebziger Jahre gab es in den öffentlichen Grünanlagen der Stadt zwei Tierweiden, sieben Kleintierzoos, drei Ponymanegen, eine Pferdemanege, eine Voliere und 24 Futterstellen für Wasservögel. In diesen Gehegen lebten Tiere aller Art, versorgt von Wärtern, die nach einem bestimmten Fahrplan die Einrichtungen mit kleinen Elektroautos anfuhren und kontrollierten. Durch Drehtüren konnten Kinder die Tiergehege betreten.[83]

Ein Bienenhaus, ein Ponygehege und ein Kinderbauernhof entstanden in Louis Le Roy's Bürgergärten in Groningen-Lewenborg. Anstelle von Parkanlagen mit Koniferen, Stiefmütterchenbeeten und englischem Rasen hat der Stadt- und Landschaftsplaner in enger Kooperation mit den künftigen Bewohnern der neu zu bauenden Siedlung eine Grünzone geschaffen, die Raum für individuelle Kreativität bei der Gestaltung einzelner Teilbereiche läßt und eine selbstbestimmte, spontane, flexible Nutzung durch die Bewohner erlaubt. Natürlich gehörten von Anfang an in dieses

Es gibt mittlerweile genügend Ideen und Pläne zur Nutzung von toten Grünzonen für naturnahe Biotope, Kleintierzoos und Lehrbauernhöfe. Im holländischen Arnheim weiden heute Kühe am Rande der Innenstadt.

Altwerden mit Tieren

Krisen im Alter – die Seniorengesellschaft

Mit seiner Patientin Klara Berger (Name geändert) kam der Mannheimer Psychotherapeut Dr. Bertold Senfleben keinen Schritt weiter. Die 69jährige Witwe lebte einsam in einem kleinen Haus und besaß kaum Kontakte zu ihrer Umwelt. Ihre Reaktion auf die jahrelange Einsamkeit: Sie ließ sich immer mehr gehen, neigte zu extremer äußerer Verwahrlosung und erschreckender Aggressivität gegenüber ihren Mitmenschen. Mehr widerwillig hatte sie sich von einer entfernten Verwandten zur Behandlung bei Dr. Senfleben überreden lassen. Der Versuch, bei Klara Berger mit Psychopharmaka und anderen Medikamenten den deutlichen Signalen der Depression und der damit verbundenen Selbstaufgabe entgegenzuwirken, war vergebens.
Da hörte der Arzt eines Tages von dem Zusammenhang zwischen Tierbesitz und Lebensglück und riet seiner Patientin zu einer Katze. Und das Ungewöhnliche geschah: Die zänkische, ungepflegte Frau begann langsam wieder Interesse am Leben zu finden. Sie gab nach und nach ihr rüdes Benehmen auf, zeigte sich weniger depressiv, begann wieder regelmäßig zu essen und legte sogar wieder Wert auf ihr Äußeres. Die Nachbarn staunten. Aus Klara Berger war wieder eine umgängliche Frau geworden.[1]

Diese etwas rührselige Geschichte berichtete Mitte der achtziger Jahre die Zeitschrift »Das Tier«. Inzwischen geschieht sie hundertfach und ist nichts Neues mehr. Seitdem man den beruhigenden und heilenden Einfluß von Tieren kennt, rät man immer häufiger Menschen zu Tieren, die sie gut brauchen können. Dazu gehören die Alten.

Alte Menschen haben es schwerer mit ihrem Leben als jüngere Leute. Die körperliche Leistungsfähigkeit läßt spürbar nach: Was früher im Handumdrehen erledigt wurde, kostet jetzt Zeit und Mühe. Zusammen mit der körperlichen Kraft geht die physische Attraktivität verloren. Das Selbstwertgefühl sinkt. Hinzu kommt die Statuseinbuße durch den Verlust des Berufs. Die Rentnerrolle bringt viel Unsicherheit und führt bei vielen zu einer ernsten Identitätskrise. Man vergleicht die Ziele, die man sich einstmals gesetzt hatte, mit dem tatsächlich Erreichten. Diese Bilanz fällt manchmal ungünstig aus. Viele Alte sind verbittert. Ob sie sich selbst oder anderen die Schuld für ihr unerfülltes Leben geben, macht dabei wenig Unterschied. Sie meiden geselligen Umgang, kapseln sich immer mehr ab, bis sie völlig isoliert sind und sich aus dem Teufelskreis von Verbitterung und Isoliertheit nicht mehr befreien können.[2]

Es wäre natürlich zu einfach, als Allheilmittel gegen Alterskrisen ein Tier zu empfehlen. Aber in vielen Fällen kann ein Haustier helfen. Das zeigen zahlreiche Studien. Diese Untersuchungen weisen allerdings auf eine wichtige Voraussetzung hin: Tiere helfen meist nur, wenn man sie mag, und mehr: wenn man sie schon immer mochte. Wer nie eine Beziehung zu Tieren gesucht und aufgebaut hat, hat unter Umständen wenig davon, wenn er sich einen Hund, eine Katze oder einen Vogel anschafft. Wer dagegen als Kind mit einem Tier aufwuchs, besitzt die besten Chancen dafür, daß er im Alter die heilsame Wirkung von Tieren verspürt. Dieser Zusammenhang läßt sich durch mehrere Studien nachweisen. In einzelnen Fällen läßt sich Tierliebe aber auch später noch lernen; auch das ist belegt.[3]

Der Begonien-Wellensittich-Versuch

Als Klassiker der frühen Studien über alte Menschen und Tiere gilt mittlerweile das Begonien-Wellensittich-Experiment der englischen Forscher Mugford und McComsky.[4] Insgesamt 30 ältere Menschen zwischen 75 und 81 Jahren nahmen an dem Versuch teil. 12 Leute bekamen Begonien, 12 einen Sittich zur Pflege, eine weitere Gruppe erhielt weder Vogel noch Blumen. Vor Beginn und nach Abschluß der Studie mußte ein langer Fragebogen ausgefüllt werden. Dabei wurden Einstellungen gegenüber sich selbst und anderen Menschen erhoben.

Fünf Monate lang wurden die Teilnehmer in regelmäßigem Abstand von Sozialarbeitern besucht und über ihre Erfahrung mit Wellensittichen und Begonien befragt. Das Ergebnis war eindeutig und für den Fortgang der Forschung zur Mensch-Tier-Beziehung bestimmend: Die Besitzer von Sittichen zeigten auf fast allen Feldern bessere Werte als vor dem Versuch. Sie fühlten sich glücklicher und gesünder als vorher. Außerdem waren sie deutlich sozialer als früher, hatten mehr Kontakt zu den Nachbarn, machten häufiger einen Besuch bei anderen Leuten und erhielten auch selbst mehr Besuch. Eine alte Dame hatte den Vogel die Namen der Kinder in ihrer Nachbarschaft sprechen gelehrt, und in der Folge wurde ihre Wohnung ein Treffpunkt für die Buben und Mädchen im Umkreis.

Nach eineinhalb Jahren wurden die alten Leute noch einmal befragt. Alle hatten den Vogel behalten, und der Effekt auf ihr psychisches und soziales Leben blieb stabil. Die Begonien dagegen brachten nur wenig Veränderung in das Leben ihrer Besitzer. Immerhin schnitten die Begonienbetreuer im Blick auf ihre Sozialität nach dem Versuch besser ab als die Menschen, die weder Vogel noch Blumen besaßen.

Weshalb Tiere für Alte?

Die Bedeutung von Tieren im Alter eröffnet fünf Perspektiven:
1. *Zärtlichkeit und Sinnlichkeit* sind für die alten Menschen in unserer Gesellschaft fast gänzlich tabu. Sie können ihr Bedürfnis nach Berührung und Streicheln nicht wie jüngere Leute befriedigen. Frauen, die erste Anzeichen von Altersverwirrtheit erkennen lassen oder schon verwirrt sind, nehmen sich in ihrem Wunsch nach Zärtlichkeit oft eine Puppe oder ein Stofftier und spielen wie kleine Mädchen.[5] Ein Tier ersetzt fehlende menschliche Nähe.
2. Tiere helfen gegen *Langeweile*. Sie gliedern den Tag in sinnvolle Einheiten: durch Essen, Ausgehen, Schlaf- und Wachzeiten, Veränderungen ihrer Aufenthaltsorte. Viele ältere Menschen würden ohne ein Tier, das sie zum Aufstehen zwingt, einen großen Teil ihres Tages im Bett verbringen. Ein Tier will in regelmäßigen Abständen essen, spielen, schlafen. Diese Regelmäßigkeit zwingt es dem Menschen auf, der es versorgt.
3. Wenn die *körperliche Leistungsfähigkeit* nachzulassen beginnt, fühlen sich ältere Menschen gegenüber jüngeren gehemmt. Sie schämen sich für ihre Langsamkeit und Ungeschicklichkeit. Oft nimmt jemand ihnen eine Arbeit aus der Hand und macht sie ›rasch selber fertig‹ und verletzt auf diese Weise Stolz und Selbstwertgefühl. Das Tier bemerkt die Beeinträchtigung seines menschlichen Partners nicht. Es bleibt weiterhin abhängig von ihm, der allein Macht über Kühlschrank und Futterdose besitzt. Wenn es jetzt länger dauert, bis die Büchse geöffnet und das Essen im Teller ist, wartet es, und seine Dankbarkeit wird nicht geringer. Für das Tier gibt es keine Gebrechlichkeit.
4. Ein Tier regt die *Erinnerung* an. Diese Einsicht ist durch viele Studien belegt. Alte Menschen beschäftigen sich viel mit der Vergangenheit:

> Für den alternden Menschen verschiebt sich die persönliche Bedeutung vor allem auf Ereignisse in der Vergangenheit, die daher in steigendem Ausmaß zum Gegenstand bewußter Be-

> schäftigung werden ... Unsere Ergebnisse zeigen, daß die Erinnerung nicht direkt mit der Intelligenz oder dem Nachlassen der intellektuellen Leistung unserer Versuchspersonen zu tun hat, und lassen annehmen, daß sie positiv in Beziehung steht mit Depressionsfreiheit und persönlichem Überleben ... Die Ergebnisse unserer Studie weisen darauf hin, daß das Erinnern ein wichtiges Werkzeug zur erfolgreichen Anpassung an das Alter darstellt. Diese Entdeckung hat Folgen für die Therapie, die es geraten erscheinen lassen, daß unsere moderne Gesellschaft diesem Verhalten mehr Beachtung zuerkennt und dem legitimen Ausdruck dieses Verhaltens mehr Freiraum verschafft.[6]

Das Tier holt die Vergangenheit wieder herauf, weil es starke Gefühle auslöst, die oft mit der Kindheit und glücklicheren Lebensphasen verknüpft sind.[7] Ich komme auf dieses Thema im Zusammenhang mit Therapien für altersverwirrte Menschen zurück.

5. Ein Tier hilft, den Umzug in ein *Alten- oder Pflegeheim* möglichst lange hinauszuschieben. Aber irgendwann kommt doch der Tag, an dem ein alter Mensch nicht mehr allein in der Wohnung zurechtkommt und an dem auch die zahlreichen ambulanten Hilfsdienste, die es heute gibt, nicht mehr genügen. Das Tier erleichtert diesen einschneidenden Wechsel und die Eingewöhnung in die neue Umgebung.

Immer mehr Menschen möchten ihr Tier mit ins Heim nehmen. Doch nur die wenigsten Häuser erlauben Tierhaltung. Einige amerikanische Bundesstaaten haben gesetzlich verankert, daß staatliche Heime jedes Tier aufnehmen müssen, das ein Bewohner mitbringen will.[8] Die weitestgehende Regelung hat das Parlament von Monaco 1990 getroffen: Jedes Altenheim, staatlich oder privat, muß Tiere aufnehmen.[9]

In den meisten übrigen Staaten sind solche Gesetze vorläufig undenkbar. Dabei zeigen wissenschaftliche Studien, welche Vorteile Tiere in Heimen bringen können. Das gilt besonders im Blick auf Pflegeheime. Und die drohen perspektivisch uns allen.

Das Tier wirke als ein »therapeutisches Element im Alltag«, so hatte ich den Psychiater Boris Levinson in einem früheren Kapitel schon einmal zitiert. Das gilt besonders für den Alltag älterer Menschen. Um so nachdenklicher stimmt es, wenn man erfährt, daß gerade sie weniger häufig ein Haustier besitzen als jüngere Leute.[10] Der wichtigste Grund dafür sind die ungünstigen Wohnbedingungen, unter denen die Senioren leben: Ein großer Anteil der älteren Deutschen muß sich mit sehr beengten Wohnungen abfinden, dazu mit Mietverträgen, die Tiere verbieten. Hinzu kommt die sorgenvolle Überlegung: Was soll aus dem kleinen Hausgenossen werden, wenn man krank wird oder stirbt?

Im Blick auf den letztgenannten Aspekt läßt sich Abhilfe schaffen. In Australien, Großbritannien und den Vereinigten Staaten wurden im Lauf der vergangenen Jahre Gesellschaften und Vereine gegründet, die sich um das Tier kümmern, wenn sein Herr krank wird. Auch im Falle seines Todes darf der Besitzer sicher sein, daß sein Tier ein gutes Zuhause bekommt.

Führend auf dem Felde der Betreuung von Haustieren alter Menschen sind die Vereinigten Staaten. Veterinärmedizinische Institute an Universitäten und Hochschulen haben eigens Vereine dafür gegründet. Ein Beispiel ist PACT (People and Animals Coming Together). PACT hilft älteren Menschen schon bei der Auswahl eines geeigneten Tieres. Ein Heer ehrenamtlicher Mitarbeiter hilft ferner bei der Versorgung des Tieres, wenn der Besitzer das wünscht. Im Fall seines Todes garantiert PACT die Unterbringung des Tiers an einem anderen Platz. Aber PACT interessiert sich nicht nur für die praktische Seite der Sache: Seine Mitglieder, zum großen Teil Wissenschaftler an der Universität Pennsylvania, betrachten PACT gleichzeitig als ein Forschungsprojekt. Man überprüft kontinuierlich den Erfolg der eigenen Aktivitäten.[11] Auch in der Bundesrepublik Deutschland entstehen derzeit ähnliche Initiativen.[12]

Auf dem Weg zur Seniorengesellschaft

Die westlichen Industriestaaten sind auf dem Wege zu einer ›Seniorengesellschaft‹. Vorreiter dieser Entwicklung ist die Bundesrepublik Deutschland. Schon jetzt zeigt ihr Bevölkerungsaufbau große Abweichungen vom Pyramidenideal mit breiter Basis aus jüngeren Jahrgängen und einer Spitze aus wenigen alten und sehr alten Menschen. Modellrechnungen und -graphiken[13] zeichnen für 2030 das erschreckende Bild eines Bevölkerungspilzes: Auf dünnem Stiel von 1- bis 50jährigen Deutschen ruht dann ein weit über den Stiel ausragender Hut von 60- bis 90jährigen Menschen.

Altersaufbau der Wohnbevölkerung
Bundesrepublik Deutschland (1985)

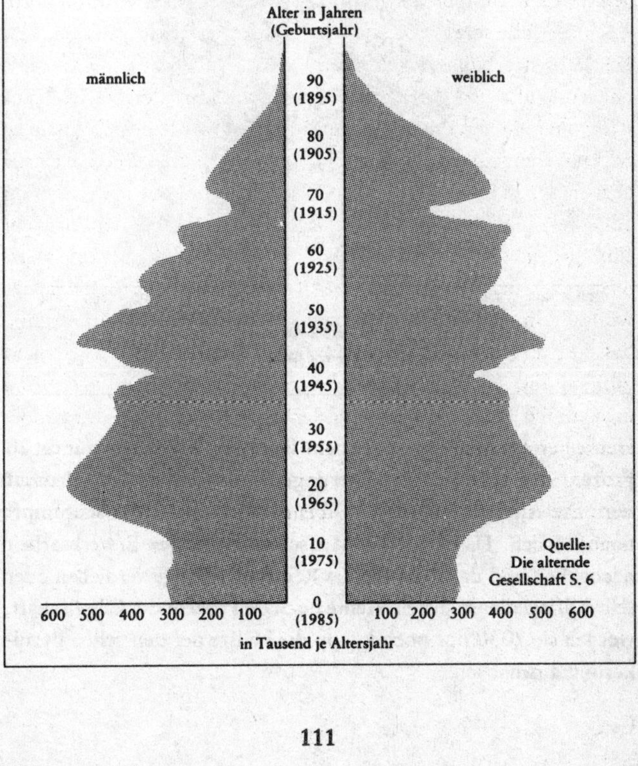

Quelle: Die alternde Gesellschaft S. 6

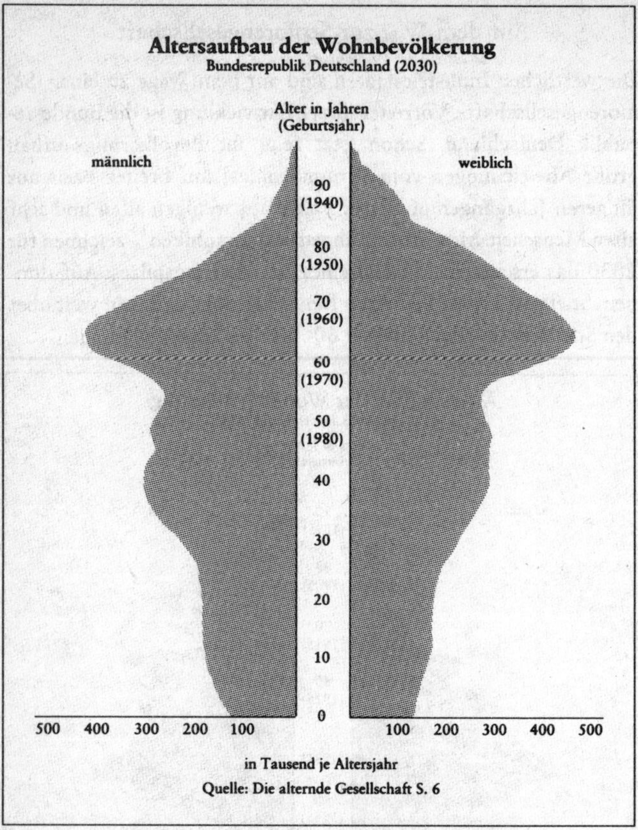

Heute beträgt der Anteil der über 60jährigen Menschen nur ca. 20 Prozent der gesamten Bevölkerung, 2030 werden es 40 Prozent sein. Die Altersgruppe der 20- bis 60jährigen Bürger schrumpft unaufhörlich: Das sind die Menschen, die einer Erwerbsarbeit nachgehen und das Geld für die Rente und Pflege verdienen oder selbst Pflegedienst leisten. Heute noch 60 Prozent der Gesellschaft, werden sie 2030 nur noch knapp die Hälfte der deutschen Bevölkerung ausmachen.

Veränderungen der Altersstruktur der deutschen Bevölkerung im Bundesgebiet

Prozentuale Anteile bei konstanter Geburtenhäufigkeit

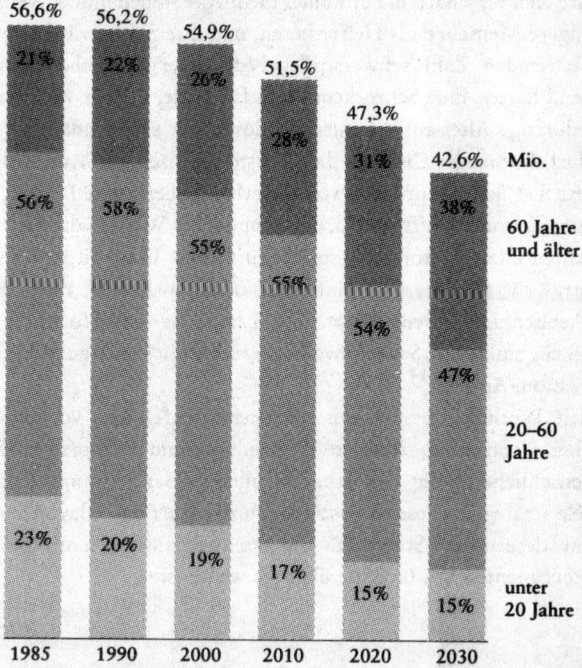

Quelle: Modellrechnungen zur Bevölkerungsentwicklung in der Bundesrepublik Deutschland
Herausgegeben vom Bundesminister des Innern 1987

Nicht nur die Zahl der Alten an sich, sondern vor allem die Zahl der Hochbetagten nimmt zu. Hochbetagt bedeutet häufig gebrechlich, leicht oder schwer verwirrt und pflegebedürftig. Selbst wenn die Kinder am gleichen Ort wohnen sollten (das ist in unserer mobilen Gesellschaft nicht sehr wahrscheinlich), werden sie ihnen nur in den seltensten Fällen die nötige Pflege und Fürsorge geben: Dafür sind sie selbst schon zu alt.

Für diese Gruppe der uralten Alten bleibt dann nur noch das Heim, genauer: das Pflegeheim. Schon jetzt spricht man von einem ›Pflegenotstand‹ in Alten- und Krankenanstalten, und die Situation wird sich verschärfen: Für immer mehr Alte stehen immer weniger jüngere Menschen als Helfer bereit, und ihre Arbeit wird mit der wachsenden Zahl schwerstpflegebedürftiger Menschen zunehmend härter. Eine Schreckensvision für beide, Pfleger wie pflegebedürftige Alte: auf Anstaltskorridoren vor sich hindämmernde Alte, als einziges Ziel nur die nächste Mahlzeit vor Augen; kein Besucher, keine Anregung von außerhalb, überlastete Pfleger, die keine Zeit und Kraft finden, ein freundliches Wort an die Alten zu richten oder ein kurzes Gespräch zu führen. Diese Situation verstärkt die Gefahren, die im Alter ohnehin drohen, noch ganz erheblich: Langeweile, Einsamkeit, Perspektiv- und Hoffnungslosigkeit, sinkendes Selbstbewußtsein, schließlich Resignation, Depression, Apathie.[14]

Viele Psychologen sprechen von einem Teufelskreis von psychischer Verarmung, sozialer Verelendung und allgemeiner Entmenschlichung, der in solchen Heimen in Gang kommt. Es gibt viele Strategien, diesen Kreis zu durchbrechen. *Eine*[15] davon lautet: Haustiere auf der Station. Es gibt bereits Erfahrungen mit solchen Experimenten. Ich berichte über die wichtigsten.

Tiere in Altenheimen

Eine der ersten Studien stammt von Sam und Elisabeth Corson. Die Corsons übertrugen ihre Befunde über Tierhaltung in psychiatrischen Anstalten auf die Situation in Pflegeheimen mit einem hohen Anteil von altersdementen Patienten. Was sie im Blick auf psychisch Kranke nachweisen konnten, bestätigte sich auch in Pflegeheimen: Tiere brachten mehr Wachheit, Leben und Heiterkeit auf die Station.[16] Was Ärzten und Pflegern des Heimes nicht gelungen war, schafften die Hunde, mit denen die Corsons experimentierten: Sie brachten Menschen zum Sprechen, die seit Jahren kein Wort mehr gesagt hatten, sie entlockten Kranken ein Lächeln, die vorher keiner im Heim je lächeln sah.

Es gibt in allen Pflegeheimen eine Erscheinung, die als schwere Last auf dem ganzen Betreuungsbetrieb liegt. Man spricht vom ›Burn out‹ der Betreuer und meint damit folgenden Sachverhalt: Die Ärzte und Pfleger entwickeln gegen die Not, der sie täglich begegnen, Gegenkräfte. Bewußt oder nicht, gewollt oder nicht, senden sie Rückzugs- oder auch aggressive Signale an ihre Patienten. Diese Zeichen verstärken den Teufelskreis aus Abgelehntsein, sinkendem Selbstwertgefühl und einem immer stärkeren Gefühl der Entfremdung bei den Kranken. Ihre Situation wird noch schlechter. Das wieder spürt der Betreuer, und er macht sich Vorwürfe, die aber wenig nützen – im Gegenteil.[17]

Die Verweildauer von Altenbetreuern in Pflegestationen beträgt in Deutschland derzeit nur etwa zwei Jahre. Dann sind sie ›ausgebrannt‹ und suchen sich eine neue Aufgabe. Die Patienten müssen sich häufig an neue Gesichter gewöhnen und geben es schließlich auf, sich auf einen neuen Betreuer voll einzustellen.

Ein ›Burn out‹ von Tieren, die in amerikanischen Heimen eingesetzt sind, wurde bisher noch nicht bemerkt. Zwar zeigte ein Hund in Australien nach etwa zwei Jahren in einem Schwerstpflegeheim Anzeichen einer ernsten Erschöpfung. Eine Ärztin nimmt ihn seitdem an den Wochenenden mit nach Hause, wo sich beide von ihrem anstrengenden Alltag ausruhen. Montags aber kann er den Zeitpunkt kaum abwarten, an dem er ins Auto einsteigen und seinen Dienst wieder antreten darf. In der Klinik ›stürzt er sich gleich in die Arbeit‹ und begrüßt jeden Patienten einzeln durch einen Stubs mit der Schnauze.[18] Es sieht so aus, als ob für die tierischen Kotherapeuten ein Zusammenleben mit schwerkranken oder verwirrten Menschen wenig Belastung enthält. Ein Tier weiß nicht, daß ein Patient unheilbar krank ist und vielleicht nur noch wenige Wochen am Leben sein wird. Es wird nicht enttäuscht, wenn ein Patient keine Fortschritte macht, wird nicht entmutigt durch die Perspektive jahrelangen Siechtums: weil es die Hoffnung auf Besserung niemals kannte.[19] Und was die Patienten angeht, so ziehen manche aus leidvoller Erfahrung die dauerhafte Beziehung zu einem Tier den wechselnden Verbindungen zu Menschen vor. Ein Patient, der gefragt wurde, ob ein Mensch oder ein Hund zu Besuch kommen solle, entschied sich für den Hund: »Menschen kommen und gehen.«[20]

Ein Hund auf der Pflegestation

Nach dem Vorbild der Corsonschen Versuche gibt es inzwischen überall in Amerika ähnliche Experimente. Aber der Schwerpunkt der Forschung lag lange Zeit in Australien. Eine gewisse Berühmtheit erlangte der Golden Retriever Honey.
Als tierische Kotherapeutin wird die Hündin gleichrangig mit den menschlichen Experten dieses neuen Wissenschaftszweigs genannt. Honey gehörte der Gesellschaft JACOBIS, bestehend aus Tierschutz- und Veterinärmediziner-Verbänden. Dieser Verein brachte 1981 in Kooperation mit Veterinären und Psychologen der Universität Melbourne die erste große australische Studie über ein Interaktionsprogramm zwischen Patienten und Haustieren in Gang.[21]
Honey war ursprünglich ein Blindenhund. Jetzt wurde sie Stationshund und tierische Kotherapeutin in der geriatrischen Caulfield-Klinik. Der neue Job machte ihr offensichtlich viel Freude: Sie konnte es morgens kaum erwarten, ihre Patienten zu sehen. Honey begleitete Rollstuhlpatienten in den Park, nahm an Omnibusausflügen teil und ging mit zur Musiktherapie, und der Beschäftigungstherapeut empfand sie als große Bereicherung für die Gruppe, weil diese in Honeys Gegenwart aktiver und heiterer wirkte als sonst. Honey durfte sogar mit ins Bett, wenn ein Patient das wollte.
Honeys Arbeit wurde von Anfang an wissenschaftlich kontrolliert: Sechs Monate lang beobachteten und dokumentierten Psychologen des Krankenhauses, das Pflegepersonal, Beschäftigungstherа-

peuten und Studenten der tierärztlichen Fakultät, wie die Patienten auf Honey ansprachen.

60 Patienten aus zwei Langzeitstationen nahmen an dem Forschungsprogramm teil; eine dritte Station, zu der Honey keinen Zugang bekam, diente als Kontrollgruppe. Das Durchschnittsalter der Patienten lag bei 80 Jahren, viele waren gebrechlich, teils bettlägerig und an den Rollstuhl gefesselt; mehrere litten an Herz- und Kreislauferkrankungen oder Arthritis, einige waren altersverwirrt. Die Mehrzahl von ihnen hatte im Lauf ihres Heimaufenthaltes jede Kommunikation mit Ärzten und Pflegern, aber auch anderen Patienten eingestellt.

Honey war sechs Monate in der Klinik; sie verbrachte den ganzen Tag mit den Patienten und nahm an allen Aktivitäten auf der Station teil. Jeder Kontakt eines Patienten mit Honey wurde in einem Beobachtungsbogen sorgfältig dokumentiert; kein zärtliches Streicheln, keine leise Ansprache des Hundes entging der Kontrolle der Forscher. Aber sie notierten nicht nur, wie die Patienten sich zu dem Hund selbst verhielten. Das ganze Verhalten der Kranken kam in den Blick: ihre Stimmung, ihr Umgang miteinander, mit Pflegern und Zimmernachbarn, ihr Aktivitätspotential.

Honeys Wirkung auf die Patienten entsprach ziemlich genau dem Ergebnis der Experimente in den Vereinigten Staaten: Der Hund wurde in kürzester Zeit akzeptiert. Die Spanne der Reaktionen auf ihn reichte von Gleichgültigkeit bis zu Begeisterung. Nur zwei Patienten wollten nichts von ihm wissen, sie verloren bis zum Schluß des Versuchs nie ihre Angst vor dem Tier. Die große Mehrheit der alten Leute jedoch schloß Honey ins Herz und verbrachte so viel Zeit wie irgend möglich in ihrer Nähe.

Von Woche zu Woche registrierten die Psychologen und Pfleger auf Honeys Stationen Fortschritte bei ihren Patienten: Sie lächelten und lachten öfter, ihre Kontakte zu Pflegern und Mitpatienten wurden intensiver, ihr Lebenswille wurde stärker. Die Verbesserung ihrer sozialen Kontakte spiegelte sich auch in der Anzahl der Stunden am Tag, die sie in Gesellschaft anderer Menschen verbrachten: Zu Beginn des Experiments waren die Kranken bis zu 16 Stunden täglich allein, am Ende nur noch 11.

Auf dem Symposium für Mensch-Tier-Beziehung in Wien 1983 berichteten die drei australischen Forscher Salmon, Lavelle und Hogarth-Scott erstmals über ihr Experiment mit dem Hund. Ihr Fazit: »Die Analyse der Interviewdaten und der Beobachtungen zeigte positive Wirkungen bei einer signifikanten Anzahl von Patienten im Hinblick auf ihr emotionales Wohlbefinden und ihre körperliche Aktivität. Es war letztendlich gesteigerte Lebensfreude – in einer geriatrischen Klinik eine besonders wichtige Wirkung.«[22]

Wie bei früheren Studien zeigte sich auch im JACOBIS-Programm der Effekt, daß Männer mehr profitierten als Frauen: Die Bereitschaft von Männern, mit anderen Menschen Kontakt aufzunehmen, war während Honeys Anwesenheit in verblüffendem Ausmaß gestiegen, und zwar von Null (die meisten nahmen am Leben der Gruppe überhaupt nicht teil) auf einen durchschnittlichen Wert, der sich im Blick auf Männer und Frauen kaum unterschied. Der größte therapeutische Erfolg stellte sich bei dem Mann ein, dem Honeys Pflege anvertraut war: Er hatte bisher mit keinem Menschen geredet und an keiner Aktivität der anderen Patienten teilgenommen. Die Gruppe mied ihn deshalb und trieb ihn in immer stärkere Isolation. Im Lauf des Programms wurde aus ihm ein aktiver, überall gerngesehener Patient.

Reaktionen von Schwestern und Pflegern

Was diesen Versuch in Australien besonders interessant macht und über frühere Studien hinaushebt, ist eine Befragung der Ärzte und Pfleger. Während die drei Versuchsleiter schon bevor das Experiment anlief Optimismus ausstrahlten, überwog bei den Pflegern und Ärzten vor Beginn des Programms eine skeptische Haltung. Viele befürchteten, der Hund werde die Station in ein Chaos stürzen: durch Gebell, durch Herumrasen, durch Schmutz, möglicherweise sogar durch aggressives Verhalten; jedenfalls würde er viel Arbeit machen und die ohnehin überforderten Pfleger noch stärker belasten. Die Sorge galt auch dem Tier: man könne ihm womöglich – absichtlich oder durch eine Ungeschicklichkeit – Schmerzen zufügen.

Ein wichtiger Teil des Programms bestand deshalb darin, die Mitarbeiter des Heims auf die neue Situation gründlich vorzubereiten. Ein Dozent der tierärztlichen Fakultät der Universität Melbourne erledigte diese Aufgabe so erfolgreich, daß auch diejenigen Pfleger bereitwillig mitmachten, die sich von Honey wenig Gutes versprachen.

Solange das Experiment lief, wurden die Mitarbeiter auf beiden Stationen immer wieder befragt; Honeys Einsatz wurde dabei von Monat zu Monat günstiger beurteilt. Nach Ablauf des ganzen Programms waren fast alle anfangs gehegten Befürchtungen ausgeräumt worden; kaum eine Sorge hatte sich als berechtigt erwiesen. Man stellte zwar fest, daß der Hund, wie befürchtet, gelegentlich einem Patienten zwischen die Beine geriet und ›im Weg herumstand‹, aber wirklich gestört fühlte sich dadurch niemand. Befürchtungen im Blick auf Geruch oder Hundegebell entbehrten im Urteil der Pfleger jeder Grundlage, und das heillose Durcheinander, das man für Honeys Ankunft auf der Station prophezeit hatte, war nicht eingetreten. Auch wurde kein einziger Fall von Tierquälerei beobachtet. Selbst Pfleger, die den Hund zunächst als Störung empfanden, nannten Honey jetzt eine Bereicherung des Klinikalltags. Man anerkannte Honeys günstige Wirkung auf die Patienten, meinte aber gleichzeitig, der Hund mache die Station auch für sie *selbst* behaglich und freundlich. Einige Pfleger glaubten sogar, ihre Arbeit sei seitdem eher leichter als schwerer geworden: weil die Patienten sie weniger häufig beanspruchten als vorher und vor allem, weil die Station insgesamt fröhlicher wirke als vor Honeys Ankunft. Nur noch zwei Prozent der Betreuer (gegenüber 24 Prozent zu Beginn des Programms) meinten, der Hund mache Arbeit.

Der Erfolg des Programms gründete wesentlich auf zwei Faktoren, die bei ähnlichen Experimenten nicht unterschätzt werden dürfen: auf sorgfältiger Planung und auf der Kooperationswilligkeit aller Ärzte und Pfleger. Ich komme auf dieses Thema im Kapitel »Schwierigkeiten und Einwände« zurück.

Misty, die geriatrische Kotherapeutin

Fast so berühmt wie die australische Honey ist Misty, ein Golden Retriever, welcher der amerikanischen Therapeutin Mary Thompson gehörte.[23] Misty agierte zusammen mit anderen ›Kollegen‹ (Hunden, Katzen, Meerschweinchen und Wellensittichen) als Kotherapeutin in einer geriatrischen Klinik in Coatesville, USA. 20 Patienten nahmen an dem Versuch teil, 10 von ihnen als Experimentalgruppe, die anderen als Kontrollgruppe ohne Behandlung. Die 10 für den Versuch bestimmten Patienten durften sich sechs Wochen lang wöchentlich dreimal mit den Tieren beschäftigen, mit ihnen spielen und sich von Veterinärmedizinern in den sachgerechten Umgang mit den Tieren einweisen lassen. Psychologen dokumentierten die Entwicklung bei ihren Patienten.

Das Ergebnis: Wie im australischen Test zeigten sich große Fortschritte bei der Gruppe, die Tierbesuch hatte. Dabei profitierten Menschen mit nur geringfügigen Störungen am meisten. Gänzlich Verwirrte sprachen weniger gut auf die Therapie an, aber auch sie wirkten im Kontakt mit den Tieren wacher als sonst.

Bei einzelnen Kranken trat eine dramatische Besserung ein, zum Beispiel bei Mr. S., einem extrem regredierten Patienten. Er lebte in einer geschlossenen Abteilung der Klinik und hatte bisher für nichts und niemanden Interesse gezeigt. Da kam Misty, und Mr. S. stand zum ersten Mal freiwillig auf und streckte die Hand nach ihr aus. Nach einigen Sitzungen hatte er nur noch ein Ziel: noch öfter mit Misty zusammenzukommen. Die Ärzte überließen ihm deshalb die Pflege des Tieres. Mr. S., der schon seit langer Zeit nicht mehr auf sein Äußeres acht gehabt hatte, wusch und frisierte sich wieder. Er lernte zu sprechen und wieder eine richtige Unterhaltung zu führen. Nach etwa sechs Wochen hatte sich sein Zustand so weit gebessert, daß er in eine offene Abteilung umziehen konnte. Man übertrug ihm sogar kleine Botengänge. Mary Thompsons Fazit: »Natürlich wirkt die Tiertherapie nicht bei allen Patienten, ebenso wenig wie andere Therapieformen bei allen Patienten Erfolg bringen können. Aber wie traurig, wenn wir es nicht zumindest versuchen. Wir sollten alle die Mr. S.s entdecken, aus denen ein neuer oder jedenfalls glücklicherer Mensch werden kann: mit der Hilfe eines zärtlichen vierbeinigen Freundes.«[24]

Ein anderer Patient, er war blind, kannte vor Mistys Ankunft nur eine einzige Freude im Leben: Essen. Als der Hund zum ersten Mal kam, umschlang der Mann Mistys Hals und begrub den Kopf in ihrem Fell. Misty leckte ihm freundlich den Hals. Viele gesunde Menschen ekeln sich vor solchen Tierzärtlichkeiten. Kranke, besonders verwirrte Patienten, dagegen erleben den naßkalten Kuß so, wie er gemeint ist: als Zeichen von Freundschaft und Liebe. Misty war dem blinden Patienten fortan wichtiger als seine Mahlzeiten. Er sparte sogar einige Brocken von seinem Essen für den Hund auf und nahm ab. (Misty wurde, während der Patient abnahm, fett. Erst nach einigen Wochen bekamen die Tierärzte das Problem in den Griff.)[25]

Ein dritter Patient, der bisher allenfalls ja oder nein gesagt hatte, fand unter Mistys Einfluß erstmals wieder Worte: Unter Tränen erzählte er von einem Jagdhund, den er früher besessen und sehr geliebt hatte.

Altersverwirrte Patienten

Bei verwirrten Patienten kommt mit dem Stationstier häufig die Erinnerung an frühere, glückliche Phasen des Lebens zurück. Dieser Effekt kann bei der Behandlung von altersdementen Patienten nutzbringend eingesetzt werden. Honey oder Misty oder ein anderes Tier beschwören frühere Erlebnisse herauf, und die alten

Menschen erzählen von ihrer Vergangenheit. Auf diese Weise kann der Prozeß eines immer weiteren Absinkens in Vergessen und Hilflosigkeit unter Umständen gestoppt, jedenfalls aber verzögert werden. Man weiß, daß jede Form von Therapie, welche Erinnerung fördert, deshalb sinnvoll ist: Märchen und andere Geschichten hören und wiedererzählen, Lieder singen, sinnliche Eindrücke der Kindheit – Geräusche und Düfte – heraufrufen. Dazu gehört als ein besonderes wirksames Mittel auch die Begegnung mit Tieren. Die meisten Menschen hielten irgendwann selbst Hund oder Katze oder, im ländlichen Raum, Nutztiere. Fast alle haben irgendwann eine positive Erfahrung mit Tieren gemacht.

Eines der eindrucksvollsten Experimente machten drei Psychologen der Virginia Commonwealth University. Sie protokollierten Tierbesuche in einer Wohngruppe von altersverwirrten Patienten.[26] Es handelt sich bei dieser Untersuchung um eine typische Fallstudie, die keinen repräsentativen Anspruch erhebt. Die Beobachtungen sind gleichwohl überzeugend und für die künftige wissenschaftliche Forschung und therapeutische Praxis wegweisend:

Die alten Leute hatten zuvor zwischen drei und vier Jahre in einer psychiatrischen Klinik gelebt und wurden als chronisch verwirrte Patienten in die betreute Wohngruppe entlassen.

Acht junge Hunde und Katzen mit ihren Tierpflegern besuchten einmal pro Woche für je drei Stunden die Gruppe. Die Bewohner versammelten sich im größten Raum ihrer Wohnung; die Tiere konnten sich frei im Zimmer bewegen. Die alten Menschen durften die ruhigeren Tiere streicheln und auf den Schoß nehmen; viele begnügten sich aber damit, die Welpen und Kätzchen zu beobachten, wenn sie sich um einen Ball oder ein Garnknäuel balgten.

Eine Kontrollgruppe in einem anderen Heim erhielt anstelle der Tiere Menschenbesuch. Beide Gruppen wurden vor und nach dem Versuch auf folgende Merkmale hin untersucht: Selbstbeurteilung ihres Gesundheitszustandes, Lebenszufriedenheit, psychisches Wohlbefinden, Interesse an sozialen Kontakten, Kommunikationsfähigkeit, Sorgfalt im Blick auf die äußere Erscheinung, psychoso-

ziale und geistige Fähigkeiten, Depressionsneigung. Die beiden Vergleichsgruppen unterschieden sich vor Beginn des Versuchs kaum voneinander.
Das sollte sich schon im Laufe der ersten Versuchswochen ändern. Nach zwei Monaten, während der ersten Kontrolluntersuchung, stellten sich deutliche Unterschiede zwischen den beiden Gruppen heraus. Die alten Leute, die Besuch von Menschen erhielten, hatten sich nicht in einem einzigen Merkmal geändert. Die Gruppe mit Hunde- und Katzenbesuch dagegen zeigte bei sechs der acht Kriterien Fortschritte. Unverändert blieben lediglich die Merkmale ›Sorgfalt im äußeren Erscheinungsbild‹ der Patienten und ihre Bewertung des eigenen Gesundheitszustandes.
Das Faszinierende an diesem Experiment ist seine leichte Durchführbarkeit. Im Abschlußbericht schrieben die Forscher deshalb: »Dieses Programm könnte voll und ganz mit ehrenamtlichen Helfern von außerhalb durchgeführt werden oder von Leuten aus niedrigen Lohngruppen innerhalb der Institution selbst. Die Merkmale, die wir untersucht haben, können als Indikatoren für Lebensqualität gelten. Wenn man das anerkennt, hat unsere Studie gezeigt, daß eine simple und preiswerte ›Behandlung‹ – die jedes Heim praktisch sofort einführen könnte – eine signifikante Verbesserung der psychosozialen Situation bewirken kann: also eine Verbesserung der Lebensqualität von alten Menschen.«[27]
Mit steigender Lebenserwartung wird auch der Anteil an altersverwirrten Menschen zunehmen. Die Alzheimer Demenz beispielsweise führt zu progredientem Gedächtnisschwund und zum Verlust des Denkvermögens an sich. Diese Krankheit ist bislang unheilbar, und es steht nicht zu erwarten, daß sie in absehbarer Zeit heilbar sein wird. 60 bis 80 Prozent dieser Kranken werden von Angehörigen der eigenen Familie versorgt. Daher gilt es, Behandlungs- und Pflegekonzepte zu entwickeln, die (so der Geriater Dr. Claus Wächtler auf einem Workshop 1989 in München) »den Dementen Linderung ihrer Beschwerden und ein weitgehend sinnerfülltes Leben sichern und die den Pflegenden Entlastung und eine höhere Arbeitszufriedenheit gewähren«[28].

Für die Etablierung solcher Konzepte sind nach Wächtlers Ansicht nicht nur Geld, sondern auch Phantasie und Einfühlungsvermögen notwendig. Wächtlers Ideen, die er in Kooperation mit Kollegen einer psychiatrischen Abteilung eines Hamburger Krankenhauses entwickelte und in der Praxis erprobte, gründen im wesentlichen in der Milieutherapie, deren wichtigste Komponenten in

- einer konstanten Bezugsperson,
- einem gutstrukturierten Tagesablauf,
- einer streßarmen, überschaubaren Umwelt und
- der guten biographischen Kenntnis des Kranken bestehen.

Wächtler schlägt zahlreiche therapeutische Maßnahmen vor wie Bewegung und Tanz, Sport, Spiel und Märchenerzählen.[29]

Besondere Bedeutung kommt dabei in Zukunft den Haustieren zu. Bei den genannten Faktoren für eine Verbesserung der Lebenssituation von Dementen bieten sie wichtige Hilfen: Eine ›konstante Bezugsperson‹ kann nur die Versorgung in der eigenen Familie garantieren, nicht die Betreuung im Heim mit wechselnden Schwestern und Pflegern. Ein Tier, das jeden Tag kommt oder auf der Station lebt, ist immerhin eine kleine Hilfe angesichts der fehlenden Konstanz der menschlichen Bezugspersonen. Mit seinem Sinn für geordnete, regelmäßige Tagesabläufe, pünktliche Pflege- und Fütterungszeiten hilft das Tier, einen langen und langweiligen Tag in sinnvolle Einheiten zu gliedern. Für weniger Streß sorgt es, wie wir schon wissen, durch seine bloße Anwesenheit. Und schließlich regt es an, sich mit der eigenen Biographie auseinanderzusetzen: weil es Erinnerungen an frühere Phasen heraufruft und so das Gedächtnis im ganzen wieder in Gang setzen kann.
An dieser Stelle ist eine Klarstellung wichtig. Man hört zuweilen die Kritik, mit solchen Programmen wolle man den Menschen aus seiner Fürsorgepflicht für Alte und Kranke entlassen. Es geht aber nicht darum, Menschen durch Hund, Katze oder Vogel zu *ersetzen*. Tiere *ergänzen* vielmehr die Arbeit der menschlichen Pfleger und Therapeuten.

Wächtlers Urteil über Tiere für therapeutische Zwecke bei Altersverwirrten fällt ungemein positiv aus: »Tiere vermögen Dementen das Gefühl zu vermitteln, gebraucht zu werden und nützlich zu sein. Sie lenken ab und machen Freude. Sie können Mittler für Kontakte sein.« Und weiter: »Wir haben entsprechende Erfahrungen vor allem mit einem Zwerghasen (›Willi‹) gemacht. In Heimen und weiteren geronto-psychiatrischen Abteilungen werden ähnliche Erfahrungen mit Katzen, Hunden und Heidschnucken gemacht. Dabei muß es sich um Tiere handeln, die grundsätzlich gutmütig sind und ›Streicheleinheiten‹ verkraften.«[30]

Wächtlers Urteil entspricht haargenau der Erfahrung, die der Direktor des Alzheimer-Zentrums Rhode Island 1989 auf dem Internationalen Symposium für Mensch-Tier-Beziehung vortrug. Eigens trainierte ›Therapie-Hunde‹ besuchen dort die Patienten, und seit dieser Zeit verzeichnen die Ärzte Fortschritte im Blick auf den physischen und psychischen Zustand der Altersverwirrten. Außerdem habe sich durch die Tiere das ganze Ambiente der Anstalt verbessert.[31]

Im Blick auf die problematischen Schattenseiten der Haustierhaltung in Heimen kommen die Ärzte alle zum gleichen Ergebnis: »Hygiene- und Lärmprobleme haben sich in der Praxis als von untergeordneter Bedeutung erwiesen.«[32]

Last oder Hilfe?

Mit seiner Meinung, Tierhaltung stelle ein Heim nicht vor unüberwindliche Probleme, steht Wächtler inzwischen nicht mehr allein. Schon Clark Brickel hatte 1979 in seiner Studie über Katzen in einem amerikanischen Altenpflegeheim zeigen können, daß die Tiere den Ärzten und Pflegern und dem Hauspersonal nicht zur Last fielen.[33] Brickel berichtete zwar auch von Problemen, die durch die Katzen im Tagesablauf des Heimes entstanden, zum Beispiel von Hygieneproblemen, aber alle ließen sich lösen. Was zunächst schwierig erschien, war die Tatsache, daß einige Patienten Eifersucht zeigten, wenn eine Katze zu lange bei einem anderen Kranken blieb oder gar echte Vorlieben für einen einzelnen Menschen erkennen ließ. Aber Brickel und auch die Ärzte und Pfleger des Heimes bewerteten diese Eifersuchtsregung eher als günstig, sprach sie doch immerhin für ein starkes Gefühl nach vielen Jahren der Apathie.

Zum gleichen Befund wie Wächtler, JACOBIS und Brickel kommen auch andere Studien.[34] Hier, stellvertretend für andere Studien, in graphischer Form noch einmal zusammengefaßt die Aussagen des Personals bei JACOBIS *vor* und *nach* dem Versuch.

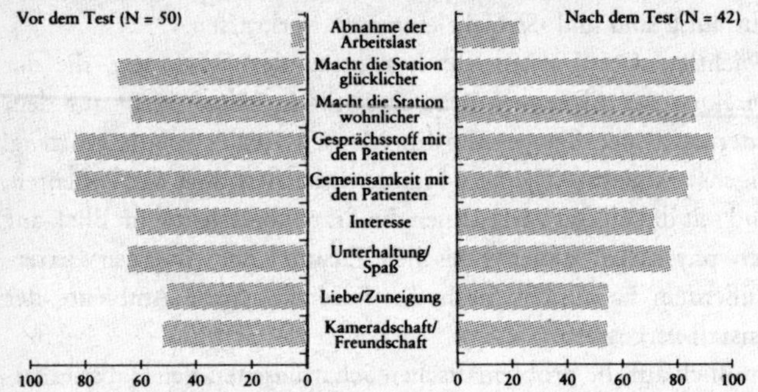

Prozentsatz des Personals, das einen Gewinn durch den Hund antizipierte und erlebte
Quelle: Cusack & Smith, 1984, S. 23; Grafik nach Olbrich 1987, S. 84

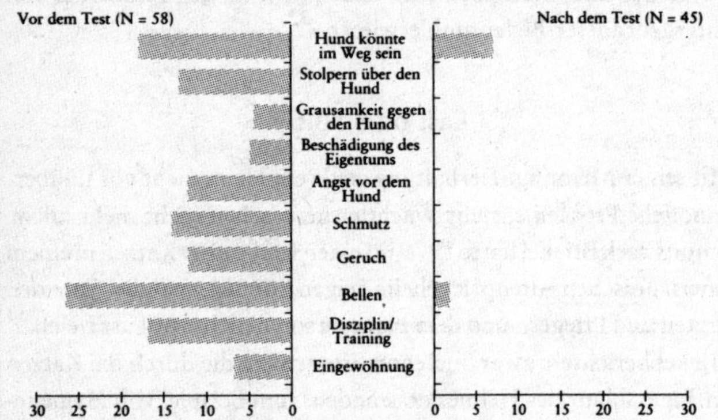

Prozentsatz der Patienten, die Probleme mit dem Hund antizipierten und erlebten
Quelle: Cusack & Smith, 1984, S. 24; Grafik nach Olbrich 1987, S. 84

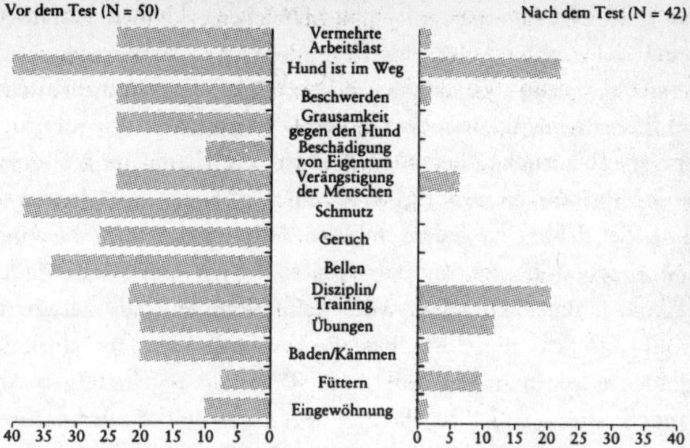

Prozentsatz des Personals, das Probleme mit dem Hund antizipierte und erlebte
Quelle: Cusack & Smith, 1984, S. 25; Grafik nach Olbrich 1987, S. 84

Die positiven Ergebnisse des Einsatzes von Tieren in Altenheimen werden durch jüngere Untersuchungen bestätigt. Sie wurden auf Symposien in Boston und Monaco vorgestellt und weisen alle in dieselbe Richtung: Wo Tiere in Heimen eingesetzt sind, kommen von Schwestern und Pflegern geradezu enthusiastische Urteile über das Experiment. »Wer profitiert wirklich von Tieren?« fragten die australischen Forscherinnen Anne Winkler und Helen Fairnie, als sie herausfanden, daß die alten Menschen im Pflegeheim Perth nach einem halben Jahr das Interesse an einem Hund in der Anstalt wieder verloren, während das Personal von Monat zu Monat mehr an dem Tier hing.[35] Der Hund versüßt Schwestern und Pflegern ihren schweren Alltag: Schon das allein wäre Grund, Tiere in Heimen zu halten.

Inzwischen sprechen sich auch die Direktoren solcher Institutionen für Tierhaltung aus. Zwei Veterinärmediziner befragten die Leiter kalifornischer Alten- und Pflegeheime nach ihrem Urteil zu einem Gesetz, das die staatlichen Heime in diesem Staat verpflichtet, Tiere aufzunehmen, wenn ihre Besitzer dies wünschen. Gleichzeitig fragten sie nach der Erfahrung der Leiter mit Tieren in ihren Anstalten. 78 Prozent der Befragten zeigten sich als überzeugte Anhänger von

Tieren in Heimen; von schwerwiegenden Problemen berichtete niemand.[36]
Es gibt also schon viel und gute Erfahrung mit Tieren in Alten- und Pflegeheimen, zumindest in den USA und Australien. Europa liegt etwas zurück. Aber auch hier ist das Thema im Kommen. In Großbritannien erübrigt sich eine großangelegte Initiative: Ohne viel drüber zu reden, nahmen Ärzte und Pfleger hier ihre Hunde schon immer mit zur Visite; das fiel im tierliebenden England kaum jemandem auf. Kein Wunder, daß gerade in Großbritannien die Idee des PAT-Visiting-Program aufkam: Hundebesitzer besuchen mit ihren Tieren in regelmäßigen Abständen Alten- und Pflegeheime. Initiatoren und Koordinatoren solcher Programme sind Tierschutz- und Tierzüchtervereine.
Auch in Skandinavien und Holland laufen seit vielen Jahren Versuche mit Tieren in Heimen. Der Holländer Oosting, der früher den Tiergarten in Emmen/Holland leitete, gründete schon in den siebziger Jahren eine Art Auskunftsbüro für Altersheime, den sogenannten ›Tier-O-Plan‹. Oosting beriet vor allem die Altenheim-Planer vor dem Bau einer Alteneinrichtung und sorgte auf diese Weise dafür, daß in neu zu errichtende Gebäude von vornherein Freigehege oder Tier-Räume eingeplant wurden.[37]

Die Lage in Deutschland

Und in Deutschland? – Der SPIEGEL, der die Hand stets am Puls der Zeit hat, schrieb 1988, in den USA dürften, »wenn es sein muß, bitte schön, auch Affen und Dänische Doggen« ins Altenheim mitgebracht werden. Aber noch unvorstellbar sei es, »daß die Bewohner deutscher Altenheime ihren Lebensabend mit Hund oder Katze teilen«.[38]
Inzwischen sieht das Bild günstiger aus. Vor einigen Jahren hatte schon einmal ein Therapie-Hund Schlagzeilen gemacht: Anja war in einem Bielefelder Altenheim eingesetzt. Vom Finanzamt wurde

sie deshalb wie ein Blindenhund als ›therapeutische Maßnahme‹ eingestuft und von der Hundesteuer befreit.[39] Im gleichen Altenheim wie Anja leben noch zahlreiche weitere Tiere. Auf Fische und Vögel traf man immer schon einmal. Nun kommen auch Hunde und Katzen hinzu, in seltenen Fällen sogar Freigehege mit Hühnern, Schafen und Ziegen.

Aber es gibt noch viel Widerstand. Bei einer kleinen Telefonrundfrage, die meine Mitarbeiterin Eva Schumm bei Alten- und Pflegeheimen in Stuttgart durchführte, fanden sich nur wenige, die gegenwärtig Tiere in ihrer Institution zulassen. Das waren vor allem private und teure Heime. Meist erfolgte auf die Frage nach Tieren im Heim nur Schweigen am anderen Ende der Leitung, oft auch ein Entsetzensschrei: »Keinesfalls kommt das in Frage – so ein furchtbarer Dreck.«

Eine Caritas-Heimleiterin allerdings verblüffte durch ihre Aufzählung der verschiedensten Tiere, die in ihrem Heim leben: Fische und Vögel, Hasen, Hunde und Katzen. Das war kein Zufall, sondern paßte in das Gesamtbild. Dieses Stuttgarter Heim, das auch in anderer Hinsicht vorbildlich ist, dient dem Kuratorium Deutscher Altershilfe als ein Modell für künftige Pflegeeinrichtungen.[40] Hier sind Selbständigkeit und Selbsthilfe der alten Bewohner gefragt: Wer mag, kann selbst kochen, waschen und putzen. Niemandem wird eine ›totale Versorgung‹ aufgezwungen, wie sie in Pflegeheimen die Regel darstellt. Jedes Appartement verfügt über WC, Dusche und Waschbecken. Auch Pflegebedürftige dürfen eigene Möbel mitbringen. Jeder besitzt einen eigenen Schlüssel für Wohnungs- und Haustür – auch dies ist noch immer nicht überall so. Die wichtigsten Ziele der Arbeit beschreibt man in diesem Heim so:

> Alte Menschen sollen bei uns eine Heimat finden, in der ein menschenwürdiges Leben möglich ist. Die Bedingungen dafür haben wir zu schaffen. Eine dieser Bedingungen wäre, daß wir uns als Institution Heim vom totalen Versorgen, vom totalen Service und vom totalen Betreuenwollen in allen Belangen des

alten Menschen abwenden. In unsere grundsätzlichen Überlegungen muß deshalb einfließen, welche Aufgaben wir dem alten Menschen nach dem Einzug ins Haus erhalten können bzw. welche neuen Aufgaben wir ihm anbieten können. Durch diese Aufgaben soll die Selbständigkeit in den verschiedenen Lebensbereichen erhalten bzw. gefördert werden, etwa im Sinne von Hilfe zu Selbsthilfe.[41]

Ein solches Konzept ist der richtige Rahmen für Tierhaltung. Tiere sind eine ›Aufgabe‹ in dem gemeinten Sinne. Man versorgt das Tier selbst, und die Tiere helfen dabei, das Heim zur Heimat zu machen. – Aber es wird noch viel Wasser den Neckar hinunterfließen, bis sich diese Einsicht in Stuttgart und anderswo herumgesprochen hat.
In deutschen Standardwerken zu Gerontologie und Geriatrie findet sich so gut wie kein Hinweis auf Tiere.[42] Ein großer Expertenbericht über Probleme des Alterns, den das Land Baden-Württemberg in den späten achtziger Jahren herausgab, erwähnt das Thema ›alte Menschen und Tiere‹ überhaupt nicht und eine sonst informative ›Ideenbörse – vorbildliche Altenpflege in Baden-Württemberg‹ nur in einer kurzen Bemerkung am Rande.[43] Auch einem »Ratgeber Senioren«, den dasselbe Bundesland herausgibt, sind Tiere keinen Kommentar wert.[44] Dabei gäbe es viel zu berichten, zum Beispiel, daß auch in Deutschland der Staat unter bestimmten Umständen einen Zuschuß zum Tierfutter gibt, wenn ein betagter Besitzer sein Tier nicht mehr aus eigenen Finanzmitteln versorgen kann.[45] Auch die Tatsache, daß ein ›Freundeskreis betagter Tierhalter‹ im Rahmen der Arbeitsgemeinschaft Deutscher Tierschutz bei Krankheit oder Tod des Besitzers das Tier weiterversorgt und in einem anderen Haus unterbringt, könnte manchen alten Menschen beruhigen.[46]

Immerhin zeigen gerade diese beiden Beispiele, daß es jetzt auch in Deutschland vorangeht. Günstig sieht es in Hamburg aus. In den späten achtziger Jahren befragte die Psychologin Simone De Smet 150 Hamburger Alten- und Pflegeheime über ihre Meinung zu Tieren in ihrer Institution; ca. 50 davon füllten den Fragebogen wunschgemäß aus.[47] Dabei zeigte sich, daß in fast allen staatlichen Heimen Hamburgs Tiere erlaubt sind, und mehr: daß ihre Haltung in manchen Institutionen sogar ausdrücklich unterstützt und gewünscht wird. (Die anderen 100, die sich an der Umfrage nicht beteiligten, dürften wohl weniger tierfreundlich sein.) Vier der Heime, die Tiere zulassen, hat De Smet selber besucht und dabei lange Gespräche mit den Bewohnern, den Ärzten und Pflegern geführt. Hier die Ergebnisse ihrer Befragung:

Im ersten Heim leben Katzen, Hunde und Vögel. Die Hunde werden von einem Bewohner versorgt, ›gehören‹ aber der ganzen Station. Seit der alte Mann für die Hunde verantwortlich ist, gibt er sein Taschengeld nicht mehr heimlich für Alkohol aus, sondern spart es für Futter. Auf einer anderen Station lebt eine Katze. Auch sie wird von einem besonderen Katzenliebhaber gepflegt. Fast alle Bewohner lieben das Tier, und Minka läßt sich von allen gern streicheln. Fast jeder besaß früher selbst einmal einen Hund oder eine Katze und freut sich, wenn Minka auf ihrer Runde durchs Haus mal vorbeischaut.

Auch im zweiten Pflegeheim hat man sehr gute Erfahrungen mit Katzen gemacht, die seit Jahren in verschiedenen Stationen untergebracht sind. Hier sorgt das Personal für Essen und Pflege; das Futter wird auch von den Pflegekräften bezahlt. Aber das stört die Pfleger offenbar nicht: Alle sind glücklich über die günstigen Auswirkungen der Tiere auf die Patienten.

Zwei andere Heime besitzen außer Katzen, Hunden und Vögeln noch Ziegen und echte Heidschnucken. Ein Bewohner versorgt die Tiere in eigener Verantwortung. Im Sommer führen auch andere

Bewohner die Tiere auf dem Weidegelände neben dem Heim herum. Mit älteren Schafen wäre der Versuch fast gescheitert: Die Tiere waren unruhig und versuchten wegzulaufen, wenn ein Bewohner zu nahe kam. Aber die Erfahrungen mit jungen Tieren sind jetzt um so besser.
Während De Smet ihre Befragung durchführte, entschloß sich ein weiteres Heim, erstmals Tiere im Heim zu erlauben.
Sie berichtet:

> Dort wurde durch meine Befragung eine Diskussion ausgelöst. Die Auseinandersetzung führte dann innerhalb kürzester Zeit zur Errichtung einer großen Innen- und Außenvoliere und zur Aufnahme von zwei Katzen auf den Pflegestationen. Eine Bewohnerin entschloß sich, eine eigene Katze zu halten. Seit Öffnung des Heims für Tiere ›arbeiten‹ auch mehrere Hunde mit auf den Pflegestationen. Die Hunde gehören in der Regel Mitarbeitern, die sie während ihrer Arbeitszeit bei sich haben. Sie stellen somit die einfachste Lösung von Hundehaltung im Heimbetrieb dar. Die Reaktionen auf die Tiere sind ergreifend. Besonders verwirrte alte Menschen nehmen Kontakt zu den Tieren auf und erzählen von ihren eigenen Erlebnissen und Erinnerungen mit ihren Tieren. Die ersten Reaktionen auf den Bau einer Voliere waren zuerst Gleichgültigkeit, dann konnte kaum erwartet werden, bis die Vögel im Käfig waren.[48]

Die Pfleger und Ärzte der Heime konstatierten ausschließlich gute Effekte der Tiere auf die Patienten:

> Tiere wirken sich positiv auf die Lebenseinstellung aus, bieten Ansprechmöglichkeiten, fördern Aktivitäten, fördern die Freude der Bewohner, lenken von Problemen ab, heben den Krankenhauscharakter auf, beleben den Heimalltag, verkraften viele Streicheleinheiten, vertreiben Ungeziefer, helfen bei Alkoholproblemen ... Vermehrt kommen Nachbarn, insbesondere Kinder, auf das Altenheimgelände, um die Tiere zu sehen, und

finden bei den Bewohnern neue Freunde. Vermehrt kommen auch die Enkel zu Besuch.[49]

Dieser letzte Aspekt kann nicht hoch genug eingeschätzt werden. Mehrere Studien berichten davon, daß Enkel und Nachbarskinder gern in den Heimen zu Gast sind, seit es dort Tiere gibt. Auf diese Weise sehen die Alten auch wieder einmal Kinder. Die Kinder sind unbefangen, da sie nicht direkt mit den alten Menschen zu tun haben, sondern mit den Tieren spielen dürfen. Der indirekte, durch die Tiere vermittelte Kontakt zu den Alten ist häufig sehr intensiv.[50]

Fortschritte sind auch in Bremen und Düsseldorf zu verzeichnen. Dort übernimmt der Tierschutzverein die Mitverantwortung für die Versorgung der Tiere, wenn ein Altenheim Tierhaltung zulassen will. Ein interessanter Modellversuch läuft derzeit in Köln im Haus Andreas an: Ärzte, Psychologen und Verhaltensforscher werden die Interaktion von Tieren und Heimbewohnern beobachten und sorgfältig dokumentieren.

Ein weiteres Beispiel stammt aus Berlin. Hier unterstützt und betreut der Verein »Leben mit Tieren« mehrere Alten- und Pflegeheime, die den Versuch mit Tieren wagen.[51] In einem Krankenheim für alte Leute in Wittenau wurde 1990 ein Gehege mit zwei Schafen und einer Ziege samt begehbarem Holzstall festlich eröffnet. Die Kosten in Höhe von 55 000 Mark übernahmen gemeinsam die Aktion Sorgenkind, das Bezirksamt Reinickendorf und der Heimträger selbst.[52] In Kooperation mit dem Verein »Leben mit Tieren« wurden die handzahme Ziege Lissy und die Schafe aus einer fast ausgestorbenen, besonders gutmütigen Rasse für das Heim ausgesucht.

Ziege Nelly und die beiden Skuddenschafe Peikos und Peiki tun Dienst in einem anderen Berliner Altenpflegeheim, das gleichfalls von »Leben mit Tieren« betreut wird. Erste Erfahrungen haben jetzt schon gezeigt, daß die Tiere »zum Beispiel innerhalb des ›Realitäts-Orientierungs-Trainings‹ oder der Krankengymnastik wertvolle Dienste leisten können«. Das berichtete der zuständige Oberarzt.

So seien »Patienten wieder auf die Beine gekommen«, die zuvor »festgewurzelt schienen«.[53] Der Vorsitzende des Vereins, Christian Große-Siestrup, verbindet noch einen weiteren Zweck mit dem Projekt. Er sieht Tiere in Alten- und Krankeneinrichtungen als einen »Beitrag zur Stadtentwicklung« Berlins und als eine zusätzliche Möglichkeit, den Großstadtmenschen Tiere wieder näherzubringen.[54]

Vereine mit ähnlichen Zielen gibt es seit kurzer Zeit auch in Hamburg und Würzburg.[55] Dem Beirat der Würzburger Organisation gehört der Erlanger Psychologe Erhard Olbrich an. Er hat mehrere Arbeiten über das Thema ›alte Menschen und Tiere‹ veröffentlicht. Eine Studie berichtet über Besuchshunde in Pflegestationen.[56] Olbrichs Forschungsansatz entspricht etwa dem des vorher erwähnten JACOBIS-Projekts in Australien. Zwei Studentinnen besuchten sieben Wochen lang zweimal wöchentlich mit ihren Hunden die Bewohner von zwei Alten- und Pflegeheimen. Ihre Beobachtungen decken sich ziemlich genau mit den Befunden der australischen Forscher: »In den besuchten Gruppen alter Menschen stieg sehr schnell die Kommunikation miteinander und mit dem Heimpersonal an. Dieser Effekt blieb stabil. Streicheln des Hundes und Austausch von kleinen Zärtlichkeiten machten die häufigste Interaktion mit dem Hund aus. Über die Zeit hin wurden die alten Menschen selbständiger und selbstsicherer.« Als vorläufiges Fazit konstatierten die Erlanger Forscher: »eine allgemeine Zunahme von Wachheit, häufigem Lächeln und stärkerer Zugewandtheit zur Umgebung«.[57]

Wie bei JACOBIS nimmt auch im Erlanger Forschungsprojekt die Befragung des Heimpersonals vor und nach dem Versuch einen hohen Stellenwert ein. »Überraschend war die Stärke der positiven Erwartungen an den Hund. Sie wurden im Laufe der Studie bestätigt.« Der Anteil der Menschen, die meinten, der Hund mache das Heim »mehr zu einem Zuhause«, stieg während der Dauer des Experimentes stetig an. Ein Problem sahen die alten Menschen und ihre Pfleger nur in der Tatsache, daß sie sich die Versorgung und Pflege des Tieres nicht mehr selbständig zutrauten.[58]

Das Personal hatte vor Beginn des Versuchs fest mit Schwierigkeiten durch den Besuchs-Hund gerechnet. »Aber die sozialen und emotionalen Vorteile der Hundehaltung im Heim wurden in beiden Einrichtungen übereinstimmend und deutlich gesehen.«[59] Ein gelungenes Experiment also, das die Bedeutung von Tieren auch für deutsche Altenheime signalisiert. Aber in die Freude darüber mischt sich ein Wermutstropfen. Wie geht es jetzt weiter? Nach Ablauf des Hunde-Programms ließen die Forscher traurige Menschen zurück: »Eine allgemeine Zunahme von Wachheit, häufigerem Lächeln und stärkerer Zugewandtheit zur Umgebung kehrte sich nach Abschluß des Besuchshundeprogramms aber in eine ›Trauerreaktion‹ um. Deren Konsequenzen sind sehr ernst.«[60] Hier ist Hilfe gefordert: durch Tiere im Heim oder mindestens ›pet visiting programs‹, wie sie in Australien, den USA und Großbritannien seit Jahren durchgeführt werden. Am besten beides zugleich. Alte Menschen brauchen das Tier als Gefährten und Freund. Das Kuratorium Deutsche Altershilfe teilt diese Meinung:

> Ob Tiere im Heim einen Platz haben dürfen, sollte nicht allein von der Frage der Nützlichkeit abhängig gemacht werden, denn das hieße quasi die ›Beweislast‹ umkehren. Nicht der alte Mensch sollte seinen Wunsch begründen müssen, seinen ihm liebgewordenen vierbeinigen oder gefiederten Hausgenossen auch im Heim behalten zu dürfen. Die Begründungspflicht sollte doch wohl eher für das Verbot gesehen werden – und da finden sich in der Praxis sowohl gute und stichhaltige als auch fadenscheinige Gründe.[61]

Behinderungen ertragen mit Tieren

Servicetiere

Alfa bringt das Kind zur Schule und Briefe zur Post. Arco führt seinen blinden Herrn ins Büro. Asta stubst ihre taube Herrin, wenn die Hausglocke schellt: Servicehunde.
Servicetiere sind Tiere im Dienste von Behinderten. Sie ersetzen und ergänzen Pfleger und Dienstboten, Aufsichtspersonal und Sicherheitsvorkehrungen, Hilfsgeräte und Kommunikationssysteme. Aber das ist nur die praktisch-technische Seite dieser tierischen Hilfsfunktionen. Die Hilfe von Servicetieren geht viel weiter, sie reicht bis zu subtilen psychosozialen Stützfunktionen.
Die Forschung über den Einsatz von Servicetieren ist gut entwikkelt, allerdings wieder eher im Ausland. Kalifornien z. B. unterhält eine ganze Reihe von Zentren, die sich der Erforschung, dem Einsatz und der Züchtung von Servicetieren gewidmet haben. Auch in der Gesetzgebung kommt Kalifornien eine führende Rolle zu. So darf der kleine Kris Ledwick mit einer Sondergenehmigung der Schulbehörde von Sonoma County seinen Hund mit zur Schule nehmen. Kris ist an den Rollstuhl gebunden, und nach einem speziellen Übungsprogramm begleitet der Golden Retriever den Jungen nun auch auf das wichtigste Feld seines gegenwärtigen Lebens.[1]
Deutschland hat immerhin als eines der ersten Länder den Blindenführhund eingeführt, in der Folge der vielen Kriegsblinden des Ersten Weltkrieges.[2] Schäferhund, Dobermann und Airdale waren die bevorzugten Hunderassen, und in Potsdam gab es eine Ausbildungsstelle, wo auch eine Prüfung abgelegt werden konnte. Heute

sieht man Blindenhunde bei uns nur noch selten, und 1977 stellte das Bundessozialgericht fest, Blindenführhunde seien »keine Hilfsmittel im Sinne der gesetzlichen Krankenversicherung«.[3] 1981 hatten von 70 000 Blinden nur 1000 einen Führhund. Die Ausbildung eines Blindenhundes kostet in privaten Führhundeschulen der Bundesrepublik zwischen 3000 und 5000 Mark, und der Wunsch nach einem Führhund ist trotz der rechtlichen und geldlichen Schwierigkeiten nicht geringer geworden.

Die Erforschung von beidem, der spezifischen Angewiesenheit von Menschen bei dieser oder jener Behinderung und der Möglichkeit tierischer Hilfe, geht weiter und wird gegenwärtig verstärkt. Die im folgenden zu berichtenden praktischen Erfahrungen ermutigen zu einem sehr viel stärkeren Einsatz dieses noch längst nicht ausgeschöpften Hilfs- und Entlastungspotentials. Ich beginne in meinem Bericht mit den praktisch-technischen Hilfsmöglichkeiten und wende mich dann den ebenso wichtigen psychosozialen Stützungsfunktionen zu.

Praktische Dienstleistungen

Tiere werden zur Entlastung bei unterschiedlichsten Formen von Behinderung eingesetzt: bei Blinden, Tauben, Taubstummen, bei Conterganschäden und anderen Formen körperlicher Benachteiligung. Es gibt eine Geschichte, die mehr als alle Aufzählungen von tierischen Hilfsleistungen die Augen dafür öffnet, daß hier ein großes Reservoir ›humanitärer‹ Fortschritte auszuschöpfen bleibt. Es ist die Geschichte von Thunder, die Odean Cusack und Elaine Smith in ihrem Buch erzählen.[4]

Das Ehepaar Len und Betty Cohen in Montville, New Jersey, war behindert, jedes auf seine Weise: Betty war ohne Arme geboren, und Len hatte nur einen Arm. Eine einzige Hand mußte alle die tausend Funktionen ausführen, die im Hause zu tun waren. Da beschlossen sie, sich von einem Hund helfen zu lassen, und erwar-

ben einen vier Monate alten Schäferhundwelpen von einem Züchter, der Hunde für das Polizeidepartement züchtete und abrichtete. Len Cohen wollte zunächst ein Training mit dem Hund machen, wurde aber abgewiesen: Hunde gehen in den USA an der linken Seite, und Len hatte keinen linken Arm. Man beschied ihn, das würde den Unterricht stören. Darauf besorgte sich Len Cohen ein Buch und erzog Thunder selbst. Schon nach sieben Monaten war der Hund einsatzfähig, und danach lernte er ständig dazu: Thunder machte die Lichter in Cohens Haus an und aus, er brachte den Staubsauger für Betty, trug in einem Korb alle möglichen Sachen an ihren Bestimmungsort, öffnete die Tür, stellte Telefonverbindungen her, holte und brachte die Post, ging zur Bank. (Dort hatte er immer Vortritt, mit Zustimmung aller Wartenden.)
»Manchmal denke ich, er kann meine Gedanken lesen«, sagte Betty Cohen.[5] Thunder wurde die dritte Person im Haushalt der Cohens. Nachdem Thunder gestorben war, schlugen Freunde vor, man solle es doch mit einem Affen versuchen. In der Tat sind Affen als Servicetiere geschickt. Besonders Kapuzineräffchen haben sich in Amerika inzwischen als Helfer für gelähmte Rollstuhlfahrer bewährt.[6] Eine Bostoner Organisation trainiert diese Tiere und stellt sie Schwerbehinderten als Gehilfen im Alltag zur Seite. Die Äffchen können Lichtschalter betätigen, Sandwiches aus dem Kühlschrank holen, Getränke auf einem Tablett servieren und Trinkhalme ins Glas stellen, heruntergefallene Gegenstände aufheben oder mit Videokassetten und dem Wischtuch umgehen. Die Kommunikation erfolgt entweder verbal oder mit Hilfe eines mundgesteuerten Laserstrahles. Da die Tiere bis zu dreißig Jahre alt werden, lohnt sich die Ausbildung (rund 8000 Dollar).
Aber Betty Cohen wollte keinen Affen: »Können Sie sich vorstellen, daß ich mit einem Affen in ein Restaurant gehe? Ein Hund ist etwas anderes; man kann ihn überall hin mitnehmen, er ist wie ein Mensch.«[7] Das ist verständlich, und ich werde noch auf die Rolle zu sprechen kommen, die das Tier als Brücke zwischen behinderten und nichtbehinderten Menschen bedeutet. Für diese Funktion ist eine möglichst hohe Akzeptanz des Tieres von ausschlaggebender

Bedeutung. Aber warum sollten wir uns nicht auch an Affen in Häusern und Restaurants gewöhnen können?

Von großer Bedeutung sind Hilfstiere im Falle von Taubheit. In den Vereinigten Staaten leben 16 Millionen taube Menschen, und es gibt eigene Zentren, in denen Hunde zur Hilfe in diesen Haushalten erzogen werden.[8] Sie lernen auf Klingeln und Türklopfen zu reagieren, wissen, was im Falle von Rauchalarm oder eines schreienden Babys zu tun ist. In einem Fall rettete ein Hund ein kleines Mädchen, das in ihrem Kinderzimmer beinahe erstickt wäre: Der Hund konnte das normale Brabbeln des Säuglings von seinem Jammern unterscheiden.

In Stow, Massachusetts, gibt es ein Ausbildungszentrum, das an der ständigen Verbesserung der Abrichtungsverfahren für Hunde und einer entsprechenden Unterrichtung der behinderten Hundehalter arbeitet. Für die Auswahl der Hunde spielen Rasse und Stammbaum keine Rolle. Oft sind es herrenlose Hunde aus den Tierschutzvereinen oder Tierheimen, die für diese Sonderaufgaben erzogen werden. Übrigens werden sie nach Ende ihrer Ausbildung kostenlos an Schwerhörige und Taube abgegeben: ein Beispiel für den sozialpolitischen Idealismus der amerikanischen Gesellschaft.[9]

Psychische Hilfen – soziale Stützung

Körperbehinderte, die sich der Hilfe eines Tieres sicher wissen, gewinnen mehr als nur technische Dienstleistungen. Das Tier verhilft ihnen über verschiedene Wege zur Steigerung ihrer physischen Aktivität, zur Stabilisierung ihrer Identität und zur Belebung ihrer sozialen Kontakte. Aus dem Bericht einer behinderten Frau: »Mein Hund hat mir die Kraft gegeben, physisch aktiver zu sein. Außerdem gab er mir das Vertrauen in meinen Körper wieder und auf diese Weise Selbstvertrauen und Gelassenheit. Meine Reisedistanzen sind größer geworden. Ich fahre jetzt häufiger weg und fühle mich weniger eingesperrt, und ich tue wieder, was ich will.«[10]

Um diese psychischen und sozialen Implikationen der Hilfstierhaltung geht es im folgenden.
Für den behinderten Menschen gibt es viele Quellen von Unsicherheit und folglich von Identitätsgefährdung. Das beginnt mit praktischen Bewegungs- und Orientierungsproblemen. Unsere bauliche Umwelt hält eine Fülle von Widerständen bereit, deren Überwindung mühsam ist oder Hilfe verlangt. Zivilisationstechniken setzen die vollkommene Beherrschung aller Sinne voraus. Wer Verkehrsmittel benutzen will, braucht Arme und Beine, Augen und Ohren. Er muß sich zu voller Höhe aufrichten, Treppen steigen, Geldmünzen einwerfen und Fahrpläne lesen können.
Wer das nicht kann, fällt auf, und mehr: Er ›stört‹, er braucht Nachsicht oder Rücksicht, er ist oft auf Hilfe angewiesen.
Diese Abweichungen von der Norm haben häufig Abweichungen der psychischen Konstitution zur Folge: Der Behinderte zieht sich in sich selbst zurück, meidet Kontakt oder wird rebellisch.[11]
Im Falle des Rückzugs droht ihm fortschreitende Isolation bis zu völliger Einsamkeit. Seine Heiratschancen sinken, sein Freundeskreis schrumpft. Dabei handelt es sich bei dieser Entwicklung häufig um eine Fülle von Mißverständnissen, die einander auch noch gegenseitig verstärken: Der Behinderte weiß, daß er auffällt, und kennt alle Attribute der Hilflosigkeit, die man ihm zuschreibt. Gerade wenn er sich im Blick auf die vermuteten Schwächen eigentlich gut zu helfen weiß und keiner Hilfe bedürftig ist, wird er Hilfsbereitschaft, Zuvorkommenheit, Freundlichkeit seiner gesunden Mitmenschen ablehnen, ja hassen: als Ausdruck gesunder Normalität, die sich zum Kranken barmherzig herabneigt. Auf diese Weise beginnt ein Teufelskreis, der ihn schließlich zum Menschenfeind und Sonderling macht: self-fulfilling prophecy.
Das Tier weiß nichts von der Behinderung des Menschen. Was immer ihm fehlen mag, für das Tier ist er vollkommen, er bleibt sein Herr und sein Freund. Welche Aufgaben das Tier als Serviceleistung auch immer vollbringt, es sind Arbeiten, die es gern tut, spannend findet und für die es mit Lob bedacht und mit Dank überschüttet wird. Der Behinderte erfährt die beglückende Nähe

eines Geschöpfes, das ihn für normal hält: wie er sich selbst. Seine Identität ist nicht gefährdet, sein Selbstbewußtsein nicht geschwächt.

Bedenkt man, daß ein Servicetier Tag und Nacht um den Behinderten ist, dann kann man ermessen, wie stark dieser identitätsstärkende Einfluß veranschlagt werden muß. Im Kontakt mit dem Tier hält sich die Kontinuität der eigenen Selbsterfahrung als unbeschädigter Person: gegen die Erfahrungen des Behinderten in zwischenmenschlichen Beziehungen.

Aber auch diese verbessern sich, wenn ein Behinderter von einem Tier begleitet wird. Dies ist eines der merkwürdigsten Resultate diesbezüglicher Forschungen: Ein Gesunder, der einen behinderten Menschen als Herrn und Freund eines Servicetieres erlebt, hält ihn für um viele Grade ›gesünder‹ als ohne dies Tier. Das liegt daran, daß er den Behinderten nicht nur als Abhängigen, sondern zugleich als Herrn und vollwertigen Freund erlebt: Es gibt offenbar ein Wesen, das, anders als er selbst, diesen Behinderten für normal hält. Eine Korrektur der eigenen Einschätzung und in der Folge auch des Umgangs kann die Folge sein.

Hinzu kommt ein anderes. Ist das Tier für sich selbst schön, klug oder stark (am besten alles zusammen), dann werden diese Eigenschaften dem Herrn oder der Herrin selbst zugeschrieben. Aus dem Bericht eines Blinden: »Mein Hund verkörpert alle Werte, an die ich selber glaube: Gesundheit, Aktivität, Vertrauen, und ich bin stolz, wenn er bei mir ist und mir hilft, meine Umgebung zu meistern. Ich glaube, daß die Leute um mich herum ihn bewundern und respektieren, und ich freue mich über diesen Respekt. Menschen können so unangenehm, neugierig und zudringlich mit Blinden sein, und der Hund erinnert sie daran, daß ich nicht hilflos bin, sondern auch Macht habe. Auf diese Weise komme ich gut zurecht.«[12]

Der Bericht eines anderen Behinderten geht noch einen Schritt weiter: »Bevor ich einen Hund hatte, wußte ich nicht, daß ich interessant und überzeugend sein kann. Das Geheimnis des größeren Selbstvertrauens und der Möglichkeit, andere zu beeindrucken und zu gewinnen, liegt in Duffy. Duffy und ich sind ein Duo, das immer gewinnt.«[13]

Das Tier als Brücke zu den Gesunden und damit der entscheidende Pfeiler der eigenen Identität als der eines normalen Menschen, der nur zufällig keine Arme hat oder nicht sehen kann – auf diese Formel läßt sich der psychische Gewinn eines Servicetieres bringen.

Das Servicetier als ständiger Gefährte

Häufig entwickelt sich ein Servicetier zum besten Freund des Behinderten. Diese Entwicklung ist natürlich nicht unproblematisch und kann die Tendenz zur Abkapselung von der Menschenwelt verstärken. Aber es gibt Formen der Behinderung, die menschliche Zuwendung oder dauernde Pflege schwer machen. In solchen Fällen ist nicht nur ständige praktische Hilfe, sondern ständiger Sozialkontakt mit dem Servicetier eine Wohltat, vielleicht die Rettung. Die Kommunikation verläuft dabei vor allem in ›analoger‹ Weise, wennschon der Mensch natürlich sich seiner Sprache bedient. Aber die wesentlichen Verständigungsströme fließen in einem Klima vorsprachlicher Verständigung und Sympathie.

Übrigens darf man sich das Verhältnis von Behindertem und seinem Servicetier keineswegs spannungslos vorstellen. Im Gegenteil sorgen Unarten, Launen und Unwilligkeiten des Tieres dafür, daß diese Art der Sozialbeziehung durchaus menschliche Züge annimmt.

Servicetiere stiften menschliche Kontakte

Wer ein Tier an seiner Seite hat, findet leichter Kontakt als jemand, der allein geht. Diese Tatsache haben wir schon in dem Kapitel »Freude mit Tieren« kennengelernt. Sie wirkt sich bei Behinderten ganz besonders positiv aus.[14]

Forschungen haben ergeben, was man vermuten konnte: Die Attraktivität des tierischen Begleiters ist nicht unwichtig. ›Friedliche‹ Hunderassen, wie etwa ein Briard, stiften eher Kontakt als ›bedrohlich‹ erscheinende Rassen, wie etwa ein Rottweiler. So das Ergebnis einer Untersuchung der belgischen Universität Louvain. Dort hatte man Reaktionen (»keine Beachtung«, »Beachtung«, »Beachtung mit Lächeln verbunden«) von 450 Fußgängern in einem Park im Blick auf drei unterschiedliche Situationen gemessen: In der ersten saß eine behinderte Person allein im Rollstuhl, in der zweiten war sie begleitet von einem Briard, und in der dritten von einem Rottweiler.[15]

Die Forschungen auf dem wichtigen Felde der Begleittiere von Behinderten sind noch in den Anfängen. Während man bisher nur die praktische Hilfsfähigkeit der Tiere untersucht hatte, rücken jetzt Gesichtspunkte der Akzeptanz des Begleittieres in der Öffentlichkeit in das Blickfeld: Seine Schönheit und Attraktivität, seine Gutmütigkeit oder Interessantheit bringen für sich genommen bereits Pluspunkte, die man nutzen will.

Züchtung günstiger Eigenschaften

Keine Frage, daß für die Tauglichkeit von Servicetieren der Züchtungsaspekt eine besondere Rolle spielt. Wenn es auf anderen Feldern möglich ist, Tierrassen auf besondere Eigenschaften und Tauglichkeiten hin zu züchten, so sollten die unterschiedlichen Formen menschlicher Behinderung Ansporn zu entsprechenden Züchtungsstrategien sein. In Finnland wird seit 1964 eine neue Rasse als Blindenhund gezüchtet, der Labrador Retriever. Prof. Saki Paatsame vom College of Veterinary Medicine Helsinki hat Grundcharakterzüge herausgefunden, die von Blinden, welche die Hunde führen, gebraucht werden. Die bisherigen Ergebnisse liegen im längeren Arbeitsleben des Hundes, seiner hohen Arbeitsbereitschaft und seiner Gutmütigkeit. Dazu kommen physiologische Verbesserungen im Blick auf Hüftgelenke und Augenleistung. Die Schule für Blindenhunde wurde für invalide Kriegsveteranen 1940 gegründet und arbeitete ursprünglich mit dem Deutschen Schäferhund und dem Rottweiler als bevorzugten Rassen. Inzwischen wird der Retriever am häufigsten verwendet, dessen Gelehrigkeit bei gleichzeitiger Gutmütigkeit wir aus dem Kapitel »Großwerden mit Tieren« schon kennen.[16]

Interessant ist, daß zu Beginn eine gewisse Sozialisation unter Hunden selbst aufrechterhalten werden muß, damit aus dem jungen Hund ein ausgeglichenes Einzelwesen wird. Die Pflegefamilien der Welpen brauchen deshalb viele Ratschläge von den Mitarbeitern der Schule. Mit einem Jahr werden die Hunde in die Schule genommen und gewöhnlich zu dritt in eine Unterkunft gebracht, damit man sehen kann, ob die Hunde gut sozialisiert sind.[17]

Behinderte Kinder und Tiere

Alles, was in diesem Abschnitt über Nutzen und Segen von Tieren für Behinderte gesagt wurde, gilt in verstärktem Maße im Blick auf behinderte Kinder. Kinder sind mehr als Erwachsene durch das Syndrom ›abnorm‹ gefährdet: durch ihre naiven Gefährten und Spielkameraden. Kinder reagieren ursprünglicher. Das bedeutet nicht immer, aber häufig eine größere Belastung der kindlichen Identität. Da Kindheit und Jugend durch Entwicklung definiert ist, erscheint manche Behinderung als ein Zurückbleiben auf dem Wege zum Großwerden.

Der stärkeren psychischen Gefährdung bei Kindern entspricht aber glücklicherweise auch ein besseres Ansprechen auf Hilfen, die Tiere geben können. Kinder haben, wie wir wissen[18], eine ontogenetisch bedingte größere Nähe zu Tieren. Die nonverbale Kommunikation gelingt besser als bei Erwachsenen. Diese stärkere Vertrautheit mit dem Tier läßt sich bei behinderten Kindern therapeutisch nutzen, und zwar in beiden Richtungen: für das behinderte Kind ebenso wie im Blick auf seine kindlichen Gefährten. Ein Kind, das ein Tier sein eigen nennt, gilt mehr unter seinen Schul- und Spielgefährten

als eines, das sich mit seiner Behinderung allein behaupten muß. Es ist Gegenstand des Interesses, des Respektes, vielleicht auch des Neides. (Das wäre einer der wenigen Fälle, in denen eine negative Reaktion einmal eine positive Wirkung hätte.)
Zu den bekannten Effekten tierischer Gefährtenschaft tritt im Falle des behinderten Kindes ein Aspekt hinzu, der pädagogisch von hoher Bedeutung ist. Kindheit ist eine Phase, die wesentlich durch Lernen und Lehren bestimmt ist, und man weiß, daß Kinder gut lernen, wenn sie das zu Lernende an Puppen oder Tiere weitergeben können: als Lehrer. Diese Einsicht läßt sich bei allen Behinderungen nutzen, denen man mit Üben begegnen kann, z. B. Lernbehinderungen.[19]
Was für das behinderte Einzelkind gilt, gilt auch für Gruppen behinderter Kinder in Kindergärten oder Schulen.[20] Vor allem Lernbehinderungen lassen sich im Klassenverband unter Einsatz von Tieren behandeln. In der Miriam School in Webster Groves, MO, hat man mit einem Kaninchen in dieser Hinsicht hervorragende Erfahrungen gemacht. Das Klassenmaskottchen dient als Mittel, um Erfahrungen mit dem ›wirklichen Leben‹ zu machen. Zum Beispiel sind alle Kinder mit von der Partie, wenn es gilt, die Kosten für den monatlichen Unterhalt des Tieres auszurechnen und innerhalb der Klasse aufzuteilen.[21]

Behindertenarbeit im Zoo

Das über Schultiere Gesagte gilt weithin auch für die Arbeit mit behinderten Kindern in zoologischen Gärten. Diese leisten einerseits mehr, andererseits weniger als Schultiere. Während der ständige Kontakt mit Klassenmaskottchen fehlt, erweitert sich das Feld der Tierbegegnungen im zoologischen Garten beträchtlich. Es gibt eigene Zoolehrer, die in Zusammenarbeit mit den Schulen Programme für jede Art der Behinderung erstellen.[22] Die größte Schwierigkeit dabei liegt in der Tatsache, daß es sich häufig um

Mehrfachbehinderungen handelt, die jedesmal eine Einzelbehandlung erfordern.[23]

Am unkompliziertesten ist die Arbeit mit *körperbehinderten* Kindern. Hier genügt eine Streichelwiese, auf die man Rollstuhlfahrer hineinläßt. Schwieriger gestaltet sich der Tierbezug für *sprachbehinderte* Kinder, da Fehler im Sprechapparat meist mit psychischen und sozialen Defiziten gekoppelt sind. Hier kommt alles auf einen ›entspannten Raum‹ an, der dann allerdings große Chancen der Therapie enthält.[24] Für *Blinde* und *Gehörlose* ist der Zoolehrer meist nur der Vermittler von Kontakten zwischen Kind und Tier. Das Wissen bezieht das Kind über die vertraute schulische Lehrkraft. Über Befühlen, Hören und Riechen werden die vorher gelernten biologischen Zusammenhänge vermittelt. »Zum Beispiel kann über vorsichtiges Fühlen bei jungen Ziegen miterlebt werden, wie sie am Euter des Muttertieres saugen, beim Vogel können die unterschiedlichen Federtypen am Körper abgetastet werden, die unterschiedlichen Gerüche in den Tierhäusern können zugeordnet werden, eine Schlange kann mit einer fußlosen Echse verglichen werden oder die Fußform eines jungen Menschenaffen mit dem eigenen Fuß ... Inwieweit der Zoo für einen akustischen Rundgang genutzt werden kann, muß erst noch ausprobiert werden.«[25] In Hannover gibt es ein *Taubblindenzentrum*, das mit dem Zoo eng zusammenarbeitet.[26] Bei dieser unglücklichen Verbindung zweier Behinderungen ist fast jeder Schüler ein Einzelfall und braucht ein eigenes, auf ihn abgestimmtes Programm. Hier kann der Zoolehrer meist nur Kontakte vermitteln, die Begegnung vorbereiten und Gefahren vermeiden. Alles andere obliegt dem Betreuer. Worauf es ankommt, ist der Hautkontakt mit Tieren.

Lernbehinderte Kinder werden durchweg in Kleingruppen geschult und in die Zoos geführt. Hier ist die emotionale Ebene besonders gut ansprechbar, und der Zoobesuch wirkt als Entlastung von Frustrationen in der Schule.[27] Lernbehinderte können auf der Ebene aller Sinnesorgane angesprochen werden: nahe an die Tiere herangehen, sie anfassen, sie beim Fressen beobachten, sie strei-

cheln und riechen. Aber diese Flut von Informationen muß sofort wieder vereinfacht werden, damit der Lernerfolg eintritt: »Das sprachliche Erfassen des Beobachteten oder des ›Begriffenen‹ kann dann behutsam gefördert werden, so daß allgemeingültige, kognitive Lernziele zunehmend in den Vordergrund rücken.«[28]
Verhaltensgestörte Kinder sollen ihre Sozialfähigkeit durch den Umgang mit Tieren verbessern. Sie haben als Gruppe nur einen geringen sozialen Zusammenhalt, und man muß mit beidem rechnen: einem hohen Aggressionspotential und einer übersteigerten Ängstlichkeit oder totaler Passivität. Die Verbesserung der Gemeinschaftsfähigkeit wird vom Zoolehrer auf verschiedene Weise angestrebt: durch Beobachten unterschiedlicher Verhaltensweisen der Tiere auf der Streichelwiese, durch Einübung eigenen Verhaltens auf verschiedene Reaktionen von Tieren auf die Schüler. Das Tier kann auch selbst kurzfristig die Rolle eines Sozialpartners übernehmen: »Dies ist aber nur möglich, wenn der direkte Kontakt mit den Tieren oder mit einem individuellen Tier längerfristig ermöglicht wird, also gewissermaßen eine Dauertherapie über Monate hinweg stattfindet. Ob die Haltung von Tieren in der Schule, der Besuch im Zoo oder ein Aufenthalt auf einem geeigneten Bauernhof am günstigsten ist, kann nur die Lehrkraft selbst entscheiden.«[29] Über den längerfristigen Einsatz von Tieren mit dem Ziele einer Resozialisierung verhaltensgestörter Menschen berichte ich in einem eigenen Kapitel.[30]
Die besondere Bedeutung emotionaler Bezüge gilt auch für *geistig behinderte* Kinder. »Alles Wissen muß behutsam vermittelt werden oder u. U. sogar ganz in den Hintergrund treten (z. B. ist es wichtiger, alle Kinder die Härte eines Eselhufes fühlen zu lassen, als den Vergleich mit den Klauen einer Ziege begrifflich herauszuarbeiten). Tiere anfassen und streicheln sollte im Vordergrund stehen. Beziehungen müssen geknüpft werden. Junge Tiere können über das ›Kindchen-Schema‹ diese emotionale Beziehung noch verstärken. Eine Möglichkeit der Verarbeitung des Gesehenen bietet z. B. die Imitation und das (Nach-)Spielen von Tieren.«[31]

Heilen mit dem Pferd

Im Unterschied zu anderen tiergestützten Therapien ist die heilende und erziehende Wirkung des Umgangs mit Pferden in Deutschland lange bekannt. Deutschland darf sogar eine Vorreiterrolle auf diesem Felde zugesprochen werden. Das zeigt sich in der großen Zahl deutschsprachiger Veröffentlichungen[32] ebenso wie in der großen Anzahl pferdetherapeutischer Zentren und Reiterhöfe mit einer hippotherapeutischen Abteilung. Zeitschriften sorgen für die Verbreitung des Themas in Wissenschaft und Öffentlichkeit.

Die ersten Hinweise auf den physisch und psychisch wohltuenden Einfluß des Reitens finden sich bereits Anfang des 16. Jahrhunderts.[33] Seither ist dies Wissen nie mehr verlorengegangen, und es sieht so aus, als ob der Umgang mit dem Pferd von allen tiergestützten Therapien die am wenigsten problematische sei. Während man für den Einsatz anderer Tiere sehr genaue Voruntersuchungen anstellen muß, gilt für den Umgang mit dem Pferd fast ausnahmslos: Er tut immer gut, einerlei, was einem fehlt.

Das liegt zum großen Teil am Pferd selbst, d. h. der ungewöhnlich sympathischen Natur dieses Tieres, das der Mensch seit 5000 Jahren züchtet und nutzt. In dieser Zeit hat sich das Pferd in der sozialen und emotionalen Wertschätzung von Tieren einen hohen, wenn nicht überhaupt den höchsten Rang erobert. Es verletzt keinen unserer Sinne, im Gegenteil: Das Pferd faßt sich gut an und riecht gut; es ist von schöner Gestalt, einerlei, ob es steht, geht oder in einer seiner beiden Gangarten läuft. Sein materieller Wert war nie strittig: Wer ein Pferd besaß oder besitzt, gilt als sozial herausgehoben. Das galt und gilt immer noch für den Bauern, das galt für den Offizier an der Spitze seines Regiments, das galt für die gesamte Kavallerie als Waffengattung, das gilt für den Pferdesport. Kaiser und Könige ließen sich hoch zu Roß malen, und vermutlich ist kein Tier für sich genommen so häufig porträtiert worden wie das Pferd. Pferde standen in Marmorställen und aßen aus goldenen Krippen.

Spielt der hohe soziale Rang des Pferdes für unsere therapeutischen Gesichtspunkte kaum eine Rolle, so gilt das nicht für seine physische Größe. Sie ist wahrhaft imponierend, und wer die Angst vor ihr überwindet und als Reiter ein vertrauensvolles Miteinander des kleinen Menschen und des großen Pferdes herzustellen vermag, hat bereits eine entscheidende Erfahrung gemacht. Sie ist ein wichtiger Teil allen therapeutischen Umgangs mit dem Pferd.

Das Pferd erleichtert die Überwindung der Angst vor seiner Größe durch zwei Eigenschaften, die es so liebenswert machen: Es ist als Fluchttier nicht aggressiv, und es ist ein Kuscheltier von wundervoller Wärme, mit zartem Fell und weichem Maul. Es ist auf Pflege und Fürsorge angewiesen. Zur Reitkultur gehört die Stallkultur. Das Pferd ist »das große Streicheltier, für das mit Füttern, Putzen, Bürsten und Waschen gesorgt werden muß. Es ist immer neugierig, sucht nach Leckereien und reibt seinen Kopf an der Schulter des Besuchers. So bietet es viele Einladungen zum Kontakt, wie andere Schmusetiere auch«.[34]

Das Pferd erfreut sich in der ganzen Bevölkerung einhelliger Beliebtheit. Während Hund und Katze, Papagei und Schildkröte unterschiedliche Sympathien genießen, gelten Pferde durchgängig als edel und schön, als liebenswert und achtenswert.[35] Wer mit einem Pferde umgeht, hat teil an diesen seinen Eigenschaften.

Man hat sich angewöhnt, drei Formen des therapeutischen Reitens zu unterscheiden: Hippotherapie, Reiten als Sport für Behinderte und Heilpädagogisches Voltigieren/Reiten.[36] Ich verzichte auf eine nähere Erläuterung dieser Abgrenzungen und nehme die folgenden Aspekte und Beispiele vornehmlich aus dem Bereich des heilpädagogischen Umgangs mit dem Pferd, weil er der wohl umfassendste ist und über das Reiten hinaus viele Möglichkeiten dieser speziellen Mensch-Tier-Beziehung einschließt.

Mit dem Thema Mensch und Pferd unter therapeutischen Gesichtspunkten ließe sich ein eigenes Buch füllen, im Blick auf die Mannigfaltigkeit der anzusprechenden Aspekte. Außerdem ist das Thema in Deutschland, wie gesagt, durchaus gut unterwegs. Ich werde mich deshalb im folgenden auf generelle Aspekte beschrän-

ken und der Versuchung widerstehen, über pferdgestützte Therapien mehr zu sagen als über andere: weil hier reiches Material vorliegt, sowohl in theoretischer wie praktischer Hinsicht.
Gegenüber allen anderen Tieren, die therapeutisch einsetzbar sind, bietet das Pferd einen Vorteil, der ihm eine gewisse Sonderstellung einräumt: Der Umgang mit ihm geschieht in dichtestem körperlichen Kontakt.

Das Pferd in der Krankengymnastik

Immer schon hat man den Kontakt mit dem sich bewegenden Pferd für krankengymnastische Therapiestrategien genutzt. Dabei spielt die dreidimensionale, diagonal verlaufende Bewegung des schreitenden Pferdes eine besondere Rolle. Sie entspricht der menschlichen Bewegungsform und kann somit Prozesse in Gang bringen oder unterstützen, die bei Multiple-Sklerose-Kranken oder Spastikern ausgefallen oder unterentwickelt sind. Das schreitende Pferd sendet Impulse aus, die der menschliche Körper empfängt. »Ist sein eigenes Bewegungsmuster blockiert, wird diese vom Tier ausgehende Frequenz von 90 bis 110 Impulsen pro Minute im Hirn aufgenommen und wirkt von dort auf den Körper zurück. Der Körper des Patienten lernt sozusagen Bewegungen, die er von sich aus bisher nicht ausführen konnte. Das setzt sich dann langsam um, mal schneller, mal langsamer.«[37]
Die reittherapeutische Rehabilitation stellt sich übrigens im Blick auf eine Kosten-Nutzen-Rechnung als besonders günstig dar. Die Erfolge sind dabei größer und nachhaltiger als bei einer nicht tiergestützten Therapie.[38] Mag sein, daß hier Faktoren eine Rolle spielen, welche die rein medizinische Seite der Reittherapie weit hinter sich lassen und Aspekte heilpädagogischen Reitens berührt, von denen im folgenden die Rede sein soll.

Bewegungsdialog zwischen Reiter und Pferd

Über den bewegungsphysiologischen Nutzen des körperlichen Kontaktes zwischen Mensch und Pferd hinaus gibt es psychologische Gesichtspunkte, welche die Sonderstellung des Pferdes als Therapeutikum noch einmal herausstellen. Man hat das Reiten nämlich mit zwei menschlichen Berührungsformen verglichen, mit dem Tanz und mit der frühkindlichen Mutter-Kind-Verbindung, vor allem während des Stillens. In beiden Fällen liegt ein »Bewegungsdialog« vor.[39] Die Hilfen, die der Reiter mit Gewicht, Schenkeln und Zügeln gibt, »sind im Prinzip als ein gefühlvolles Schieben oder Verhalten, Drücken oder Lösen, Annehmen oder Nachgeben zu verstehen, ganz ähnlich wie ein Tanzpaar miteinander kommuniziert«.[40] Dieselbe prägestische Kommunikation liegt auch im Verhältnis Mutter-Kind vor: »Ein Kleinkind, das der Sprache noch nicht mächtig ist, erlebt nur die warme, annehmende oder aber die kalte, ablehnende Beziehung der Mutter und kann den Inhalt der Worte vorerst nicht begreifen. So kann die Mutter formal das Kind gut versorgen, das Kind erlebt jedoch die innere Ablehnung durch die Mutter und gedeiht nicht bzw. entwickelt Defizite im Bereich der zentralen Ich-Funktionen. Die frühe Kommunikation zwischen Mutter und Kind ähnelt also gewissermaßen der möglichen Kommunikation zwischen Mensch und Tier.«[41]

Man spricht in diesem Zusammenhang von ›analoger Kommunikation‹.[42] Das Tier kennt nicht die in der verbalen Kommunikation zuweilen mitgegebene Spannung von Lüge, Ironie oder Sarkasmus. Die analoge Kommunikation ist phylogenetisch und ontogenetisch älter, man spricht noch ›mit den Händen und Füßen‹.[43] Das Pferd reagiert unmittelbar auf jede Gewichts- und Haltungsveränderung, aber ebenso sensibel auf psychische Stimmungslagen. Wer das Vertrauen und darüber die Folgsamkeit des Pferdes erringen will, muß vorher mit sich selbst ins reine kommen und Geduld mit beiden üben: mit dem Pferd und mit sich selbst. Das wird ihm dadurch erleichtert, daß das Pferd nicht schimpft und keine

Schuldgefühle erzeugt. Darin liegt der große Erfolg heilpädagogischen Voltigierens und Reitens bei verhaltensauffälligen und motorisch gestörten Kindern. Das Kind erfährt die Geduld des Pferdes und »lernt, sich spontan dafür zu bedanken, indem es das Pferd klopft und ihm gut zuredet. Es trainiert weiter, bis die Schaltzentrale endlich richtig arbeitet. Dieses Aushalten und das in Partnerschaft geleistete Mitmachen des Pferdes bringt ... jene Motivation und Freude, die echtes Lernen voraussetzt, und die kein mir bekanntes anderes Medium so dauerhaft erzeugt«.[44]

Selbstsicherheit durch das Pferd

Unsicherheit ist ein Symptom, welches viele Krankheiten begleitet und auch bei Erziehungsschwierigkeiten häufig im Spiele ist. Das Pferd bietet hier therapeutische Möglichkeiten wie kaum ein anderes Tier – unter der Voraussetzung, daß die Angst vor seiner Größe und Stärke überwunden werden konnte. Diese Angst aber verliert sich in einem paradoxen Umkehrakt: Man muß *das Pferd* beruhigen, ihm seinen Fluchtimpuls nehmen, um *selbst* sicher zu werden. Diese Erfahrung: daß man als kleiner Mensch ein so großes Tier beschwichtigen und ihm Angst nehmen muß, ist eine Grunderfahrung, die in ihrer heilpädagogisch-stabilisierenden Wirkung nicht hoch genug veranschlagt werden kann.
Im Blick auf diese Fähigkeit des Pferdes, Selbstsicherheit zu geben oder wiederzugeben, schreibt der Heilpädagoge und Rektor einer Sonderschule, Antonius Kröger:

> Ich betone, daß uns bis heute kein anderes Medium bekannt ist, das uns Pädagogen und Psychologen so effektiv bei unserer schwierigen Arbeit helfen kann, wie es dem Pferd möglich ist. Denn schon zu oft haben Therapeuten, Pädagogen und Eltern, nachdem sie verzweifelt bei ihrem Kind das Handtuch geworfen hatten, eingestanden, daß es allein das Pferd war, das ihrem

> Kind noch positive Aktionen bescheinigen konnte und damit wieder einen Kern von Selbstvertrauen im Kinde aufkeimen ließ. Das Pferd war es, das in voller Partnerschaft dem Kinde das frustrationsfreie Aufnehmen des Trainings der sensorischen Integration ermöglichte, das ich als Ursache für die gleichzeitig einsetzende Harmonisierung der sonst nur von dem Versagen gequälten Persönlichkeit sehe.[45]

Das am Tier gewonnene Selbstbewußtsein bewährt sich gleichzeitig oder in der Folge auch innerhalb der Gruppe. Gruppen therapeutischen Reitens werden heute nicht mehr unter den Gesichtspunkten der Krankheitsbilder zusammengefaßt. Da eine genaue Klassifizierung psychischer und geistiger Krankheiten ohnehin immer schwieriger wird und jede psychische Störung stets vor dem Hintergrund sozialer und emotionaler Schwierigkeiten zu sehen ist, geht man dazu über, durchaus verschiedene Patienten in einer Reitergruppe zusammenzufassen.[46] Das Ausreiten in der Gruppe stärkt ihren Zusammenhalt auf mannigfache Weise: Jeder muß mit seinem Pferd zurechtkommen, gleichzeitig aber auf die Gruppe acht haben, von der er sich nicht entfernen darf.
Die heilpädagogische Wirkung des Umgangs mit dem Pferd beschränkt sich jedoch nicht auf das Reiten. Ebenso wichtig sind die Pflege und Fütterung des Pferdes, seine Versorgung bei Krankheit, dazu die Reinhaltung des Stalles, die Pflege des Geschirrs und die Mitverantwortung für die Gesamtorganisation des Reiterhofes.
Eine so umfängliche Auslegung des Verständnisses von ›Reiten‹ wird gegenwärtig auf dem Erlenweiher Hof bei München praktiziert. Erhard P. Müller ist Erziehungswissenschaftler an der Universität München und hat sich, wie er selbst sagt, »die Freude gegönnt, hautnah und in der Praxis zu erleben, was ich sonst immer theoretisch predige«.[47] Im Landkreis Landsberg hat er einen Pferdehof gepachtet und zusammen mit der Sonderschullehrerin und diplomierten Reitpädagogin Dorothea Kirchberger-Pascalino und einer Elterngruppe den gemeinnützigen Verein »Pferde für Menschen« gegründet. Seit 1986 therapieren sie dort etwa 20 Kinder

unterschiedlicher Behinderung. Ihre Erfahrungen kommen den wissenschaftlichen Forschungsprogrammen unmittelbar zugute.
1987 bekamen sie die fünfjährige Linde aus dem nahe gelegenen Kaltenberg, die unter schweren Sprach- und deutlichen Wahrnehmungsstörungen litt. Nach wenigen Monaten waren schon deutliche Fortschritte zu erkennen. Das Kind reagierte jetzt besser und sprach allgemein verständlich. Mit Hingabe pflegte es seine sechsjährige Arabohaflinger-Stute Anuschka und führte das Pferd sichtlich stolz allein vom Stall zum Reitplatz. Entwicklungsverzögerungen, die durch eine frühkindliche Hirnschädigung bewirkt wurden, konnten durch den Umgang mit dem Pferd weitgehend ausgeglichen werden. Das galt vor allem für Fortschritte in der Grammatik. Auch die Artikulation verbesserte sich rasch. (Vor Beginn der Therapie konnte sich Linde nur der Familie verständlich machen.) Zunächst beschränkten sich diese Verbesserungen allerdings auf den Umgang mit den Pferden. So konnte sie z. B. Aufträge nur im Blick auf Arbeiten im Reiterhof genau verstehen und ausführen. Die Übertragung auf den Alltag stand noch aus.
Das ist interessant und zeigt die Bedeutung der Pferdetherapie als eines ungemein realen Bezugsfeldes. Hier geht es nicht um simulierte Situationen, sondern um konkrete Aufgaben. Ein Pferd hat vier Beine, und die müssen alle geputzt werden: Das lernen *konzentrationsschwache* Kinder. Eine Decke, die dem Pferd aufgelegt wird, muß von beiden Seiten gleichzeitig strammgezogen werden: Das lernen *kontaktschwache* Kinder als Gelegenheit zu einer gemeinsamen Aufgabe.
Auch Erhard P. Müller legt Wert darauf, Gruppen aus unterschiedlich behinderten Kindern zusammenzustellen, weil auf diese Weise kooperatives Verhalten gefördert werden kann:

> Die Gruppen werden so zusammengestellt, daß sich die Teilnehmer gegenseitig ergänzen und voneinander lernen können (z. B.: Es hätte wenig Sinn, mehrere sprachbehinderte Kinder in einer gemeinsamen Gruppe zu unterrichten und sich davon eine Verbesserung des Sprachvermögens zu erwarten). In gemeinsa-

mer Arbeit werden die Pferde gepflegt und für das Reiten vorbereitet, bei der Stallarbeit wird die Aufgabenverteilung ausgehandelt, die Übungen mit und auf dem Pferd werden besprochen und gemeinsam festgelegt. Diese Übungen sind meistens so angelegt, daß sie ein Zusammenwirken und ein sich gegenseitiges Helfen der Teilnehmer erfordern.[48]

Artgerechte Pferdehaltung

Besonderes Interesse mißt man im Erlenweiher Hof der Bedeutung artgerechter Pferdehaltung zu. Sie ergibt sich aus stammesgeschichtlichen Gegebenheiten, die das Pferd kennzeichnen. Es braucht eine Herde für sein soziales und Wind, Wetter und Bewegung für sein gesundheitliches Wohlbefinden.

Es widerspricht der Natur des Pferdes, wenn es in kleinen warmen Ställen, isoliert in einzelnen Boxen und ohne Kontakt zu anderen Pferden in falscher Fürsorge übermäßig gepflegt wird. Die Offenstallhaltung ist zwar für den Menschen nicht so bequem (Matsch, Schnee, lange Wege, verdreckte Pferde), ist jedoch die Art von Pferdehaltung, die der natürlichen Lebensweise am nächsten kommt. Die Pferde leben in kleineren oder größeren Herden in offenen Ställen oder Unterständen, die von Ausläufen und Weiden umgeben sind. Sie können ihren Aufenthaltsort frei wählen, haben dadurch die Möglichkeit, ihre physischen und sozialen Bedürfnisse in einem abgesteckten Rahmen nach den eigenen Bedürfnissen zu regulieren.[49]

Auch das artgerechte Futter spielt eine wesentliche Rolle. Damit eine Überdüngung der Wiesen und Weiden verhindert wird, muß mindestens zweimal in der Woche der Kot abgesammelt und kompostiert werden. Die Weiden müssen gepflegt werden, damit die Pferde vom Frühling bis in den Herbst grasen können.

Alle diese Tätigkeiten umgeben das eigentliche Reiten als ein Feld gemeinsamer Verantwortung:

> Mithilfe bei allen Tätigkeiten im landwirtschaftlichen Bereich durch die Teilnehmer am heilpädagogischen Reiten bewirkt das schrittweise Erfahren und Begreifen dieser Zusammenhänge und der jahreszeitlichen Zyklen. Die Notwendigkeit, die landwirtschaftlichen Zusammenhänge in Einklang mit der Natur bringen zu müssen, wird an der Praxis deutlich. Die Mitarbeit der Teilnehmer im Stall, bei der Gras- und Heuernte, beim Kompostieren und Koppelpflegen erzieht zu verantwortungsvollem Umgang mit natürlichen Bedingungen. Es steht also nicht nur das Reiten im Vordergrund, vielmehr wird heilpädagogisches Reiten darauf achten, daß der Umgang mit Pferden im Zusammenhang mit Pferdehaltung im Verhältnis zu Umgebung, Landwirtschaft und Natur begriffen werden kann.[50]

Zu dieser umfänglichen Versorgung der Pferde gehört auch ihre Pflege bei Krankheit. Auf dem Erlenweiher Hof wird weitgehend auf Antibiotika, Cortison etc. verzichtet – zugunsten von Naturheilmitteln. Diese sind sinnvoller und erfolgreicher, aber auch arbeitsintensiver. Dafür lernen die Kinder bei den pflegerisch aufwendigen Kuren und Umschlägen, beim Einreiben mit Salben und der Wundversorgung einen rücksichtsvollen Umgang mit kranken Lebewesen. Gleichzeitig bekommen sie ein Verhältnis zu ihren eigenen Behinderungen, die Dr. Müller folgendermaßen auflistet:

- Verhaltensstörungen verschiedener Ursache (u. a. Minimale Cerebrale Dysfunktion, Autismus);
- psychische Erkrankungen, Störungen in der emotionalen Entwicklung;
- Kommunikations- und Beziehungsprobleme;
- verschiedene Formen psychosomatischer Erkrankungen;
- psychomotorische Entwicklungsstörungen (z. B. mangelhaftes Körperbewußtsein, minimale cerebrale Bewegungsstörungen);

- Störungen im Wahrnehmungsvermögen (Tastsinn, Bewegungssinn, Raum-Lage-Orientierung, Sehen, Hören);
- Sprachbehinderung und Sprachentwicklungsstörungen;
- Lernbehinderung und geistige Behinderung;
- Therapiemüdigkeit.[51]

Der letzte Punkt wird in allen Berichten immer wieder hervorgehoben. Die ›Mattenmüdigkeit‹ ist eine der schwersten Beeinträchtigungen krankengymnastischer Übungen. Hier wirkt das Pferd Wunder. »Für neurologische Patienten – z. B. Infantile Cerebralparese, Minimale Cerebrale Dysfunktion, Schädelhirntrauma oder periphere Lähmungen, Multiple Sklerose – bietet das Pferd im Schritt gerade solche Bewegungsmuster, die dem Reiter/Patienten zur Krampflösung und zur Ausbildung gesunder bedingter Reflexe verhelfen, mit denen die abnormen spastischen Muster vermindert werden.«[52]
Der Psychoanalytiker Carl Klüwer berichtet über den Fall eines 37 Jahre alten Mannes, der seit seinem 17. Lebensjahr an multipler Sklerose litt.

> Seit sechs Jahren war er Invalide. Wir brauchten vier Helfer, um den schweren Mann aus dem Rollstuhl aufs Pferd zu heben. Nach etwa zwei Runden um die Bahn lösten sich seine multiplen Spasmen. »Zehn Minuten auf dem Pferd einmal die Woche«, so stellte er fest, »helfen mir mehr, die Krämpfe loszuwerden, als zweimal die Woche eine halbe Stunde Massage in der Uniklinik.« Er überwand seine Depressionen und wurde ein bekanntes Mitglied in einer Selbsthilfeorganisation.[53]

Bewegung im Takt

Man hat den Takt des Pferdes in verschiedenen Gangarten mit den Rhythmen verglichen, die in der Musiktherapie angewandt werden, um Einfluß auf die Stimmungslage des Patienten zu nehmen. Dabei werden psychomotorische Erfahrungen über die Gangart gewechselt nach folgendem Schema:

- der Viertakt des langsam Schritt gehenden Pferdes wirkt lösend und entspannend;
- der Viertakt des schnellen Schrittes wirkt konzentrierend;
- der Zweiertakt im Trab ist, wie schnelle Marschmusik, animierend;
- und der Dreierschlag des Galopps mit der Schwebephase beschwingt.[54]

Sprachtherapie durch Reiten

Am verblüffendsten sind die Erfolge therapeutischen Reitens im Dienste der Sprachtherapie. Kinder mit schwachem Rechts-Links-Unterscheidungsvermögen vertauschen beim Sprechen, ohne es selber zu merken, die Reihenfolge von Buchstaben oder Wörtern im Satz. Über die Schulung der Links-Rechts-Wahrnehmung beim Reiten wird deshalb zugleich der richtige Satzbau geübt, und zwar aus folgendem Grund: H.L. Breiner, Direktor des Fachinstitutes für Hörsprachbehinderte (Frankenthal), geht von der Gleichheit gewisser fundamentaler Vorgänge beim Sprechen und beim Reiten aus.[55] Die Bewegungserziehung des therapeutischen Reitens beeinflußt die generelle Reifung motorischer Funktionen, besonders aber, wie schon gesagt, die Rechts-Links-Wahrnehmung:

Durch häufiges Ausführen der Links-Rechts-Bewegung und damit durch intensives Üben der Beziehung zwischen Lateralität und Richtungsorientierung im Raum können wir dem Kind helfen, Buchstaben seltener zu vertauschen, diese zu einem Wort und schließlich Wörter zu Sätzen zusammenzufügen. Es steht heute fest, daß die Festlegung der Auge-Hand-Seitendominanz ein Reifungsmerkmal ist, und daß Kinder, deren motorische Entwicklung entsprechend weit fortgeschritten ist, eher über eine festgelegte Seitendominanz verfügen.[56]

Motorik setzt ihrerseits ein gutes Funktionieren der sogenannten Nah-Sinne voraus, die beim therapeutischen Reiten in besonderer Weise angesprochen und geübt werden:

Es gehören hierzu der Hautsinn mit den Empfindungen der Wärme, des Drucks, der Berührung oder der Vibration, der Geruchssinn, der Gleichgewichtssinn und insbesondere die Kinästhesie. – Die Notwendigkeit der direkten Berührung des Pferdes schafft eine körperliche intensive Einwirkung und Konzentration, wie sie beim Sehen nicht erreicht werden kann. Das Naherlebnis, die Intensität und der Umfang der Einwirkung, die Symmetrie, der Rhythmus und die Übertragung der Bewegung auf das eigene Körpergefühl sind günstige Voraussetzungen, um auch schwer ansprechbare Kinder zu erfassen.[57]

Therapeutisches Reiten kommt den Sprachbehinderten noch von einer ganz anderen Seite zu Hilfe. Die Bewegungsmuster der Gangarten des Pferdes haben in ihrer Abfolge große Ähnlichkeit mit sprechmotorischen Vorgängen:

Das Erlebnis eines flüssigen, reibungslosen Rhythmus über Zeit hinweg in einem bestimmten Tempo gehört wohl zu den wertvollsten Ergebnissen, die das therapeutische Reiten für die Sprechentwicklung zeitigen kann. Jeder Lehrer, der ein Kind zu artikulieren, also zum Sprechen zu bringen hat, fürchtet das motorisch verspannte, verkrampfte Kind ebenso sehr wie das motorisch spannungslose, lasche Kind. Die rhythmischen Schwingungen, wie sie vom Pferd ausgehen, übertragen sich auf die Wirbelsäule und auf den gesamten Körper. Sie lockern einerseits den Bewegungsapparat und lösen muskuläre Verspannungen, sie fordern andererseits aber auch gleich wieder die Spannung und Stabilisation. Dieser Wechsel zwischen Anspannung und Entspannung, Spannung und Lösung ist es, was eine gute Voraussetzung schafft für die folgende artikulatorische Bemühung, bei der ein Wechsel zwischen Spannung und Lösung ebenfalls zum Grundgerüst der Betätigung gehört.[58]

Sprachbehinderungen sind meist mehrdimensional. Brigitte Englisch hat in ihrer Diplomarbeit den Einfluß therapeutischen Reitens auf unterschiedliche Formen der Sprachbehinderung untersucht (im Gestüt Aegidienberg, Siebengebirge). Im Mittelpunkt der Untersuchung stand ein neunjähriger Junge, dessen Behinderung auf Grund der Befragung seiner Lehrerin folgendes Bild ergab:

– verkrampft, Fremden gegenüber zurückhaltend;
– redet spontan, trotz Dauererfahrung, nicht verstanden zu werden;
– hohe, gequetschte Stimme, Stammeln;
– wenig Lachen;
– singt und summt gerne, aber nicht richtig;
– weicht Blicken aus;
– steife Körperhaltung;
– schneidet bei Intelligenztests schlecht ab;
– äußert keine Phantasie, freut sich aber über phantastische Geschichten;
– hat wenig Kontakt zu Mitschülern.

Die Lehrerin begann ihre Arbeit mit dem Jungen, bei dem man eine Minimale Cerebrale Dysfunktion (MCD) vermutete, mit dem Hinweis, daß das Pferd seine Stimme gern höre. Er könne dies an den Ohren sehen, die sich immer zu ihm hindrehten, wenn er etwas sage.

Am Ende der Behandlung stand das folgende Ergebnis: »Eltern und Lehrerin stellten anhand der Tonbandaufnahmen fest, daß B.s Sprechen schon nach einigen Reitstunden verständlicher und im Tonfall tiefer wurde. Sie meinten, sie hätten noch nie gehört, daß der Junge so viel hintereinander gesprochen habe. Er schien sehr gelöst (Lachen, Singen) und sang richtige Melodien. Die Wortdehnungen waren deutlicher geworden. B. sprach Mitschüler an, um mit ihnen Kontakt aufzunehmen.«[59]

Von vielem wäre noch zu erzählen, und alle Berichte würden zu demselben Ergebnis kommen: Reiten und der Umgang mit dem Pferd enthält eine unerschöpfliche Fülle therapeutischer und erzieherischer Mittel. Ihre volle Wirkung ergibt sich nur, wenn das Reiten die Pflege des Pferdes und die Sorge für sein Wohlergehen mit einschließt. Zum Reiten gehört ferner der Reiterhof mit einer je eigenen Geselligkeit und einem Umgangsstil, der ihn prägt und ihn zu einem Ort macht, an dem man sich gern aufhält und auf den man sich freut.

Chronisch Kranke mit Tieren

Viele Merkmale für Behinderte gelten in verstärktem Sinne auch für Langzeitkranke. Ob sie zu Hause versorgt werden oder in Kliniken leben, sie sind auf die Hilfe anderer angewiesen und fühlen sich als Belastung ihrer Mitwelt. Sie sind in ihrer Aktivität erheblich eingeschränkt, meist nicht mobil. Sie leben in diesem oder jenem Sinne außerhalb der Normalität. Wie Behinderte schämen sie sich ihres Leidens und sind von Einsamkeit bedroht. Das gilt für Krebskranke ebenso wie für Schwerdepressive, für Herzinfarktpatienten ebenso wie für Alzheimer-Kranke. Ob eher physisch oder stärker physisch betroffen, in jedem Fall droht Absonderung mit all den Folgen psychischer und sozialer Reduzierung.

Auch in ihrem Fall können Tiere helfen. Dabei geht es weniger um praktisch-technische Hilfe wie im Falle der besprochenen Körperbehinderungen, sondern eher um psychische Stützung.
Obwohl Tiere Langzeitkranken weniger direkt helfen können als Behinderten, bedeutet ihre ständige Anwesenheit eine Entlastung für beide: für die Kranken und für ihre Mitmenschen. Die nervliche und seelische Belastung der Pflege von todgeweihten Patienten fällt leichter, wenn ein Tier dabei ist. Es repräsentiert Leben und Aktivität, Gesundheit und Freude. Es ermöglicht Gespräche, die den Teufelskreis von Krankheit und Depression durchbrechen. Es sorgt für Bewegung, wo diese sonst nicht mehr möglich ist. Es gibt aber auch hier direkte therapeutische Effekte. Bekannt geworden ist der Fall von Kathy Quinn.[60] Sie hatte einen Leidensweg durch 14 Nervenheilanstalten hinter sich, bevor sie über einen Hund ihr Selbstvertrauen wiedergewann. Dabei spielte ein kleiner Umstand eine bedeutende Rolle. Ihr Hund war zunächst aggressiv und führte zu Schwierigkeiten im sozialen Kontakt mit anderen. Kathy Quinn mußte den Hund trainieren, mit der Folge, daß sie selber sozialisiert wurde: »Ich lernte auf diese Weise, mit Menschen zu kommunizieren, und die Leute wollten etwas über meinen Hund erfahren. Der Hund wurde zur Ursache des Besuches von Menschen, die ich sonst nie gesehen hätte.«[61] Heute ist Kathy Quinn eine gesuchte Hundetrainerin, dazu noch Tierfotografin und Publizistin.
In einem anderen Fall half ein Hund einer Alzheimer-Patientin zur Stabilisierung. Sie lebte bereits völlig in der Vergangenheit und brachte außer Ja und Nein kein Wort mehr hervor. Ein Basset brachte die Wende. Er war zufällig ins Haus gekommen, fand das Interesse der Patientin, und ihre Tochter traute ihren Ohren nicht, als sie ihre Mutter plötzlich mit dem Hund sprechen hörte. Seither sprach sie auch wieder mit der Familie.[62]
In den USA dürfen Schwerkranke bei der Verlegung in eine Klinik häufig ihr Tier mitnehmen. Diese Gefährtenschaft bewährt sich hervorragend und führt zu erstaunlichen gesundheitlichen Verbesserungen. In Schweden wurde ein schwarzer Labrador regelrechter Mitarbeiter in einem Krankenhaus. Er hat die Aufgabe, Menschen,

die sich für nichts mehr interessieren, aufzumuntern. Die zuständige Krankenschwester urteilt über den tierischen Kotherapeuten: »Wir verzeichnen überraschende Heilerfolge. Die Patienten reden mit dem Hund und verlieren ihre Depressionen.«[63]
Auch in Deutschland beginnt man den therapeutischen Nutzen bei Langzeitkrankheiten und altersbedingter Bettlägerigkeit zu untersuchen. Der Mannheimer Neurochirurg und Klinikdirektor Prof. Piotrowski spricht sich dafür aus, Tiere in Krankenhäusern zuzulassen und mehr: Er will sie »als stationäre Helfer der Medizin«[64] in Kliniken und Kurheimen einführen, denn: »Experimente in den USA und Australien haben gezeigt, daß Patienten regelrecht aufblühen, wenn ihre vierbeinigen Lieblinge bei ihnen sind.«[65] Der Berliner Verein »Leben mit Tieren« berät gegenwärtig das Evangelische Krankenhaus in Zehlendorf über die Auswahl und Haltung von Tieren.
Einer der bedeutendsten Erforscher der therapeutischen Wirkung von Tieren, Michael McCulloch, kommt nach der Auswertung aller bisher vorliegenden Informationen über Tiere als Gefährten für kranke und behinderte Menschen zu dem folgenden Schluß: »Es gibt viele klinische Indikationen, bei denen es sinnvoll ist, Tiere zu verschreiben. Dabei muß man betonen, daß der Einsatz von Tieren andere Formen der Therapie nicht ersetzen kann. Tiere bleiben eine Ergänzung.«[66]

Gesundwerden mit Tieren

Historische Beispiele psychiatrischer Nutzung von Tieren

»Ein Hund und ein Kater in der Kinderpsychotherapie«, so überschrieb 1988 Angela Brüch in einer deutschen Fachzeitschrift ihren Bericht aus der Praxis:[1]

> Zu meiner Familie gehört seit neun Jahren die kleine Mischlingshündin Momo. Vor etwa drei Jahren kam das damals vier Wochen alte ›Findelkind‹, der Kater Schorschi, dazu. In dem Einfamilienhaus, in dem wir wohnen, habe ich auch meine Praxis. Daher werden alle Patienten von Momo bellend angekündigt und freudig begrüßt. Oft taucht dann auch der Kater auf. Somit lernen die Patienten meistens schon beim Erstkontakt die Tiere kennen. Erwachsene zeigen sich gelegentlich irritiert, weil sie Tiere in einer ›Praxis‹ nicht erwartet haben. Hund und Kater sind sehr zutraulich. So kommt es immer wieder vor, daß Kinder zunächst nur wiederkommen möchten, um die Tiere wieder zu sehen. Beide sind von klein auf an Kinder gewöhnt und nehmen selbst Ungeschicklichkeiten und Angriffe nicht weiter übel. Sie eignen sich daher besonders gut, um als ›Kotherapeuten‹ zu fungieren.

Angela Brüch zeigt an Fallbeispielen, wie ihre Patienten auf die Tiere reagieren, und in welcher Weise die Tiere als Mit-Therapeuten fungieren. Am Schluß ruft sie Kollegen zu einem Erfahrungsaustausch auf: »Im heilpädagogischen Bereich gibt es sogar Konzepte, wo Kindern durch gezielten Umgang mit Tieren, z.B. Pferden, zu besserem Selbstwertgefühl und sozialem Verhalten verholfen wird. Warum sollte diese Möglichkeit – unter analytischem Aspekt – nicht auch in der Psychotherapie genutzt werden?«[2]

In früheren Zeiten wußte man noch um die heilsame Wirkung von Tieren auf psychisch gestörte Menschen. Ich habe im 1. Kapitel die psychiatrische Anstalt »York Retreat« erwähnt. Sie ist das älteste Beispiel eines bewußten therapeutischen Einsatzes von Tieren, aber zugleich so modern, daß ich sie jetzt näher vorstellen will.

York Retreat wurde am Ende des 18. Jahrhunderts von der Society of Friends, einer Quäkergruppe, gegründet. Ihr Führer, William Tuke, setzte mit dieser Institution den unmenschlichen Irrenhäusern seiner Zeit ein ›christliches‹, zugleich ›rationales‹ neues Modell für die Unterbringung und Heilung von geistesgestörten Patienten entgegen. Die 30 Kranken wurden als Gäste behandelt, Freundlichkeit und Toleranz bestimmten das Verhältnis der Pfleger zu den Patienten. Strafen und Einsperren, die gängigen Methoden zur Disziplinierung der Kranken zu William Tukes Zeit, waren in seiner Anstalt verpönt. Tuke setzte auf Heilung oder doch wenigstens Besserung bei seinen Patienten. Jede Behandlungsmethode diente dem Ziel, das Selbstwertgefühl und damit die Selbstkontrolle der Kranken zu stärken. Daß die Patienten sich wohl fühlten, galt Tuke als die wichtigste Voraussetzung für ihre mögliche Heilung. Zum Programm gehörten deshalb z.B. warme Bäder, in denen die Kranken entspannten. Jeder Patient besaß seine eigenen Kleider und mußte nicht die damals übliche Anstaltsuniform tragen. Die Kranken wurden ermuntert, ›vernünftige‹ Dinge zu tun: zu schreiben, zu lesen oder Handarbeiten zu machen.

York Retreat lag in einer unverbrauchten ländlichen Gegend. Diesem Ambiente schrieb Tuke starke Heilungskraft zu. Zur Anstalt gehörten ein Garten und viele Kleintiere, die von den Patienten versorgt werden durften.

Tuke hatte großen Erfolg mit seiner Anstalt. Er bewies seinen Zeitgenossen nicht nur, daß ›Irrenanstalten‹ durchaus angenehme

Aufenthaltsstätten sein konnten. Er zeigte vor allem, daß mit solchen humanen Methoden Patienten tatsächlich kuriert wurden. Dennoch setzte sich Tukes Modell nicht durch. Die Entwicklung der Psychiatrie verlief in eine völlig andere Richtung: Die medizinisch-physiologische Seite der Krankheit rückte ins Zentrum des Interesses an geistig oder psychisch gestörten Patienten, und mit ihr stark physisch-technisch geprägte Behandlungsmethoden. ›Unwissenschaftliche‹ Therapien wie der Umgang mit Tieren wurden belächelt und dann vergessen.

Eine Ausnahme bildet die Anstalt Bethel bei Bielefeld, die 100 Jahre nach Tuke seine Ideen wiederaufnahm und in die Praxis umsetzte. Tiere gehörten von Anfang an in das Konzept zur Behandlung von Epileptikern und anderen geistig und psychisch gestörten Patienten. Das gilt bis heute: Die Pflege und Versorgung von Tieren – Hunden, Katzen, Vögeln, Pferden und anderen Nutztieren, sogar Rehen und Hirschen in einem Wildpark, ist ein wichtiger Bestandteil des therapeutischen Umfelds. Leider hat bisher niemand versucht, die physiologischen und psychischen Effekte auf die Patienten wissenschaftlich zu dokumentieren und analysieren.

Das Army Air Force Convalescent Hospital in New York, gegründet 1942, ist ein weiterer Meilenstein auf dem mühsamen Weg zu einer tiergestützten Psychotherapie: Hier fanden Soldaten eine Zuflucht, die mit einem Kriegstrauma aus dem Zweiten Weltkrieg heimkehrten. Das Haus schloß einen Bauernhof ein, mit Rindern, Pferden, Hühnern und Gänsen. Außerdem hielt man auf dem Gelände vielerlei Tiere in ihrer natürlichen Umgebung, z. B. Enten und Wild.

Die Beobachtung und Versorgung der Tiere galten als ebenso wichtiges Element der Behandlung wie andere, anerkanntere Therapieformen. Das Programm wurde bald nach Kriegsende eingestellt und – weil keine schriftlichen Aufzeichnungen vorlagen – rasch vergessen.

Auch bei diesem Programm gab es also keinerlei wissenschaftlichen Ehrgeiz: Nicht die Forschung, sondern die Behandlung von kranken Menschen war Thema. Die Tatsache, daß Tiere völlig apathische Patienten zum Lachen und Sprechen brachten, genügte den Ärzten und Pflegern als Evidenz für die Vernunft dieser Behandlung. Warum oder unter welchen Bedingungen dieser Effekt eintrat, interessierte sie nicht.

Aus diesem Grund blieben die Erfahrungen mit tierischen Kotherapeuten im New Yorker Army Hospital undokumentiert und damit anderen Experten verborgen. Das ist schade: Manche Einsicht, die wir heute neu gewinnen, hätten wir sonst unter Umständen schon Jahrzehnte früher nachlesen können, und die psychiatrischen Anstalten hielten inzwischen wohl Haustiere.

Der Sinn für Tiere als Kotherapeuten ist aus diesem Grund erst seit wenigen Jahren erwacht. In der Psychoanalyse hat das Tier zwar schon immer eine bedeutsame Rolle gespielt, aber fast nur in der Symbolwelt der Phantasien und Träume, dazu als Objekt von Phobien und Perversionen. Das Tier als Freund und Gefährte des Menschen taucht in der psychoanalytischen Literatur eher zufällig auf.[3] Bruno Bettelheim berichtete in seinem Buch »Love is not enough« von einem psychisch gestörten Kind, das zum erstenmal Zeichen von Zuneigung gab, als es im Park ein Eichhörnchen sah. Ein anderes Kind konnte, als es zwei Hunde beim Paarungsspiel beobachtet hatte, erstmals seine Angst vor der Sexualität thematisieren und auf diese Weise dem Therapeuten Einblick in seine Störung eröffnen.[4] Auch Marcel Heimann stellte in der Fachzeitschrift »Psychoanalytic Quaterly« 1953 eine Fallstudie vor, die nahelegte, wie die Mensch-Tier-Beziehung für die psychoanalytische Praxis Gewinn bringen kann.[5]

Glückliche Zufälle: Levinsons Hund und die Hunde der Corsons

Aber solche Berichte blieben, wie gesagt, auf Einzelfälle beschränkt. Erst der amerikanische Kindertherapeut Boris Levinson brachte das Thema tiergestützter Psychotherapien neu in Gang.

Wie im Falle von Aaron Katchers Versuchen mit Blutdruck- und Herzfrequenzmessung[6] verdankt sich auch seine Entdeckung des tierischen Kotherapeuten einem Zufall. Levinson erzählt davon:[7]

> Es ist jetzt gerade acht Jahre her, als ein Junge, der über Jahre ohne Erfolg von anderen Therapeuten behandelt worden war, von seinen verzweifelten Eltern zu mir gebracht wurde. Weil dieses Kind sich immer weiter in sich zurückzog, hatte man den Eltern die Unterbringung in einem Heim für psychisch gestörte Kinder angeraten. Ich zögerte sehr, den Fall zu übernehmen, aber ich stimmte immerhin zu, das Kind für ein diagnostisches Gespräch zu mir zu bitten. Wie der glückliche Zufall es wollte, kamen die völlig verstörten Eltern mit ihrem Kind eine Stunde zu früh zum Termin. Ich saß vertieft in meine Arbeit am Schreibtisch. Mein Hund lag zu meinen Füßen wie immer, wenn keine Patienten da waren. Ich empfing die Familie sofort und vergaß meinen Hund. Der lief, ohne zu zögern, auf das Kind zu, begrüßte es stürmisch und leckte ihm das Gesicht. Zu meiner Überraschung zeigte das Kind keine Angst, sondern kuschelte sich eng an den Hund und streichelte ihn. Die Eltern versuchten, die beiden zu trennen, aber ich gab ihnen ein Zeichen, das Kind in Ruhe zu lassen. Nach einiger Zeit fragte das Kind, ob der Hund mit allen Kindern spielen dürfe, die zu mir kämen. Als ich ja sagte, meinte der Junge, dann wolle er wiederkommen und mit dem Hund spielen.

Levinson nahm den Fall daraufhin an und setzte den Hund konsequent ein, um das Vertrauen des Kindes zu gewinnen und – über das Tier – zu einer präzisen Diagnose zu kommen und einen angemessenen Heilungsplan zu entwickeln. Zunächst spielte das Kind einige Sitzungen lang mit dem Hund. Allmählich übertrug der Junge seine Zuneigung zu dem Hund auf dessen Herrn und ließ Levinson mitspielen. Nach und nach gewann Levinson immer mehr Einfluß auf den Jungen, und schließlich wurde das Kind, das sich zuvor so vielen anderen Behandlungsversuchen widersetzt hatte, für konventionelle therapeutische Maßnahmen zugänglich. Das Kind wurde geheilt, entgegen allen Prognosen.

Seit dem Tag durfte Jingles, ein Golden Retriever, bei der Behandlung von Kindern, die sich das wünschten, dabei sein und auf seine Art mittun. Er ließ sich streicheln und füttern, er tollte mit den Kindern herum, solange er mochte, und er ging an der Leine mit, wenn ein Kind sich zutraute, ihn auf die Straße zu führen. Schüchterne Kinder munterte er durch sein fröhliches Spiel auf, und dominanten oder aggressiven Kindern zeigte er deutliche Grenzen. Die Kinder kamen Jingles zuliebe zur Sitzung, und der Arzt zog Gewinn aus der heiteren Stimmung in seiner Praxis.

Levinson hat seine Erfahrungen mit Jingles und anderen Tieren in mehreren Schriften festgehalten. Zwei dieser Bücher sind heute als Standardwerke über tiergestützte Psychotherapie in aller Welt bekannt.[8]

Genauso bedeutsam für die Entwicklung der neuen Idee wie Levinsons Schriften wurden die Studien des amerikanischen Ehepaars Sam und Elisabeth Corson. Wiederum war es ein Zufall, der ihr Interesse für tiergestützte Therapien erregte:

Die Corsons sind Psychologen, keine Psychiater oder Psychotherapeuten, und mehr an empirischer Forschung interessiert als an der Behandlung von psychisch Kranken. In den siebziger Jahren arbeiteten beide an einer Studie über Gefühlsstreß und Sozialität als Bedingung für psychische Störungen. In einem Zwinger im Seitentrakt ihrer Klinik hatten sie Hunde untergebracht, deren Verhalten sie für diesen Zweck aufzeichnen wollten. Als Versuchstiere hatten sie Hunde gewählt, weil sie ein breites Spektrum unterschiedlicher Gefühlsreaktionen aufweisen, das menschlichen Reaktionen weitgehend entspricht. Sam und Elisabeth Corson wollten die Hunde verschiedenen psychischen Situationen aussetzen und aus ihrem Verhalten für die Entstehung psychischer Störungen Schlüsse ziehen. Doch dazu kam es nicht mehr:

Einige Patienten hatten die Hunde bellen gehört und baten, die Tiere sehen zu dürfen. Darunter waren auch Kranke, die zuvor noch kein einziges Wort gesagt, geschweige denn einen Wunsch ausgedrückt hatten. Manche wollten spontan bei der Fütterung und Pflege der Tiere mithelfen.

Diese überraschende Reaktion verblüffte die Forscher und ermutigte Ärzte und Pfleger so sehr, daß die Corsons ihr Forschungsziel kurzerhand umformulierten. Der Arbeitstitel hieß jetzt: eine Pilotstudie zur Überprüfung der Effekte durch tiergestützte Psychotherapien.

Die Corsons wagten diesen Versuch allerdings nur, weil sie Levinsons Aufsätze kannten. Berühmt war inzwischen auch Skeezer, ein Hund in der kinderpsychiatrischen Abteilung der Universitätsklinik Michigan, der dort unter der Aufsicht von Stuart M. Finch und Alice Williams sieben Jahre lang Dienst als eine Art Kotherapeut tat.[9] Gleichzeitig hatte eine amerikanische Kindertherapeutin, Arline Siegel, erste empirische Studien zum Thema gefordert. Sie schrieb:[10]

> Sollte es nicht möglich sein, in sich zurückgezogene Patienten wie Schizophrene durch das Medium Tier zu erreichen? Der Kranke hat sich verschlossen, weil er von Menschen verletzt worden ist; er will keinen Kontakt mehr mit ihnen. Er traut ihnen nicht, und er will nicht mehr mit ihnen kommunizieren. Für Ärzte sind diese Patienten schwer zu erreichen. Nur wenn der Psychiater eine Beziehung aufbauen kann, die ein Gespräch möglich macht, hat er eine Chance, dem Patienten zu helfen ... Wäre die folgende Idee es nicht wert, in die Tat umgesetzt zu werden? Ein paar besonders in sich zurückgezogene Patienten müßten ausgewählt werden ... Jeder bekäme sein eigenes Tier ... Nach einiger Zeit dürfte das Tier die Aufmerksamkeit des Patienten erregen. Wenn irgend möglich, müßte er sein Tier auch selber versorgen. Wenn diese Beziehung von Menschen zu Tieren erst hergestellt wäre, würde der Kranke mit großer Wahrscheinlichkeit auch eine Beziehung zum Pfleger des Tieres herzustellen versuchen, weil dieser sein Interesse am Tier teilt und versteht. Und wenn diese Verbindung geknüpft ist, könnte sich schließlich auch der Psychiater Zugang zum Kranken

eröffnen. Damit ist über das Tier eine Verbindung vom Menschen zum Menschen entstanden.

Diese Vermutung hat sich in der psychiatrischen Praxis inzwischen bestätigt. Sam und Elisabeth Corson und ihren Mitarbeitern gebührt das Verdienst, diese Zusammenhänge erstmals empirisch bewiesen zu haben.

Corsons wegweisende Studie

Zu ihrem Team zählten Experten aus allen Berufsgruppen, die innerhalb der klinischen Psychologie und Psychiatrie tätig sind: Psychobiologen, Psychopharmakologen, Psychiater, Psychologen, Mediziner, Krankenpfleger und Krankenschwestern, Therapeuten verschiedenster Orientierung. Für den Versuch[11] wählte man lediglich solche Patienten, die auf konventionelle Behandlungsmethoden wie Einzel- oder Gruppentherapien, Pharmatherapie, Elektroschocktherapie, Beschäftigungstherapie, Kunst- und Musiktherapie nicht ansprachen.
Die Corsons versuchten zunächst, die Patienten in ein Gespräch über Tiere zu verwickeln. Hier zeigte sich wieder derselbe Effekt, der die Forscher zu ihrem Versuch angeregt hatte: Gerade Menschen, die sich besonders stark von ihrer Mitwelt abgekapselt hatten, reagierten lebhaft. Schon die bloße Nennung des Wortes ›Hund‹ oder ›Katze‹ löste positive Gefühlsreaktionen aus und brachte bei vielen das erste Gespräch zwischen Kranken und Ärzten in Gang.
Stark gestörte und bettlägerige Patienten durften unmittelbar nach dem Gespräch die Tiere sehen und streicheln. Wer weniger krank war, mußte sich bis zu einem verabredeten Zeitpunkt gedulden.
Die Hunde, teilweise auch Katzen, wurden den Kranken entweder im Zwinger oder auf der Station präsentiert, einigen bettlägerigen Patienten auch im Bett. Wer wollte, durfte sich selbst ein Tier

aussuchen, das ihm besonders gefiel und in Temperament und Charakter gut zu ihm paßte. Schon aus dieser Wahl zogen die Corsons erste Schlüsse daraus, was ein Patient sich wünschte oder genauer: was er brauchte.
An dem Versuch nahmen 50 Patienten teil. Bei acht Kranken wurde die Interaktion zwischen Tier und Patient, Therapeut und Patient und zwischen Patient und Patient durch Videoaufnahmen dokumentiert. Von fünf Kranken wurden detaillierte Fallstudien gemacht. Keiner der Patienten hatte auf andere Therapieformen angesprochen.
Bei drei Patienten schlug der Versuch fehl. Sie nahmen kein Tier an. Alle anderen Kranken zeigten nach Schluß des Versuchs Zeichen von Besserung ihres Befindens. Die fünf Patienten, deren Entwicklung besonders sorgfältig dokumentiert und analysiert wurde, machten ähnliche Fortschritte wie die anderen Kranken. Sie sind durchaus typische Fälle. Vier von ihnen stelle ich vor:

Randy
Randy war ein 13jähriger Junge, der auf Grund mehrerer Fälle von Exhibitionismus in die Klinik eingewiesen worden war. Er war scheu und kapselte sich von den übrigen Kranken vollständig ab. Gelegentlich war er hyperaktiv und spielte den anderen Patienten Streiche. Randy durfte die Station nur in Begleitung verlassen, weil er zweimal aus der Klinik entwichen war, um sich auf dem nahe gelegenen Universitätscampus vor Studentinnen zu entblößen: beide Male, nachdem er sich zuvor von einem Therapeuten zurückgesetzt fühlte oder weil er Angst hatte, den Therapeuten an eine andere Station zu verlieren.
In den sechs Monaten seiner Behandlung hatte Randy keinerlei Fortschritte gemacht; er blieb gegen die Ärzte verschlossen und sprach auf keine Maßnahme an. Randy bekam Whisky in Pflege und durfte täglich eine Stunde lang allein mit dem Hund außerhalb des Klinikgeländes spazierengehen. Randys Verhalten änderte sich schlagartig; er versorgte das Tier ganz allein, unterhielt sich mit anderen Kranken über das Tier, wurde ruhiger und hörte auf,

anderen Streiche zu spielen. Unglücklicherweise wurde Randy einen Monat nach Beginn des Versuchs aus der Klinik entlassen, weil für die weitere Behandlung kein Geld aufgebracht werden konnte.

Jane

Jane war eine 28jährige extrem labile, kindlich psychotische Frau, die jede Nahrung verweigerte und deshalb künstlich ernährt werden mußte. Nach 20 Tagen Behandlung mit konventionellen Methoden, auf die sie nicht reagierte, begann das Hunde-Programm. Als der Hund kam, nahm sie zum erstenmal wieder freiwillig Nahrung auf. Immer wenn Jane ordentlich aß, durfte sie als Belohnung den Hund zu sich holen. Einige Wochen später konnte Jane die Klinik verlassen.

Marsha

Marsha war eine 23jährige Krankenschwester, die völlig verwirrt in die Klinik eingeliefert worden war. Sie rief entweder aufgeregt »Zerstört die Welt« oder gab Töne wie »Puss«, »Scat« oder »Miau« von sich. Die Diagnose lautete auf katatonische Schizophrenie. Marsha wurde erfolglos mit verschiedenen Therapien behandelt. Sie verschloß sich immer stärker und verstummte schließlich ganz. Marsha war einer der schwersten Fälle, welche die Corsons für ihren Versuch auswählten. Zunächst machte sie insgesamt wenig Fortschritte. Immerhin zeigte sie Zeichen einer geringfügigen Kommunikation mit dem Tier, das für sie ausgesucht war. Wenn der Hund in den Zwinger zurückgebracht wurde, stand sie von ihrem Stuhl auf und wollte ihm folgen. Eines Tages ging sie mit ihm im Klinikflur auf und ab und fing an, ihn zu streicheln. Sie bekam dann einen förmlichen Stundenplan vorgelegt mit den Zeiten, in denen der Hund bei ihr sein durfte, und sie begann, sich auf die Stunden zu freuen und mit anderen Patienten darüber zu sprechen. Nach einer Woche zeigte Marsha plötzlich deutliche Fortschritte, und bald darauf konnte sie die Klinik verlassen.

Sonny

Sonny war ein 19jähriger Psychotiker, der fast ständig im Bett lag und an nichts und niemandem das geringste Interesse zeigte. Das Tier bewirkte bei ihm einen Durchbruch, der künftig auch andere Therapien erlaubte. Ich zitiere in diesem Fall wörtlich aus Corsons Bericht:

»Der Patient lag in seiner üblichen Mumienhaltung im Bett. Der Psychiater stand neben dem Bett und sprach mit dem Kranken. Wenn der Psychiater Fragen nach anderen Menschen oder Sonny selbst stellte, kam Sonnys Antwort sehr langsam, mitunter erst nach einer viertel oder halben Minute. Wenn der Arzt Fragen nach einem Hund (›Magst du Hunde?‹) oder nach anderen Tieren stellte, kam die Antwort viel schneller, nach ein bis zwei Sekunden etwa. Sonnys Antworten waren alle sehr kurz: Ja, Nein oder Ich weiß nicht. Bei alldem blieb er mit leerem Gesichtsausdruck unbewegt liegen.

Als der Psychiater den Hund Arwyn, einen Drahthaar-Foxterrier, an Sonnys Bett brachte, stützte sich Sonny auf den Ellbogen, und ein ausgeprägtes Lächeln erhellte sein Gesicht. Der Hund sprang zu Sonny aufs Bett und leckte ihm Gesicht und Ohren. Sonny wälzte sich beglückt mit dem Hund auf dem Bett. Dann stellte er seine erste eigene Frage: ›Wo kann ich den Hund lassen?‹ Dann setzte er sich auf, verließ zu aller Erstaunen sein Bett und rannte dem Hund nach, der fröhlich vorauslief.

In den Tagen nach diesem Ereignis wurde Sonny zunehmend aktiver … Er nahm jetzt Notiz von den anderen Patienten auf seiner Station. Er hörte, daß einigen die Elektroschocktherapie gutgetan habe, und wollte auch eine Behandlung. Er ging auch freiwillig mit anderen Kranken zur Gruppentherapie… Als er entlassen wurde, antwortete er auf alle Fragen innerhalb einer Sekunde, und die Länge seiner Antworten war auf ca. 20 Sekunden gestiegen. Der Psychiater bewertete Sonnys ersten Kontakt zu dem Hund als den ›Wendepunkt‹ in seiner Krankheitsgeschichte.«[12]

Sonnys Fortschritte waren nicht nur evident, sie ließen sich auch im strengen naturwissenschaftlichen Sinne messen: durch die Zahl der Sekunden, die zwischen Frage und Antwort verstrich, und der Länge der einzelnen Sätze, die der Patient sprach. Diese Daten ließen sich über Videofilme dokumentieren und auswerten. Hier einige dieser Befunde in graphischer Darstellung:[13]

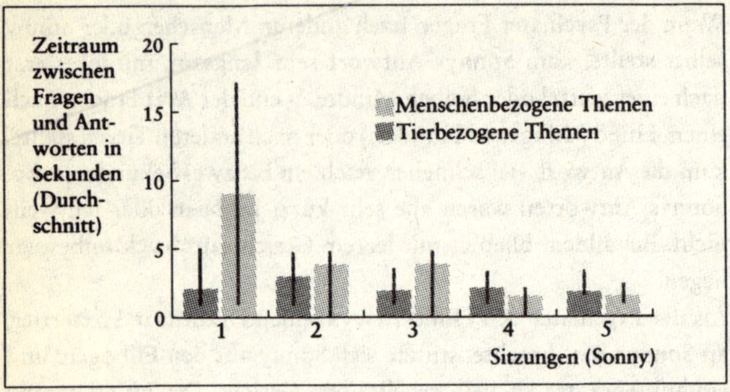

Die Grafik stellt dar, wie sich Sonnys Reaktionszeit auf unterschiedliche Fragen im Lauf von fünf Sitzungen entwickelte: In der 1. Sitzung lag zwischen Frage und Antwort ein Zeitraum von durchschnittlich acht Sekunden, wenn *Menschen* im Mittelpunkt standen, und ein Zeitraum von durchschnittlich zwei Sekunden bei Fragen, die um ein *Tier*-Thema kreisten. Von Mal zu Mal glichen sich beide Werte einander immer mehr an, bis in der 5. Sitzung kaum mehr ein Unterschied zwischen den beiden Kategorien Mensch/Tier auftrat: ein Hinweis darauf, daß Sonnys Schwierigkeiten, mit oder über Menschen zu sprechen, deutlich abgeschwächt waren.

Die folgende Grafik zeigt, wie Sonnys Antworten im Lauf der Behandlung länger wurden, von drei Wörtern pro Satz bis zu knapp 40 Wörtern pro Satz.

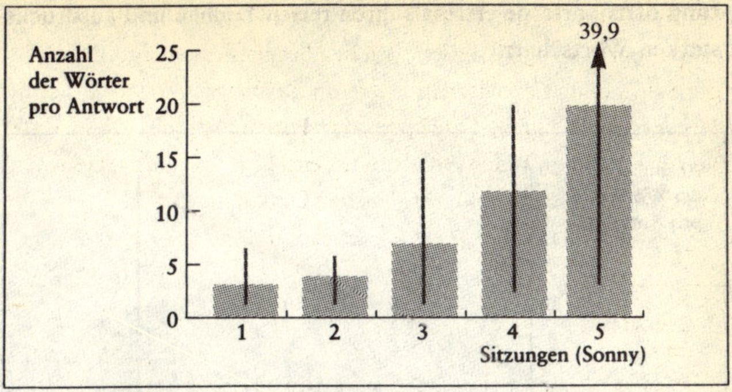

Dieselbe Methode wurde auch bei anderen Patienten verwendet.

Hier noch zwei Schaubilder zu Marshas Entwicklung:[14]

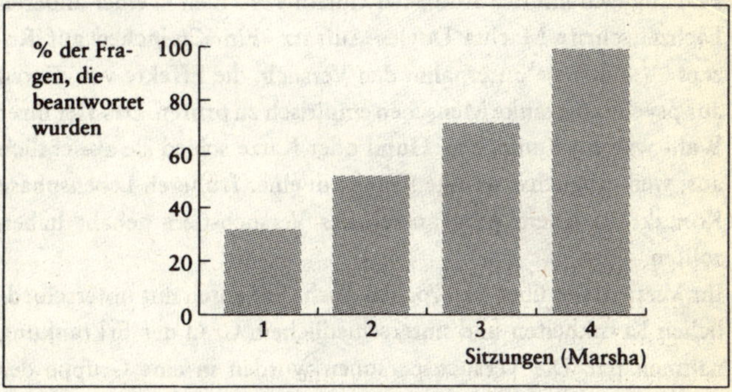

Beim ersten Gespräch beantwortete Marsha nur knapp ein Drittel der an sie gerichteten Fragen, während der 4. Sitzung schon 100 Prozent.

Die vierte und letzte Grafik zeigt die Fortschritte in Marshas Verbalisation im Lauf der Behandlung: Sie war zunächst noch wortkarger als Sonny. Während der vierten therapeutischen Sitzung offenbarte sie erstmals ihren relativ reichen und ausdrucksstarken Wortschatz.

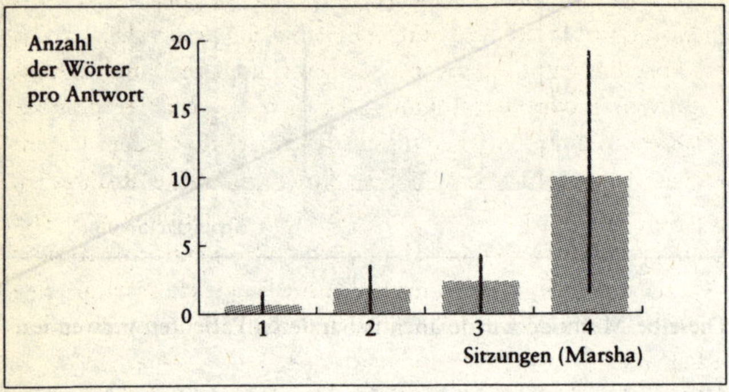

Fast zugleich mit der Studie der Corsons erschien in einer anderen Fachzeitschrift Marina Doyles Aufsatz »Ein Kaninchen auf Rezept«.[15] Auch sie unternahm den Versuch, die Effekte von Tieren auf psychisch kranke Menschen empirisch zu prüfen. Das Tier ihrer Wahl war ein Kaninchen. Hund oder Katze schied sie absichtlich aus, weil möglichst wenige Kranke in einer früheren Lebensphase Kontakt zu einem Artgenossen des Versuchstiers gehabt haben sollten.

Ihr Versuch lief über 12 Wochen. Sechs Patienten mit unterschiedlichen Krankheiten und unterschiedlichem Grad der Erkrankung nahmen teil. Die Versuchspersonen wurden in eine Gruppe der ›stark Regredierten‹ und eine Gruppe der ›schwach Regredierten‹ geteilt.[16] Vor Beginn und nach Abschluß des Versuchs befragte man die Patienten nach ihrem Befinden und ihrem Selbstbild, d. h. Selbstbewußtsein. Die Kranken wurden die ganze Zeit über von Ärzten und Pflegern beobachtet. Vor allem die Sozialität der Patienten gegenüber anderen Menschen interessierte dabei. Hier das Fazit der Studie:

> Das Ergebnis dieses 12wöchigen Versuches scheint zu beweisen, daß die Anwesenheit eines Tieres in einer psychiatrischen Klinik beträchtlichen Wert hat. Weniger gestörte Patienten genossen das Tier als Quelle gemeinschaftlichen Vergnügens und als Anstoß für andere Aktivitäten. Es gab mehr Gespräche, und das Klima auf der Station war allgemein stimulierend und weitaus aktiver als vor der Ankunft des Tieres ... Stärker gestörte Patienten knüpften eher ›primitive‹ Kontakte zu dem Kaninchen; sie schienen das Tier in ihre persönliche Realität zu inkorporieren; auf diese Weise blieb die Verbindung zum Tier auf einer niedrigeren bzw. biographisch früheren Stufe sozialer Beziehung, aber das Kaninchen diente zugleich doch als eine Brücke zur äußeren Realität und als lockere Verbindung zur Umwelt.

Was die Wahl ihres Tieres anging, räumte Doyle selbstkritisch ein, daß ein Tier mit stärker kommunikativen Antrieben und Gaben vermutlich noch größere Vorteile brächte: »Unsere Untersuchungen legen in Zukunft die Auswahl eines Tieres nahe, das sehr mobil und streichelfest ist und auf individuelle Gefühle stärker reagieren kann als ein Kaninchen.«[17]

Das Tier als ›sozialer Katalysator‹

Wie lassen sich solche Effekte erklären? Die Corsons sahen das Tier in der Rolle eines ›sozialen Katalysators‹. Die Kommunikation mit einem Tier bedeutet nach Corson einen ersten Schritt auf dem Weg zur Kommunikation mit dem Arzt und der menschlichen Mitwelt. Dies gilt ihrer Ansicht nach besonders für Kinder, Jugendliche und junge Erwachsene:[18]

> Kinder und Heranwachsende haben häufig Probleme damit, ihren untergeordneten Rang mit einem offenen Kontakt zu

Erwachsenen in Einklang zu bringen. Diese Probleme können auch im Umgang mit Gleichaltrigen auftreten, wenn jemand wenig Selbstwertgefühl und Selbstbewußtsein besitzt. Das Tier dagegen ist offenkundig von niedrigerem Rang als der Patient, so gering sein Selbstwertgefühl auch ausgeprägt ist. Es ist unwahrscheinlich, daß er mit dem Tier das erlebt, was er im Zusammenleben mit anderen Menschen immer wieder erfährt: Zurücksetzung und Demütigung. Die Grundidee liegt nun darin, dem Kranken ein Tier zuzuführen, das ihm keine Angst macht und das ihn liebt und bewundert. Dieses Tier dient dann als eine Art katalysatorischer Vermittler beim Aufbau von angemessenen und befriedigenden sozialen Interaktionen. Der Patient entwickelt zunächst durch nonverbale und taktile Interaktion eine gute Beziehung zum Tier. Dann dehnt sich allmählich der Kreis sozialer Kontakte erst auf den Arzt aus, der das Tier eingeführt hat, später auf andere Patienten und das Klinikpersonal. Und schließlich wird Schritt für Schritt auch die Welt außerhalb des Krankenhauses in diesen Kreis einbezogen. Die anfangs nonverbale Form der Interaktion wird dabei langsam durch verbale Kommunikation und eine breiter werdende Palette verschiedener Stimmungen und Gefühle ersetzt.

Corsons Theorie der sich langsam ausdehnenden Kreise sozialer Beziehung durch tierische Kotherapeuten wurde durch zahlreiche weitere Studien im Laufe der letzten zehn Jahre vertieft und ergänzt. Eine schlüssige Begründung und Erklärung des Phänomens fehlt aber noch. Verschiedene Richtungen der Psychologie, Psychiatrie und Psychotherapie bieten verschiedene Begründungsansätze, aber keine ist für sich allein überzeugend genug. Gehen wir immerhin drei Theorien rasch durch:

Theorien und Formen der tiergestützten Psychotherapie

Tiefenpsychologische Ansätze

Die Tiefenpsychologie war bisher hauptsächlich durch Boris Levinson mit dem Thema befaßt. Levinson begründet die heilsame Wirkung von Tieren auf Menschen mit einem tief in der menschlichen Seele verwurzelten Bedürfnis nach Nähe zum Tier: »Tiere bedeuten die halbe Strecke auf dem Weg zu früh erfahrener Wärme.«[19] Daß eine ursprüngliche Nähe von Menschen und Tieren besteht, leitet Levinson aus der Tatsache ab, daß das Tier die gesamte Symbolwelt des Menschen – vor allem der Kinder – erfülle. Gesunde Gefühle könne der Mensch nur in der Verbindung zur belebten und unbelebten Natur entwickeln, und diese Verbindung werde am besten durch Tiere vermittelt. Aus diesem Grund brauchten besonders Kinder, körperlich Kranke, psychisch gestörte und sonstwie benachteiligte Menschen unbedingt Tiere um sich.[20]
Levinson gewinnt sein analytisches Material vor allem aus dem therapeutischen Umgang mit Kindern. Mehr noch als in der Erwachsenentherapie diene bei der Behandlung von Kindern ein Tier als Brücke zwischen Arzt und Patient. Kinder hätten in der Regel nicht das Gefühl, eine Behandlung zu brauchen. Ihnen fehle gewöhnlich der Leidensdruck, unter dem ein erwachsener Patient sich freiwillig zum Therapeuten begebe, um Hilfe zu finden. Andererseits wisse jedes psychisch gestörte Kind instinktiv, daß ›etwas mit ihm nicht stimme‹, sonst würde es nicht zum Therapeuten gebracht. Anders als ein Erwachsener suche aber das Kind nicht Hilfe bei ihm, sondern es fürchte sich vor ihm. Aus diesem Grund sei es für den Kindertherapeuten oft schwierig, eine vertrauensvolle Beziehung zwischen Arzt und Patient herzustellen. Hier helfe bei fast allen Kindern ein Tier.

Projektionen und Übertragungen von Konflikten des Patienten auf seinen Arzt (ein therapeutisches Grundelement in der Erwachsenenbehandlung) gelingen bei Kindern nach Levinsons Urteil nur selten und nie in der theoretisch wünschbaren Form. Eine tiefgreifende Übertragung würde ein Kind nur erschrecken und neue, unnötige Konflikte in seiner Seele erzeugen. Zu einem Tier könne das Kind dagegen eine angstfreie Bindung eingehen. Es identifiziere sich leicht mit dem Tier, und seine Projektionen auf den tierischen Freund erlaubten dem Arzt sowohl diagnostische Einsichten wie therapeutische Einflußmöglichkeiten. Ein Tier eigne sich gut als ein ›Übergangsobjekt‹ für das Kind, bevor es in einem späteren Stadium zunächst zum Therapeuten und später zu anderen Menschen eine normale Beziehung aufbauen könne.

Der Beitrag der Lernpsychologie

Als zu allgemein und deshalb nicht aussagekräftig genug beurteilt der Psychologe Clark Brickel[21] die Levinson-These. Brickel bringt Theorien ins Spiel, die auf lernpsychologische Einsichten gründen. Seine These: Tiere erleichtern die ›Löschung‹ von unnormalen, sozial abweichenden Verhaltensweisen und tragen auf diese Weise zur Normalisierung des psychischen Zustandes bei.

Hier mag ein kleiner Exkurs in die Lernpsychologie und die aus ihr abgeleitete ›Verhaltenstherapie‹[22] nützlich sein. Lernpsychologischer Auffassung folgend, reagiert der Mensch wie jedes andere Lebewesen auf Reize aus seiner Umwelt. Er lernt, weil seine Umwelt erwünschtes Verhalten belohnt (›positiv sanktioniert‹) und unerwünschtes Verhalten nicht beachtet oder bestraft (›negativ sanktioniert‹). Verhaltensweisen, die über einen längeren Zeitraum hinweg niemand belohnt, werden aus dem Verhaltensrepertoire eines Menschen gelöscht. Verhaltensweisen, für die man gelobt oder sonstwie belohnt wird, dagegen stabilisieren sich.

Bei psychisch gestörten Patienten setzt dieser Stabilisierungsmechanismus oft einen Teufelskreis in Gang, der die Krankheit verstärkt, statt sie zu lindern. Ein Beispiel: Ein Mensch, der sich – aus welchen Gründen immer – vernachlässigt fühlt, tut eines Tages, vielleicht eher zufällig als bewußt, etwas besonders Auffälliges; er schreit laut, schlägt mit den Armen um sich, wirft sich auf den

Boden, näßt ein etc. Nun steht er im Mittelpunkt und bekommt alle Aufmerksamkeit, die er vorher vermißte. Was ist die Folge? Das auffällige Verhalten wurde ›bekräftigt‹, d.h. belohnt. Er wird diesen Trick immer wieder einsetzen, wenn er das Interesse seiner Mitwelt auf sich lenken will. Er hat das Verhalten gelernt und kennt schließlich keine andere Möglichkeit mehr zu kommunizieren als mittels solcher unsinnigen aber probaten Methoden. Wegen schwerer Verhaltensauffälligkeiten begibt er sich irgendwann auf Druck seiner Mitmenschen oder aus eigenem Leidensdruck in eine psychiatrische Behandlung.

Gehört sein Therapeut zur lernpsychologischen Schule, so wird er versuchen, das unnormale Verhalten seines Patienten mit der Zeit wieder zu löschen, jede normale Verhaltensweise, die der Kranke an den Tag legt, dagegen zu bekräftigen. Diese Belohnungsstrategie haben wir bei der Behandlung von Corsons Patientin Jane kennengelernt: Wenn sie freiwillig Nahrung aufnahm, durfte sie ihren Hund bei sich haben.

Bei der umgekehrten Vorgehensweise, also der Löschung von unerwünschtem Verhalten, vermutet Clark Brickel im Blick auf die tierischen Kotherapeuten besonders ausgeprägte Effekte, vor allem beim Abbau von Phobien und Angstzuständen.

Hier wieder ein Beispiel:

Ein Patient erlebt eine bestimmte Situation als angsterregend (z.B. jemanden nach dem Weg zu fragen oder zu einem Rendezvous einzuladen). Weil er Angst davor hat, tut er nicht, was er möchte, und die Angst verstärkt sich im Laufe der Zeit ins Unerträgliche. In der Therapie wird nun trainiert, den angstbesetzten Reiz zu ertragen, ohne dabei das unerwünschte Vermeidensverhalten zu entwickeln. Im Laufe der Zeit wird diese Angstreaktion allmählich geschwächt und schließlich gelöscht. (Man spricht hier von einer ›systematischen Desensibilisierung‹.) Normales Verhalten tritt an die Stelle des unerwünschten Verhaltens. Dieses Training geschieht in der Behandlung oft in der Weise, daß der angsteinflößende Reiz simuliert und der Patient gleichzeitig abgelenkt wird durch einen anderen starken oder stärkeren Reiz seiner Umgebung.

Diese Ablenkungskraft ist es, welcher Brickel zufolge die heilsame Wirkung von Tieren im psychotherapeutischen Einsatz zu verdanken ist. Das Tier hilft, eine Angstreaktion abzuschwächen und sie schließlich zu löschen. Der Therapeut erhält dann die Chance, das Entstehen von angemessenen alternativen Verhaltensweisen zu stabilisieren: »Es ist offensichtlich, daß Ablenkung angstmindernd wirkt. Ich glaube nun, daß Tiere ideale Ablenker sind; ihre wohltuende psychische Wirkung mag deshalb theoretisch als Anstoß für Löschungseffekte erklärt werden, die für die Entwicklung angemessener Verhaltensmuster Raum geben.«[23]

Der Beitrag der Realitätstherapie

Einige Forscher betrachten die tiergestützte Psychotherapie als eine Form von Realitätstherapie, so z. B. Sam und Elisabeth Corson.[24] Die Realitätstherapie ist eine psychologische Richtung, die sich in der Auseinandersetzung mit Freuds Tiefenpsychologie ausbildete. Ihr erster und Hauptvertreter ist William Glasser. Glasser kritisiert die an Freud orientierten Psychotherapien in vielen zentralen Aspekten. Der wichtigste Gegensatz liegt in der Frage der eigenen Verantwortlichkeit eines Patienten für seine Krankheit. Anders als den Tiefenpsychologen interessiert den Realitätstherapeuten nicht die Vorgeschichte einer psychischen Störung, sondern ihre Gegenwart und ihre zukünftige Entwicklung. Der Therapeut ist, anders als ein Therapeut der tiefenpsychologischen Schule, auch kein ›neutraler‹ Beobachter oder eine ›Übertragungsfigur‹ für den Patienten, sondern ein Lehrer und Trainer, der sich und seine eigene Auffassung über die Krankheit offen ins Spiel bringt. Während der Tiefenpsychologe die Rede von ›gut‹ und ›böse‹ vermeidet, betont der Realitätstherapeut die Moralität eines Verhaltens und nimmt den Patienten in die Pflicht, sich für Recht oder Unrecht in seinem Verhalten zu entscheiden. Schließlich ist für den Realitätstherapeuten der Patient für seine Störung selbst (mit)verantwortlich, also auch für seine Heilung. Er kann sich nicht hinter den Umständen, kindlichen Traumata oder schwierigen Mitmenschen verstecken, die an seiner Störung schuld seien, sondern er muß seine eigene Verantwortung für die Krankheit erkennen und sein Schicksal selbst in die Hand nehmen.[25]

Eines der wichtigsten Ziele der Realitätstherapie besteht deshalb darin, im Kranken das Gefühl der Verantwortlichkeit für eine kleine tägliche Pflicht, einen anderen Menschen und letztlich für seine eigene Krankheit und also sich selbst zu wecken. Hier hilft ein Tier: Ein Tier in eigener Verantwortung zu versorgen, ist eine Leistung, die das Selbstwertgefühl und das Selbstbewußtsein des Patienten hebt. Die Corsons bemerken dazu:

> Die Interaktion des Patienten mit einem Hund – für ihn sorgen, mit ihm spazierengehen und auf diese Weise für seine Sicherheit zuständig sein – kann dem Kranken helfen, Verantwortungsbewußtsein zu entwickeln. Und mehr: Die Interaktion mit dem Hund zeigt dem Patienten, daß es Grenzen gibt, innerhalb deren er sich bewegen muß, wenn er mit dem Hund zurechtkommen will. Wenn der Kranke den Hund schlecht behandelt, wird dieser knurren und eindeutige Zeichen von Mißfallen geben, oder er wird weglaufen. In jedem Fall erhält der Patient eine Lektion in Wirklichkeits-Sinn. Gleichzeitig lernt er, daß Liebe stets Geben und Nehmen erfordert.[26]

Unnötig zu sagen, daß die präsentierten drei Theorieansätze für die Erklärung der guten Effekte von Tieren auf Menschen sich durchaus nicht zu einer stimmigen Gesamttheorie ergänzen. Im Gegenteil: Sie widersprechen sich in den meisten Aspekten fundamental.[27] Für uns ist aber die Hauptsache: Sie alle arbeiten mit Tieren, und alle Studien, gleichgültig auf welcher Theorie gründend, zeigen dieselben günstigen Wirkungen von Tieren im psychotherapeutischen Umfeld: ob im eigenen Haushalt des Kranken, in der Arztpraxis oder auf der psychiatrischen Station einer Klinik.

Nach dem gegenwärtigen Stande der Forschung besitzt ein Tier folgende günstige Wirkung auf Menschen mit psychischen Störungen[28]:

- Es erlaubt Körperkontakt,
- es lenkt ab,
- es spricht und versteht ohne Worte,
- es regt die Erinnerung an,
- es ermuntert zu körperlicher und geistiger Aktivität,
- es sucht und schenkt Liebe,
- es stößt keinen Menschen zurück,
- es weiß nichts von Krankheit und benimmt sich infolgedessen ›normal‹ (während ein menschlicher Partner, bewußt oder unbewußt, Körpersignale aussendet, welche die Störung beim Kranken eventuell noch verstärken),
- es weist den Patienten in Grenzen, wenn es schlecht behandelt wird,
- es fördert Verantwortungsbereitschaft,
- es stärkt das Selbstwertgefühl,
- es durchbricht den Teufelskreis einer erlernten und immer weiter verstärkten Hilflosigkeit beim Patienten,
- es macht eine psychiatrische Station behaglich und wohnlich,
- es verbessert auf diese Weise das therapeutische Klima und Umfeld auf der Station.

Dazu kommt als unschätzbarer Vorteil, daß die Haltung von Tieren, gemessen an einem Kosten-Nutzen-Vergleich, außerordentlich günstig abschneidet.
Tiere zu halten, ersetzt keine andere Therapieform. Das Tier ist nicht selbst ein Therapeut, aber es dient als Vermittler und Brücke zwischen dem Kranken und seinem Arzt. Übrigens gibt es zuweilen eine anfängliche Dysfunktion. In manchen Fällen kann zunächst eine so enge Verbindung zwischen Tier und Patienten entstehen, daß der Kranke sich für einige Zeit noch stärker von seiner menschlichen Mitwelt zurückzieht als vorher. Aber selbst dieser Rückzug kann vorteilhaft sein: Er gibt dem Patienten die Chance,

im Kontakt mit dem Tier genug psychische Kräfte zu sammeln, um in der Folge gestärkt auf eine »neue und offensive Suche nach menschlichen Freunden zu gehen« (Boris Levinson[29]).

Zur Problematik der Messung

Es ist evident, daß tiergestützte Therapien bei psychisch kranken Menschen gute Erfolge erzielen; in diesem Punkt sind sich die Fachleute unterschiedlicher medizinischer und psychologischer Schulen einig. Mit dem Beweis dieses Effekts tun sie sich allerdings schwer. Schon im Kapitel »Freude mit Tieren« habe ich die Probleme einer Erfolgskontrolle therapeutischer Maßnahmen zur Sprache gebracht: Ist eine Besserung tatsächlich, d.h. ursächlich mit dem Einsatz von Tieren verknüpfbar? Oder handelt es sich um einen Placebo-Effekt, wenn das Tier Besserung bedeutet? Bringt das Tier vielleicht nur deshalb vorübergehend einen Fortschritt, weil grundsätzlich jedes neue Element in der Behandlung für kurze Zeit Besserungseffekte bewirkt? Im letzteren Fall würde das Krankheitsbild eines Patienten sich wieder verschlechtern, wenn der Reiz des Neuen allmählich verfliegt.[30]

Wird sich die Idee tierischer Kotherapeuten also eines Tages als Seifenblase erweisen, unter der Kritik gründlicher Forschung? Bei einigen wächst heute schon der Verdacht, man habe in der ersten euphorischen Phase die Erfolge von tiergestützten Therapien in ungebührlicher Weise betont, die Mißerfolge dagegen heruntergespielt. Diese Vermutung äußert jedenfalls einer der profiliertesten Kenner und Förderer des neuen Forschungszweigs, Michael McCulloch.[31] Ebenso wichtig wie ein Bericht über Erfolge sei eine Dokumentation aller Fehlschläge. Auch aus Enttäuschungen ließen sich Einsichten für künftige Maßnahmen gewinnen. Es sieht so aus, als gehe die gegenwärtige Forschung auf dem Feld Mensch-Tier-Beziehung in genau diese Richtung: Man will sich den kritischen Fragen von Anhängern und Gegnern einer tiergestützten Psycho-

therapie stellen, indem man auch Mißerfolge und Widersprüche offen ausspricht.[32]
Eine Einsicht aber bleibt unangefochten: Es gibt deutliche Evidenzen dafür, daß Tiere den psychotherapeutischen Alltag bereichern. Psychisch Kranke reagieren stark auf Tiere, und meist positiv; das weiß jeder Pfleger und jeder Arzt aus eigenem Erleben.

Tiere in der Kinderpsychotherapie

Die deutlichsten Effekte lassen sich in der Kinderheilkunde beobachten. »Ein Kind und ein Tier sind ein natürliches Paar« – diese Einsicht macht sich die kalifornische Therapeutin Janet Ruckert für ihre Arbeit mit psychisch gestörten Kindern seit Jahren zunutze. Jenes archaische Band zwischen Menschen und Tieren, das Boris Levinson in seinen Büchern erstmals beschrieb[33], ist bei Kindern noch nicht zerrissen. Märchen und Mythen und die darin enthaltenen Projektionen und Identifikationen mit Tieren werden von Kindern intensiver erlebt als von Erwachsenen. Gerade in der Kinderpsychotherapie wird daher häufig mit solchen Symbolen gearbeitet, die dem Arzt Einsicht in unbewußte Konflikte des Kindes erlauben. Allerdings geschah das bislang meist nur mit symbolischen Tieren, nicht mit realen.
»Weil viele Kinder und Heranwachsende glauben, daß Tiere ihre Gefühle verstehen, können die Tiere in schwierigen Phasen therapeutischen Einfluß besitzen. Ein Tier kann außerdem helfen, Verantwortungsgefühl und Selbstdisziplin zu entwickeln.« So begründete Janet Ruckert in einem Vortrag vor der Gesellschaft für Mensch-Tier-Beziehung 1986 ihren Einsatz von Tieren für die kindertherapeutische Praxis.
Auf derselben Veranstaltung führten andere amerikanische Therapeuten einen Film vor, der mit versteckter Kamera während einer therapeutischen Sitzung aufgenommen worden war.[34] Er zeigt, wie die Therapeutin, zusammen mit ihrem Hund Toffy, zum ersten

Mal mit ihrer Patientin Liz sprach. Liz war ein 15jähriges Mädchen, dessen Störung als ungewöhnliche Form eines infantilen Autismus diagnostiziert wurde. Liz war außerdem Opfer eines Inzests; ihr älterer Bruder hatte sie seit ihrem siebten Lebensjahr kontinuierlich mißbraucht. Auf konventionelle Therapien hatte Liz nicht angesprochen.

Das Video lief absichtlich langsam, um die Rolle des Hundes in der Sitzung deutlich zu machen. Er wirkte als angstmindernder Fokus für das Interesse des extrem verängstigten Mädchens: zunächst als konfliktfreier Gesprächsstoff. Liz erzählte von einem Tier, das sie selbst in der Kindheit besessen hatte, und die Therapeutin bekam durch diesen Bericht erste Hinweise auf die Familiengeschichte des Mädchens. Gleich zu Beginn des Gesprächs ermunterte die Therapeutin das Mädchen, Toffy Kunststücke abzuverlangen. Liz lachte und spielte einige Zeit mit dem Hund. Das Video zeigt, wie Liz sich immer mehr löst. Das Mädchen war schließlich so weit entspannt, daß die Psychologin eine therapeutische Verbindung mit ihm eingehen konnte.

Hier liegt das Geheimnis: Über ein Tier gewinnt der Therapeut das Vertrauen des Kindes und kann so mit der Zeit immer stärkeren Einfluß auf die kindliche Psyche ausüben. Das Tier fungiert gewissermaßen als Eisbrecher. Levinson berichtet, in einem Fall habe ein Kind wochenlang nur den Hund akzeptiert, nicht ihn selbst: Es streichelte ihn, kochte für ihn, führte ihn auf der Straße spazieren, erzählte ihm schließlich sein Leid. Der Therapeut war als Dritter im Bunde geduldet. Von Sitzung zu Sitzung gewann der Arzt mehr Gewicht, bis das Kind schließlich seine Aufmerksamkeit vom Tier auf den Therapeuten umlenkte.

Die Eisbrecherfunktion des Tieres bekommt noch größere Bedeutung, wenn das Kind aus einem sozial benachteiligten Elternhaus stammt. Ein solches Kind schließt sich dem Therapeuten, dessen vornehme Praxis eine ganz andere Welt als seine eigene repräsentiert, nicht von selbst auf. Das freundliche Willkommen durch ein Tier kann den Kulturschock mindern und dem kleinen Patienten einen Eindruck von Häuslichkeit und Geborgenheit vermitteln.

Aber das Tier erleichtert nicht nur den Beginn der Behandlung. Es bleibt in der Folge ein wichtiger Kotherapeut. Bei sehr kleinen Kindern dient es als natürliches Material für die Spieltherapie. Auch Kinder, die auf einem frühen Entwicklungsniveau stehengeblieben sind, können ihre regressiven Bedürfnisse durch Spiel mit dem Tier stillen und durch das Spiel mit der Zeit einen Reifegrad erlangen, der einen Kontakt mit dem Therapeuten erlaubt. Das unbeherrscht-aggressive Kind kann durch den Kontakt mit einem Tier lernen, seine destruktiven Impulse zu meistern. Für das verschüchterte Kind birgt das Tier eine Chance, aus sich herauszugehen und sich an Aktivitäten zu wagen, die es für unmöglich hielt (z. B. einen Hund auf die Straße führen).
Hilfe bringt das Tier auch für Kinder, deren Kontakt mit der Wirklichkeit nur noch schwach ist. Für den Therapeuten ist es außerordentlich schwierig, in die Phantasiewelt dieser Kinder einzudringen und ihr Vertrauen zu gewinnen. Das Kind akzeptiert das Tier als einen realen Spielkameraden und folgt ihm in die wirkliche Welt, jedenfalls so weit, daß der Therapeut zu ihm in Kontakt treten kann.
Gestörte Kinder haben ein größeres Bedürfnis nach physischer Nähe und Körperkontakt als normale Kinder. Sie schleppen auf Schritt und Tritt Puppen, Stofftiere oder andere Knuddelobjekte mit sich herum. Durch das Tier wird dieses Bedürfnis von leblosen Dingen auf ein lebendes Tier[35] umgeleitet, das mit dem Kind aktiv kommunizieren und es in die Realität zurückholen kann.
Das Tier dient dem Kind gleichzeitig als Führer und als Modell. Es kann das Tier nachahmen, im Spiel dessen Rolle übernehmen oder sich selbst in verschiedenen Rollen dem Tier gegenüber erleben, je nach seinem speziellen Wunsch und Bedürfnis[36]: »Einem Kind, das Liebe und etwas zum Schmusen braucht, gibt das Tier Trost. Einem Kind, das dominieren und jede Situation beherrschen muß, dient das Tier als gehorsamer Sklave. Allen Kindern, die Angst davor haben, beurteilt und kritisiert zu werden, bietet das Tier Anerkennung und Liebe.«

Autistische Kinder

Guten Erfolg verspricht der Einsatz von Tieren vor allem bei autistischen Kindern. Ihre Behandlung gehört immer noch zu den schwierigsten Fällen der psychotherapeutischen Praxis. Wir wissen nur wenig über die Krankheit, und entsprechend schlecht ist die Psychiatrie bzw. Psychotherapie für sie gerüstet.

Autismus ist eine Krankheit, deren Ursachen wir noch nicht mit Sicherheit angeben können. Man weiß nicht einmal, ob sie eher organisch (z. B. durch einen Gehirnschaden) oder psychisch bedingt ist (z. B. durch traumatische Kindheitserfahrungen). Deshalb ist die Diagnose schwierig: In einem Vergleich der Diagnosen verschiedener Ärzte fand man heraus, daß die Mediziner sich offenbar schwer damit tun, ›Autismus‹ als Krankheit zu diagnostizieren, weil das Krankheitsbild sehr verschiedenartige Auffälligkeiten einschließt. In unterschiedlichen Graden und Stadien gehören die folgenden Elemente ins Bild: Rückzug von der Umwelt/Verweigerung jeden Kontakts mit Menschen; Unfähigkeit, sprechen zu lernen, oder Sprachregression; Verzögerung beim Erwerb anderer Kulturtechniken; obsessive Beschäftigung mit wenigen Objekten; sinnlose und häufig wiederholte Bewegungsabläufe; Auffälligkeiten im EEG.

Einige Patienten gesunden von selbst, andere werden erfolglos therapiert und enden als unheilbar Kranke in einer psychiatrischen Anstalt. Ein direkter Effekt von bestimmten therapeutischen Maßnahmen auf die Patienten läßt sich bisher nicht zeigen.

Es sieht so aus, als gelänge es eher Tieren als Menschen, die Mauer zu durchbrechen, mit der sich Autismuspatienten von ihrer Umgebung abschließen. Dazu kommt, daß Tiere – weil sie beruhigen und entspannen – Muskelverkrampfungen bei den Patienten zu lösen vermögen. Solch muskuläre Verspannung vermutet der Ethnologe und Nobelpreisträger Nikolaas Tinbergen als wichtigen Faktor für das Autismus-Syndrom: Gelingt es, die Krampfung zu lösen, steht auch einer Lösung im übertragenen Sinne nichts mehr im Weg.[37]

Dies gilt für Kranke jeden Alters, besonders aber für Kinder.

»Autistische Kinder brauchen kontinuierliche Stimulation; sie dürfen nicht endlos mit ihren entfremdeten Beschäftigungen allein gelassen werden. Ein Tier kann den starren Panzer möglicherweise durchbrechen.«[38] Diese Einsicht findet sich schon in Levinsons Buch über Kindertherapie 1969. Anfang der achtziger Jahre empfahl dann der französische Tierarzt Ange Condoret tiergestützte Therapien für autistische Kinder, und einige Therapeuten wagten sich an den Versuch: mit insgesamt gutem Erfolg. Inzwischen liegen mehr Berichte und Dokumentationen vor, längst nicht genug und längst nicht gesichert. Aber sie weisen alle in ähnliche Richtungen. Ein Beispiel von vielen – der Fall Bethsabee[39]:

Bethsabee war ein dreieinhalbjähriges Kind, das sich für nichts als Papier, Schachteln und Holzklötzchen interessierte. Sie verweigerte jeden physischen Kontakt mit anderen Menschen. Sie konnte es nicht ertragen, wenn jemand ihre Hand hielt oder sie gar umarmte. Sie hatte keine Verbindung zu anderen Kindern. Sie hielt ihren Blick starr auf die wenigen Dinge gerichtet, die sie mochte. Manchmal gab sie unverständliche Töne von sich.

Bethsabee wurde mit anderen psychisch gestörten Kindern für ein Programm ausgewählt, das die Reaktion dieser Kinder auf Tiere aufzeichnen und auswerten sollte. Anders als alle anderen Kinder, die spontan auf die Hunde und Katzen zugingen, reagierte Bethsabee auf keines der Tiere. Sie blieb der Welt der Papiere und Schachteln verhaftet.

Als niemand mehr daran glaubte, kam eine Wende: Eine zahme Taube flog direkt vor Bethsabees Augen vorbei. Zufällig lief eine Videokamera, die alle Kinder in regelmäßigen Abständen aufnahm. Deshalb ist dokumentiert, was dann geschah: Bethsabee folgte dem Tier mit den Augen und lächelte zum ersten Mal. Dieses Lächeln hielt an, solange die Taube in der Luft war. Sie ahmte den Flug des Vogels mit Armbewegungen nach. Als die Taube zum zweitenmal aufflog, kam Farbe in ihr Gesicht. Sie stieß neue Töne aus und schien mit dem Vogel zu sprechen. Bethsabee wagte es bald, den Vogel zu berühren und zu streicheln, und küßte ihn schließlich.

Im Laufe weniger Wochen übertrug sie ihre Liebe zur Taube auf andere Tiere. Der Therapeut, der den Vogel versorgte, bekam von Woche zu Woche mehr Einfluß auf das Kind. Sie beobachtete, wie er mit dem Vogel spielte, und ahmte ihn nach. Ein deutliches Zeichen von Besserung gab Bethsabee, die bisher nur Haferschleim und Saft zu sich nahm, als sie zum ersten Mal einen Keks aß. Schließlich interessierte sie sich auch für die anderen Kinder. Bethsabee war zwar noch längst nicht gesund, aber seither gibt es wieder Hoffnung.

In die Gesellschaft zurückfinden mit Tieren

»Das ist mein erster Freund«, sagte er. »Ich liebe ihn, und er liebt mich. Ich habe nicht gewußt, was Liebe ist, bevor ich ihn bekam.« Die Rede ist von einem mehrfachen Mörder und seinem Wellensittich, und die Szene spielt in einem Film von 1979, der Resozialisierungseffekte von Tieren bei Straffälligen vorführt.[1]
Dieser Film hat Geschichte gemacht. Michael McCulloch, ein Psychiater aus den Vereinigten Staaten, hatte ihn nach Europa gebracht. Er wurde zu einer wichtigen Brücke zwischen längst bekannten Therapieeffekten von Tieren im Bereich der Erziehungshilfe zu dem Einsatz von Tieren in Haftanstalten.
Immer schon gab es Berichte von Gefangenen, die ihre Haft besser ertrugen, weil sie von einer Taube oder Maus besucht wurden oder ihr Quartier mit einer Spinne teilten. Aber bewußt eingesetzt werden Tiere im Strafvollzug erst seit kurzem.

Schwierige Kinder

Im Bereich der Erziehungshilfe für schwierige Kinder und Jugendliche kennt man den Nutzen von Tieren schon länger. Fortschrittliche Anstalten wie das Basler Erziehungsheim Klosterfiechten waren häufig als kleine Bauernhöfe gestaltet, in denen Tierpflege erzieherisch eingesetzt wurde.[2] Ein ähnliches Beispiel ist das Städtische Heim in Dortmund-Brünninghausen, das in den siebziger Jahren entstand. Zum Gelände gehören ein Bauspielplatz nach dänischem Muster, viele Sportflächen und ein großes Tiergehege mit Schafen, Ziegen, Hängebauchschweinen, Meerschweinchen, Kaninchen, Hühnern und Schildkröten. »Tiere sind wesentliche Elemente unserer pädagogischen Arbeit«, schreibt Rolf Podgornik, einer der Initiatoren des Heilpädagogischen Heimes, und fährt fort:[3]

> Alles ist gut, was den Kindern Freude macht und sie veranlaßt, gern im Heim zu sein. Da die emotionalen Beziehungen im zwischenmenschlichen Bereich erheblich gestört sind, bietet die Begegnung mit den Tieren eine Fülle von Ersatzbefriedigungen. Daß es Ersatz bleibt, ist klar; es schadet aber nichts, wenn man es nicht übertreibt. Letztlich muß alles auf Umwegen dem Zweck dienen, die Kinder so zur Realität zu führen, daß sie sich auf diesen Weg nicht gezwungen fühlen. Man muß lustspendende Bereiche schaffen, in denen die Kinder zugleich lernen, autonome Entscheidungen zu treffen.

Auch das Kinderdorf Marienpflege in Ellwangen an der Jagst setzt bei der Resozialisierung von verwahrlosten oder straffälligen Kindern und Jugendlichen in erster Linie auf Tiere. Im Mittelpunkt des Programms steht das heilpädagogische Reiten. Es gibt aber auch andere Tiere im Dorf. Die Kinder dürfen außer den Farmtieren, die sie versorgen, eigene Tiere in ihren Stammhäusern halten: Fische, Vögel, Kaninchen und Katzen. Fazit der Zeitschrift »Das Tier«: »Das Kinderdorf ist mehr als ein tierfreundliches Dorf. Es ist menschenfreundlich.«[4]

Nach diesem Prinzip: Kinder müssen sich wohl fühlen, um neue Verhaltensweisen zu lernen, arbeitet auch die Broschim-Schule in Tel Aviv, die schon im Kapitel »Großwerden mit Tieren« erwähnt wurde. Die Schule versucht, Kinder, die sich nicht in einem normalen Schulbetrieb einfügen können und/oder mit dem Gesetz in Konflikt gekommen sind, wieder in ein normales Leben einzugliedern. Eine Lehrerin schreibt:

Um eine Änderung des Sozialverhaltens zu bewirken, arbeiten wir viel mit Aktivitäten außerhalb des formalen Unterrichts. Das Ziel ist Wecken und Freimachen schöpferischer Kräfte, wodurch Selbstvertrauen und realere Selbsteinschätzung gewonnen werden soll, z. B. durch: Arbeit im Garten, Pflege in der Tierecke, Werken, Töpfern und Zeichnen, ebenso Sport, Hobbygruppen, Tanz- und Bewegungstherapie, Psychodrama. Wir versuchen, Frustration durch Erfolgserlebnisse abzubauen, wobei das Arbeitsklima gelockert und entspannt sein soll. Ältere Kinder helfen jüngeren, Schülerräte verwalten Bibliothek, Sportplatz und Geräte, Tierecke... Wir können dem Kind eine ausgezeichnete Gelegenheit bieten, gewisse Phasen, die es bis dahin nicht durchgemacht hatte, nachzuholen. Dabei können wir den Fortschritt des Kindes in der Entwicklung seiner Persönlichkeit feststellen... Unsere Schule ist eine ›Durchgangsschule‹: nach einem Besuch von 2 bis 3 Jahren sollte das Kind wieder befähigt sein, in einer Normalschule in seinem Wohnbezirk zu lernen. Durchschnittlich werden jährlich 35 Prozent der Schüler an die Normalschulen zurückgeschickt.[5]

Unter den Angeboten, welche die Broschim-Schule macht, gibt es auch einen Zoo. Hier treffen sich häufig Kinder, die bei anderen Aktivitäten versagen und selten mit anderen Kindern spielen.
David war als ziemlich verwahrloster Junge wegen Herumstreunens in die Schule eingewiesen worden. Die Schulkenntnisse des Zwölfjährigen waren gleich Null, mit Mühe und Not konnte er einige Buchstaben identifizieren. David machte in der Tiergruppe mit. Tiere waren die einzigen Wesen, für die er sich interessierte. Zu seinen Aufgaben gehörte es, sorgfältig zu dokumentieren, was die verschiedenen Tiere essen und wie oft sie gefüttert werden müssen. Und jetzt lernte David, was er bis dahin stets abgelehnt hatte: lesen und schreiben: »Im Laufe des Jahres hat er sich mit Hilfe der Tiere feste Gewohnheiten und Selbstdisziplin erworben.«[6]
Wichtig ist, daß die Kinder sich eines Tages aus ihrer Tier-Bindung lösen: »Wenn nun einige Kinder kommen, und anstatt die Tiere

weiter zu pflegen lieber Fußball oder Domino spielen wollen, so ist das als ein Fortschritt zu betrachten. Waren doch diese Kinder bis dahin oft nicht fähig, ein Gesellschaftsspiel zu spielen. Die einzige Bedingung: Die Arbeit mit den Tieren nicht einfach liegen zu lassen, sondern für Nachfolger im Amt zu sorgen. Das neue Kind muß eingeführt werden, was der ehemalige Pfleger mit Stolz und Verantwortungsbewußtsein tun kann.«[7]

Wir hatten früher gesehen, daß in Amerika als einer ›Gesellschaftskultur‹ viele dieser Aktivitäten halbstaatlich organisiert sind. Das gilt auch für Resozialisierungsstrategien. Schulen, Kirchen, staatsbürgerliche Gruppen, Sozialfürsorger und Jugendrichter schicken seit 1947 dem Farmer-Ehepaar Cunningham auf ihre 300 Hektar große Ranch in Kansas Jugendliche, die nicht guttun. Einige bleiben wenige Wochen, andere für Jahre. Die meisten der 8000 Kinder, die dort einen Teil ihres Lebens zubrachten, sind normale Bürger geworden, obwohl ihre Sozialprognose zum Zeitpunkt der Einweisung fast keine Hoffnung ließ. Die Kinder arbeiten auf der Ranch mit, auf dem Feld und im Haus. Sie putzen, nähen und kochen. Daneben müssen sie stets Schularbeiten machen. Versüßt wird ihnen diese neuartige Einbindung durch ein eigenes Pferd, das sie selbst versorgen. Die erste Bindung, die sie eingehen, gilt immer dem Pferd, später erst den Cunninghams. Die Ranch wurde in den 60er Jahren in eine Stiftung umgewandelt, um die Familie finanziell zu entlasten.[8]

Worin liegt die resozialisierende Wirkung des Umgangs mit Tieren bei Kindern und Jugendlichen, die bisher anderen Erziehungsversuchen gegenüber resistent waren? Die folgende Liste enthält Gesichtspunkte, die wir aus anderen Kapiteln schon kennen:

- Der körperliche Kontakt mit dem Tier löst Verhärtungen, angstfreie Zärtlichkeit öffnet den Weg zu psychischer Sensibilität.
- Tiere wollen umworben werden. Sie biedern sich nicht an wie viele Erzieher. Um so stärker wirkt die Erfahrung gewonnener Zuneigung.[9]

- Tiere vermitteln Verantwortungsgefühl gegenüber schwächeren Wesen.
- Tiere vermitteln viele Erfolgserlebnisse (des Könnens, des Gefolgschaftfindens, des Beneidetwerdens).
- Das Tier ist geduldig und erzieht zur Geduld.
- Das Tier sendet keine Signale der Ablehnung aus. Dieser Aspekt gilt unter Psychologen als besonders wichtig. Menschliche Lehrer, Helfer und Betreuer werden von schwererziehbaren Kindern ambivalent erlebt: Einerseits übertragen sie den Haß auf ihre bisherige Umwelt auf diese neuen Autoritäten; andererseits idealisieren sie ihre Lehrer und werben um ihre Liebe. Ständig warten sie auf Signale, die ihnen zeigen sollen, was die Erwachsenen von ihnen halten. Tiere wissen nichts von dieser prekären Situation und können, besonders in der erste Phase des Resozialisierungsprozesses, deshalb besonders hilfreich sein.[10]

Jugendliche Straftäter

Bei älteren Jugendlichen, die straffällig wurden (z. B. wegen Randalierens oder Autoaufknackens) verzichten Gerichte mitunter auf eine Haftstrafe. Statt dessen geben sie den jungen Leuten ›eine Arbeitsweisung‹ oder ›Betreuungsweisung‹. Erziehen statt strafen heißt dann die Devise, und der jugendliche Straffällige tut Dienst in Krankenhäusern und Altenheimen, im Kieswerk oder auf einem Bauernhof. Vereine wie die »Brücke« in Köln betreuen die jungen Menschen und vermitteln Arbeiten. Wann und wie lange sie die ihnen auferlegten Stunden abarbeiten, müssen sie selbst mit der Einsatzstelle absprechen – schon das ist pädagogisch sinnvoll.
Besonders vorteilhaft wirken sich positive Gruppenerlebnisse aus: Segeltörns, Sanieren einer alten Kiesgrube, Renovieren von Häusern, Aufbau und Pflege eines Kleinzoos. Etwa 400 Projekte von dieser Art gibt es gegenwärtig in Deutschland, und ihre Zahl steigt. Das ist nicht überraschend, wenn doch selbst Verfechter eines

härteren Kurses einräumen müssen, daß Jugendstrafen nichts bringen: Bis zu 80 Prozent der Entlassenen aus Jugendstrafanstalten werden rückfällig; die Bilanz der Sozialdiensteinsätze sieht günstiger aus.[11]

Drogenhilfe

Therapie statt Strafe heißt die Devise auch in der Drogenhilfe. Unsere Gefängnisse sind überfüllt mit Drogensüchtigen, die ein Drogen- oder Diebstahldelikt abbüßen müssen, ohne daß dabei zugleich das Übel an seiner Wurzel gepackt würde. Die Haftstrafe fördert zwar möglicherweise den körperlichen Entzug von der Droge (nicht einmal das ist sicher: der Drogenschmuggel in die Vollzugsanstalten nimmt zu!), aber er bringt keine wirkliche Heilung. Rückfälle führen zu verschärftem Vollzug: »Sie werden wieder nach altem Muster eingesperrt, ohne Ausgang und isoliert vom übrigen Anstaltsbetrieb.« (Der Spiegel[12]) Diese unsinnige Prozedur ruft erst recht Schäden hervor, und erneute Drogenabhängigkeit nach der Entlassung ist vorprogrammiert.

›Zwangstherapien‹, die zuweilen statt Haftstrafen angeordnet werden, nützen allerdings auch nichts. Am ehesten haben Selbsthilfegruppen noch die Chance, aus dem Teufelskreis einer Drogenabhängigkeit wieder herauszuführen. Viele solcher Initiativen arbeiten ähnlich wie die erwähnte Straffälligenhilfe mit Aktivitäten im Dienste für andere Menschen und Tiere. Wie die Tübinger Drogenhilfe e. V. nutzt auch der Wiener Psychologe Günther Pernhaupt in seiner Drogensuchtinitiative die stabilisierende Wirkung von Tieren, um Abhängigen einen Weg in die gesellschaftliche Normalität zu öffnen.[13]

Strafvollzug

Bei schwierigen Kindern, straffälligen Jugendlichen und Drogenabhängigen ist die öffentliche Meinung heute bereit, Sozialisierungsschäden als Entlastungsgründe für Handlungen zu akzeptieren, die man mißbilligt. Selbst wenn Straftaten im Spiel sind, möchte man sich als Abhilfen Resozialisierungsmaßnahmen und Therapien nicht verschließen. Aber wie steht es mit ›richtigen Verbrechern‹, die rauben, morden, vergewaltigen? Sollen auch hier Tiere helfen?

Einige Fachleute meinen das. Aus den USA, Großbritannien, Holland und Dänemark kommen Berichte zu uns, die gute Wirkung von Tieren auf Straffällige dokumentieren. Wir Deutsche haben da noch viele Vorbehalte. Die Einwände sind unterschiedlicher Natur, und es mag nützlich sein, sie sich kurz zu vergegenwärtigen:

- Strafe muß sein: Man soll sich im Gefängnis nicht wohl fühlen, sondern leiden und darüber nachdenken, was man angestellt hat. Seit der Reform des Strafvollzugs in den sechziger und siebziger Jahren hat man in der deutschen Öffentlichkeit die freieren Anstalten immer wieder als ›fidele Gefängnisse‹ gebrandmarkt, in denen es den Insassen bessergehe als normalen Leuten in der Freiheit.
- Umerziehung bringt nichts bei Erwachsenen.
- Ein Gefängnis ist mehr als andere Institutionen auf Ordnung angewiesen und kann deshalb Tiere unmöglich verkraften.

Der folgende Einwand kommt im Unterschied zu den anderen aus dem progressiven gesellschaftlichen Lager. Er ist auch mein eigener:

Unser Vollzugssystem ist im Vergleich zu Holland und den skandinavischen Ländern reformierungsbedürftig. Die Anlage und Organisation unseres Vollzugs und unserer Gefängnisse macht die Frage ›Tier ja oder nein‹ zu einem zweitrangigen Thema.

Die Gefängnisstrafe nützt generell wenig; eine Rückfallquote von 60 bis 80 Prozent zeigt das. Aber auch die Erfahrungen mit sozialtherapeutischen Maßnahmen im Vollzug fallen enttäuschend aus. In den siebziger Jahren hatte man große Hoffnungen auf sie gesetzt. Inzwischen zeigt sich das große Beharrungsvermögen des alten Systems. Die Gründe des Scheiterns vieler sozialtherapeutischer Maßnahmen liegen zum ersten darin, daß sie nur halbherzig umgesetzt wurden. Zu wenige Psychologen und Sozialarbeiter stehen bereit. Auch droht bei solchen Programmen die Psychologisierung eines Verbrechens, die vor den sozialen Hintergründen einer Straftat die Augen verschließt und deshalb zu therapieren versucht, wo konkrete soziale oder auch ökonomische Hilfe not täte. Der entscheidende Grund liegt aber in einer tiefen Ambivalenz, die mit der Situation des Eingesperrtseins gegeben ist:
›Einsperren‹ und ›resozialisieren‹ sind zwei Strategien, die einander ausschließen: Ersteres schafft ein so unnormales Ambiente, daß das zweite, die Rückkehr in die gesellschaftliche Normalität, gerade deshalb unmöglich wird. Resozialisierung will neue Verhaltensweisen trainieren, die auf das Leben draußen vorbereiten. Aber genau das läßt sich unter den Bedingungen des Eingesperrtseins nicht lernen.[14]

Hier hilft entweder ein weitgehender Verzicht auf Haftstrafen wie in Holland oder eine radikale Verkürzung der Haftzeit. (In Deutschland steigt gegenwärtig die Verweildauer in Gefängnissen an.[15]) Die Reformpläne des Strafvollzugs in den sechziger und siebziger Jahren waren zwar im Ansatz sehr progressiv und wurden auch quer durch die politischen Lager von den Experten getragen, dann aber unter dem Druck der Öffentlichkeit zusehends aufgeweicht.[16]

Bevor man das Thema Tiere in Gefängnissen ernsthaft aufgreift, müßte ein neuer Reformschub für günstigere Bedingungen sorgen. (Aber dafür besteht derzeit wenig Hoffnung.) Zu einer solchen Reform gehören folgende Aspekte: ›Offene‹ Gefängnisse müßten möglichst viel Freigang tagsüber erlauben, mit der Chance einer normalen Arbeitserfahrung in einem Betrieb außerhalb des Gefängnisses, des Erhalts oder Aufbaus von Bekanntschaften und Freundschaften außerhalb der Vollzugsanstalt.

Der Aspekt normaler Erwerbsarbeit ist besonders wichtig. Nur wer seinen Job nicht verliert, verliert nicht den Anschluß in seinem Beruf, tut sinnvollere Arbeit als Tütenkleben und verdient weiterhin ein normales Gehalt. Die Auszahlung eines geringen Taschengeldes pro Tag (vier bis fünf Mark täglich[17]) verträgt sich nicht mit einem Strafvollzug, der den Anschluß an die Normalität intendiert. Das gilt schon in rein ökonomischer Hinsicht: Die meisten Straffälligen stehen, wenn sie das Gefängnis verlassen, finanziell vor dem Nichts.

Wo ein offener Vollzug mit extensivem Freigang nicht möglich ist (und es erübrigt sich, Fälle aufzuführen, in denen der Schutz der Gesellschaft absolute Priorität behalten muß), sollte wenigstens der Gefängnisbetrieb so gestaltet werden, daß die Lebenskräfte dort nicht ersticken. Dazu gehören Bewegungsmöglichkeiten im wörtlichen und übertragenen Sinne: Kommunikationsmöglichkeiten innerhalb der Anstalt, individuelle Zimmereinrichtung, großzügige Auslegung der Besuchsregelungen, weitgehende Selbständigkeit beim Waschen der Kleidung, bei der Bereitung des Essens, beim Einkauf in anstaltseigenen Geschäften etc.[18]

Macht man sich dies alles klar, so wird deutlich, daß ein Wellensittich in der Zelle eines Straffälligen als Reformmaßnahme nicht ausreichen wird. Aber Tiere wären ein Element einer anstehenden Reform. Sie könnten den Alltag abwechslungsreicher und die Menschen in der Anstalt – Insassen und Wärter – fröhlicher machen. Aber wie gesagt: Tiere haben nur Sinn innerhalb eines insgesamt freieren Klimas.

Die erste Notiz über Tiere in einem Gefängnis stammt aus Norresrede in Dänemark. Insassen mit psychischen Störungen durften in dieser Haftanstalt ein Tier bei sich haben.[19] Anfang der achtziger Jahre legte dann David Lee, Gefängnispsychologe in der Vollzugsanstalt Lima, Ohio, seinen berühmt gewordenen Bericht über Tiere als Resozialisierungshelfer vor. Ich werde die Studie später vorstellen. Die Entwicklung verlief seitdem in den USA und Großbritan-

nien recht dynamisch. Auf den Internationalen Symposien für Mensch-Tier-Beziehung in Boston 1986 und Monaco 1989 wurden schon zahlreiche neuere Studien vorgestellt.
In Deutschland rührt sich bisher fast nichts. Aber es gibt Hoffnungszeichen. Die Haftanstalt Fuhlsbüttel in Hamburg (›Santa Fu‹) läßt Fische und Vögel zu.[20] Diese Tiere passen in das individuelle Ambiente der Zellen mit Teppichen, Gardinen, Blumen und eigenen Möbeln. Während der arbeitslosen Zeit können sich die Gefangenen tagsüber im ganzen Haus frei bewegen. Besuch, Post und Telefonate werden großzügig geregelt. Auch bei der Gewährung von Freigängen und Urlaub verfährt die Anstaltsleitung großzügiger als im Bundesdurchschnitt.[21] Nicht Sühne, sondern Resozialisierung müsse die Aufgabe des Strafvollzugs sein, befand der Anstaltsleiter und Reformer des vor seiner Zeit ›Zuchthausmentalität‹ ausstrahlenden Hauses, Heinz-Dietrich Stark.[22] Diese Maxime steht im Einklang mit dem Bundesverfassungsgericht, das aus dem Sozialstaatsprinzip die »Resozialisierung oder Sozialisation als herausragendes Ziel namentlich des Vollzugs von Freiheitsstrafe« ableitet[23]: »Dem Gefangenen sollen Fähigkeiten und Willen zur verantwortlichen Lebensführung vermittelt werden, er soll es lernen, sich unter den Bedingungen einer freien Gesellschaft ohne Rechtsbruch zu behaupten, ihre Chancen wahrzunehmen und ihre Risiken zu bestehen. Als Träger der aus der Menschenwürde folgenden und ihren Schutz zu gewährleistenden Grundrechte muß der verurteilte Straftäter die Chance erhalten, sich nach Verbüßung seiner Strafe wieder in die Gesellschaft einzuordnen.«
Ähnliche Überlegungen brachten den Leiter der Jugendstrafanstalt Vechta dazu, jungen Straffälligen die Pflege von Tauben zu erlauben, die sich nach schweren Sturmschäden verängstigt in den Dachstuhl seiner Haftanstalt geflüchtet hatten. In gemeinsamer Arbeit zimmerte man Verschläge. Nützliche Tips und vor allem großzügige Spenden kamen vom Verband Deutscher Brieftaubenliebhaber. 1975 konnte die Brieftaubengruppe der Anstalt erstmals Tauben auf einen Flugwettbewerb schicken, und seitdem mischen sie auf Ausstellungen und Wettbewerben kräftig mit. 1976 verfüg-

te die Anstalt über zwei Reise- und zwei Jungtierschläge sowie einen Zuchtschlag. Die Zeitschrift »Das Tier« resümiert: »Junge Menschen, die nach der Verurteilung völlig verstört und verbockt eingeliefert wurden, zeigen sich oft in kurzer Zeit aufgeschlossen und zugänglich, wenn sie Gelegenheit bekommen, ihre Freizeit im Taubenschlag zu verbringen.«[24] Der Verein für kriminalpädagogische Praxis in Jugendstrafanstalten bewertet das Vechtaer Experiment als nachahmenswert.[25]

Trotzdem machte das Beispiel nicht Schule. In deutschen Strafanstalten sind Tiere nur in ganz seltenen Fällen erlaubt. Nach dem Strafvollzugsgesetz darf ein Gefangener in angemessenem Umfang ein Kleintier besitzen (kleinere Vögel, Zierfische), wenn er damit nicht den Betrieb und die Ordnung der Anstalt stört (§ 70 Abs. 1 Strafvollzugsgesetz). Was angemessen ist, muß unter Berücksichtigung der Vollzugsgrundsätze anhand der individuellen Freizeitgestaltung des Gefangenen bestimmt werden; im Zweifel muß die Anstalt nachweisen, daß der angemessene Rahmen überschritten ist.[26] In der Praxis heißt es gleichwohl bisher fast immer: kein Tier. Manche Vollzugsanstalt, z. B. Heilbronn, genehmigt allen, die mehr als fünf Jahre einsitzen, ein Tier. Das ist schön, aber für den Resozialisierungseffekt wäre es wichtiger, daß Menschen mit kürzeren Strafen in den Genuß des Umgangs mit Tieren kämen.[27] Wie kläglich diese wenigen Mensch-Tier-Beziehungen in deutschen Gefängnissen sind, zeigt ein Vergleich mit der Situation in anderen Staaten. Zunächst die erwähnte Studie von David Lee in Ohio:

Als der Gefängnispsychologe David Lee seinen Bericht 1983 vorlegte, besaß die Haftanstalt von Lima, Ohio, 15 Aquarien und 164 Tiere, darunter Ziegen, Papageien, Wellensittiche und Kanarienvögel, Hamster, verschiedene Nagetiere, Rehe und eine Katze. Sie dienten, wie Lee es ausdrückte, als »Kotherapeuten in einem einzigartigen und effektiven Programm, das Menschen über schwierige Zeiten hinweghelfen sollte«.[28]

Wie häufig hatte alles mit einem Zufall begonnen. Irgendwann in den frühen siebziger Jahren hatte ein Insasse der Psychiatrischen Abteilung im Hof des Hochsicherheitstraktes einen verwundeten

Spatzen gefunden und ihn auf seine Station mitgenommen. In dieser Abteilung waren die schwermütigen Straffälligen untergebracht, die mit keinem Menschen mehr sprachen. Es gab in diesem Gebäude keinerlei Grün und erst recht keine lebenden Wesen außer den Straffälligen und ihren Wärtern. Entgegen der Hausordnung versteckten die Insassen den Vogel bei sich und pflegten ihn wieder gesund.

Als das Personal von der Sache erfuhr, machte es gute Miene und ließ den Vogel offiziell zu. Der Erfolg war durchschlagend: Mutlose, längst resignierte Männer, die nichts mehr von der Welt wissen wollten, jagten Insekten und lösten sich bei der Fütterung ab, so daß jeder den Vogel zeitweise für sich allein haben konnte. Zum ersten Mal hatten die Männer ein Interesse, das sie alle vereinte. Sie agierten als Gruppe und unterhielten sich mit ihren Wärtern über Themen, die ihren Vogel betrafen.

Könnten Tiere auch bei den übrigen Insassen des Hochsicherheitstraktes eine ähnliche Wirkung erzielen? Diese Frage stellte sich in der Folge der Gefängnispsychiater David Lee. Er gewann den Leiter der Anstalt für einen formalen Versuch mit tiergestützter Therapie und Resozialisierung. Sein Programm beruhte auf lernpsychologischen Grundsätzen[29]: Ein Gefangener mußte sich den Besitz eines eigenen Tieres verdienen, indem ihm zunächst die Pflege eines Stationstieres oder eines Aquariums anvertraut wurde. Lee erwartete auch, daß die Männer bereit waren, das Geld für Futter und Käfig zu erarbeiten. Wie in den Corsonschen Studien[30] zeigte sich auch in Lees Experiment die Wirkung der Tiere als sozialer Katalysatoren: In einem »sich ausdehnenden Kreis der Wärme und Kommunikation« unterhielten sich die Gefangenen zunächst mit dem Tier, dann untereinander und schließlich mit Lee und seinen freiwilligen Helfern. Ein Vergleich der Abteilung mit anderen Stationen ohne Tiere zeigte eine deutliche Abnahme von Gewaltakten gegenüber anderen Insassen und Wärtern, einen Rückgang der Suizidfälle (in diesem Trakt früher sehr hoch) und einen Rückgang der medikamentösen Behandlung der Straffälligen.

Lees Bericht hat damals viel Aufsehen erregt und initiierte in den

Vereinigten Staaten und Großbritannien sogleich eine Reihe von Folgeprojekten.

Ein ganz anderes Modell, das wiederum mehrere Nachahmer fand, startete die Geschäftsführerin der Gesellschaft für Mensch-Tier-Beziehung, Linda Hines, zusammen mit einem der Nestoren der Mensch-Tier-Forschung, Leo Bustad, in der Sozialtherapeutischen Frauenvollzugsanstalt Purdy in Gig Harbor, Washington.[31] »Dieses Programm ist das Beste, was ich in den letzten fünf Jahren erlebt habe«, sagt eine junge Insassin der Anstalt. »Es hat mich in den Stand gesetzt, etwas über mich zu erfahren, und ich habe viele neue Dinge gelernt. Mein Kontakt zu diesen Hunden zweimal die Woche hat mir auch gezeigt, daß ich noch auf lebende Geschöpfe reagieren kann, und hat Gefühle in mir ausgelöst, von denen ich glaubte, ich hätte sie verloren.«

So wie diese Gefangene reagierten noch viele andere auf das neue Programm. Die Idee ist folgende: Die Frauen bilden in ihrer Haftzeit Hunde zu Blinden-, Gehörlosen- und Körperbehinderten-Hunden aus. Zunächst arbeiteten sie mit Rassehundwelpen, die sie, wie alles nötige Gerät, als Spenden von Tierzucht- und anderen Vereinen erhielten. Inzwischen stammen die Tiere auch oft aus dem Tierheim, und die Frauen sind stolz, Hunde retten zu können, die ohne sie euthanisiert worden wären. Nicht jedes Tier ist für eine Ausbildung als Servicehund gleich gut geeignet. Die Tierheimhunde werden jedenfalls immer so weit gebracht, daß sie gehorchen. Gesund, gepflegt und gehorsam finden sie nach einigen Wochen in Purdy einen sorgfältig ausgesuchten neuen Herrn.

Das praktische Trainings- und Pflegeprogramm wird ergänzt durch Kurse zu ethologischen Fragen und theoretischem Stoff zur Mensch-Tier-Beziehung. Die Frauen melden sich freiwillig zu dem Programm. Es zählt schon seit Jahren zu den besonders beliebten sozialtherapeutischen Projekten der Anstalt; die Warteliste für einen Platz im Programm ist lang. (Wie schon häufig in diesem Buch gehört, fasziniert das Programm vor allem diejenigen Frauen, die wenig Kontakt zu ihrer Mitwelt besitzen und erst über das Tier wieder zur Kommunikation mit anderen Menschen gelangen.) Die

Effekte des Hundeprogramms sind diejenigen, die wir nun schon auswendig wissen: Erhöhung des Verantwortungs- und Selbstwertgefühls, stärkere oder überhaupt erst beginnende Kommunikation, das Gefühl, etwas Sinnvolles zu tun. Dazu kommt ein weiterer wichtiger Punkt: Die Tiere schaffen Kontakt zwischen den straffälligen Frauen und zahlreichen Menschen und Organisationen außerhalb der Gefängnismauern und bringen deshalb in doppelter Hinsicht ›Normalität‹ in die Anstalt.
Nach einigen Jahren Laufzeit des Programms baute die Anstalt eigene Hundehäuser, einen Rennplatz und einen Hundepflegeraum. Jetzt können die Hunde, die bisher nur zur Ausbildung in den Anstaltshof kamen, ganz in der Anlage leben. 1989 berichtete auf einem Internationalen Symposium in Monaco die Projektleiterin, das Projekt sei mittlerweile so stark angewachsen, daß man auf neue Aktivitäten sinne. Künftig soll z.B. der Begleitforschung größere Bedeutung eingeräumt werden; außerdem will man, zusammen mit den gefangenen Frauen, Richtlinien darüber erarbeiten und herausgeben, wie so ein Programm gut gelingt: beides im Interesse von Institutionen, die das Modell nachmachen wollen.[32]
Auf dem genannten Symposium wurden weitere, teils ausgesprochen interessante Projekte vorgestellt: Ein Gefängnisneubau umfaßt gleich von Anbeginn an Tiergehege und -ställe, ein Tierschutzverein nimmt in sein Besuchsprogramm auch die örtliche Strafanstalt auf, eine Anstalt in Colorado hält auf dem Nachbargelände Wildpferde, die von den Gefangenen geritten und versorgt werden dürfen.[33]

Tierquälerei?

Das Projekt Tiere im Gefängnis ist gut unterwegs, könnte man denken. Trotzdem sind die Widerstände – auch in den angelsächsischen Ländern – noch hoch. Ein letzter Einwand kommt zu den vorher genannten hinzu. Es geht um die Bedürfnisse des *Tieres:* Muß man nicht gerade in dieser Institution mit ungewollter oder gewollter Tierquälerei rechnen?

Zunächst zur räumlichen Situation: Hier kommt alles auf den Typ des Tieres an: Ein Vogel oder Meerschweinchen leidet nicht in einer Zelle. Licht, Luft, Pflege, Futter und Liebe müssen dasein; der Raum ist uninteressant. Größere Tiere wie Hunde und Katzen sollten ihren eigenen Trakt in der Anstalt besitzen und genügend Auslauf haben. Farmtiere wie Ziegen und Schafe oder Pferde verlangen nach eigenen Einrichtungen. In einigen Anstalten läßt sich das sicher machen, und bei Neubauten könnte diese Möglichkeit von vornherein eingeplant werden.

Ein häufig gehörter Einwand betrifft die mögliche Mißhandlung der Tiere durch die Gefangenen. Sie ist bisher nirgends belegt. Bei Jugendlichen in Erziehungsheimen kommen Mißhandlungen zuweilen vor, allerdings eher aus Ungeschick und aus Forscherdrang als aus bewußtem Sadismus. Hier empfehlen sich Tiere, die man nicht durch zu herzhaftes Liebkosen verletzen kann bzw. die sich zur Wehr setzen können. Bewußter Tierquälerei kann man nur durch gesteigerte Achtsamkeit begegnen. Vor allem müssen die anderen Kinder darin gestärkt werden, den Übeltäter zu hindern, statt entsetzt zuzusehen.[34]

Bei Erwachsenen gibt es offenbar keine Probleme. Zwar zeigen Untersuchungen, daß Gefängnisinsassen, die wegen Gewalttaten einsitzen, eine typische Gewaltkarriere hinter sich haben: in der Kindheit Tierquälereien, später Gewalt gegen Frauen, zuletzt Gewalt gegen Männer.[35] Gewalt gegen Tiere und Gewalt gegen Menschen stammen immer aus dem Ambiente allgemeiner Gewalt in den Familien. Weil man diesen Zusammenhang kennt, benutzen

amerikanische Psychologen und Sozialarbeiter inzwischen Fälle von Tierquälerei als Indikatoren für eine allgemeine Gefährdung von Kindern und Jugendlichen.[36]
Viele der Gefangenen in Tierprogramm-Haftanstalten geben zu, in ihrer Jugend Tiere mißhandelt zu haben. Warum also keine Gewalt gegen Tiere in den Vollzugsanstalten?

– Der soziale Druck ist zu groß. Jeder Insasse weiß, was ihm von seinen Mitgefangenen blühen würde, wenn er bei einer solchen Tat erwischt würde.
– Der Verlust menschlicher Partner wird stets als das größte Problem geschildert und rangiert weit vor dem Problem des Eingesperrtseins an sich.[37] Viele Gefangene erkennen unter dem Druck der extremen Situation im Tier ihren einzigen Freund, mit dem sie reden und zu dem sie zärtlich sein können.
– Das Tier erinnert an frühere Tierquälerei und sorgt über den Umweg der Reue gleichzeitig für eine Besserung im Umgang mit Menschen. Ein Beispiel: In einer Haftanstalt in Columbia führen Mitglieder von PAL, einer Vereinigung zur Förderung der Mensch-Tier-Beziehung, regelmäßig Besuchsprogramme durch. Die Insassen sind wegen besonders scheußlicher Gewaltverbrechen inhaftiert. Viele dieser Gefangenen zeigen im Umgang mit den Besuchstieren erstmals seit Jahren wieder Zeichen von Rührung und Anteilnahme.[38]

Haftanstalten sind noch weiter als andere Institutionen davon entfernt, Tiere für Gesundung, Normalisierung und Humanisierung zu nutzen. Dabei hätten sie es genau so nötig wie Schulen, Krankenhäuser und Altenheime. Der Grund dafür liegt in der strengen Trennung, die wir zwischen allen Formen der Beschädigung und Behinderung auf der einen und Kriminalität auf der anderen Seite legen. Dabei wissen wir, daß oft genug das eine aus dem anderen folgt. Aber welche Position man auch in den schwierigen Fragen von Schuld und Sühne einnimmt, in einem Punkte könnte man sich, meine ich, wohl einigen: daß Tiere helfen können, aus Häftlingen wieder brauchbare und lebensbejahende Menschen zu machen.

Schwierigkeiten und Einwände

Tier und Mensch: jeder für sich?

Der Zweck dieses Buches liegt darin, Verständnis für Sinn und Zweck von Mensch-Tier-Beziehungen zu wecken und die Bereitschaft für die pädagogische und therapeutische Nutzung dieser Verbindung zu stärken. Immer neue Felder habe ich vorgestellt, auf denen Tiere in dieser Weise für Menschen Freude und Glück, mindestens aber Hilfe und Entlastung bringen können.
Wo immer es geboten schien, habe ich auch auf Probleme hingewiesen, die sich dabei ergeben können. Aber solche Schwierigkeiten erschienen stets als überwindbar, nie als Bedrohungen des ganzen Programms, weder theoretisch noch praktisch. Ich bin überzeugt, daß die Ausweitung der Mensch-Tier-Beziehung nicht nur das Leben von Kindern, Alten und Kranken bereichert, sondern unsere Welt im ganzen humaner macht.
Dieser Meinung sind nicht alle. Es gibt eine ganze Reihe von Kritikern und mit ihnen Einwände, die sich prinzipiell gegen diese Beziehung wenden, mindestens aber bestimmte Probleme, die in ihr auftauchen, für so gravierend erachten, daß sie meine optimistische Einschätzung des Themas nicht teilen. Von diesen Einwänden soll nun die Rede sein.
Dabei kann es nicht um eine lückenlose Auflistung aller Probleme gehen, die in den vielfältigen Anwendungsfeldern pädagogischen und therapeutischen Einsatzes von Tieren auftauchen. Der Sinn dieses Kapitels liegt vielmehr darin, daß ich den Leser und die Leserin aus diesem Buch nicht entlassen möchte, ohne ihre Sensibilität für die Einsicht geschärft zu haben, daß kein Einsatz von

Tieren in menschlicher Umgebung ohne Probleme ist. (Insofern dient das Kapitel gleichzeitig auch meiner eigenen Entlastung angesichts des sonst zu erwartenden Vorwurfs blauäugiger Unbedenklichkeit.) Die folgenden Überlegungen haben somit den Sinn eines exemplarischen Aufzeigens möglicher Einwände, auf die man gefaßt sein muß, und mehr: die sich jeder rechtzeitig selber machen sollte, bevor er eine Tierbeziehung eingeht oder empfiehlt.

Der Einwand derjenigen Kritiker, die das Thema frontal angreifen, ist einfach: Ein Tier ist ein Tier, und Menschen sind Menschen; beide sollten für sich bleiben. Dabei geht die Sorge vor naturwidriger Gesellung in beide Richtungen.

Instrumentalisierung?

Das Stichwort für den Schutz des *Tieres* heißt ›Instrumentalisierung‹. Ich gebe zwei Beispiele dafür, ein eher populäres und ein wissenschaftliches: »Soll jetzt der Doktor seinen nervösen und überempfindlichen Patienten einfach ein paar beruhigende Goldfische oder einen stämmigen Bernhardiner verschreiben, der ihre Angriffsgelüste stoppt? Nur allzu schnell schiebt sich vor diese verlockende Vorstellung das Bild eines hoffnungslos verfetteten Mopshundes oder eines Kindes, das seinem ›Knuddelkätzchen‹ so lange mit Liebkosungen nachstellt, bis sich das gequälte Tier durch schmerzhafte Krallenhiebe wehrt.«[1]

Im Ton sachlicher, aber ebenso eindeutig schreibt die Hundeverhaltensforscherin Dorit Feddersen-Petersen: »Ich wehre mich gegen den Trend, Hunde als ›Heilmittel‹ im sozialen Bereich der Menschen einzusetzen, weil sich die Zeichen mehren, daß diese Hunde dabei ›verbraucht‹ werden, da sie die in sie gesetzten Erwartungen nicht erfüllen können.«[2]

In umgekehrter Richtung stellen sich manche Kritiker schützend vor den *Menschen,* wenn sie fürchten, daß über der Zuneigung zum Tier die Liebe zu Menschen leidet. Aus der Zeitschrift Kosmos von

1989: »Tierärzte malten auf einem Kongreß düstere Konsequenzen für den Fall aus, daß sich Heimtiere für ihre Besitzer immer mehr zum Kindersatz entwickeln. Ihnen erscheinen in diesem Fall ›Konflikte zwischen Tierschutz und Psychiatrie‹ vorprogrammiert.«[3]
Eine fundamentale Kritik an Therapien mit Tieren halte ich für unangemessen, und zwar in beiden Richtungen der Mensch-Tier-Beziehung. Mein Buch zeigt die anthropologische und tierethologische Situation eines tiefgegründeten Verwiesenseins aufeinander. Wie Menschen einander instrumentalisieren und mißbrauchen können, so sind viele Formen falschen Umgangs auch zwischen Mensch und Tier möglich. Aber solche Fehlentwicklungen sind gerade der Beweis dafür, daß angemessene Beziehungen möglich sind. Humanität gibt es unter Menschen auch nur, weil Inhumanität leider möglich ist.

Tiere in der Stadt

Wer sich etwas vom pädagogischen und therapeutischen Einsatz von Tieren verspricht, muß sich das Leben von Tieren in städtischer Umgebung vorstellen und dieses rechtfertigen können. Hier gibt es Einwände, die mit einer Rigidität vorgetragen werden, die verblüfft. Ein Beispiel: »Es ist ein nicht sehr wissenschaftlich fundiertes, aber beeindruckendes Experiment, sich gedanklich auf die Ebene des Stadthundes zu begeben. Was sehen die interessierten Augen? Teppichboden oder Treppen, Fahrstuhlkabinen, Pflaster, Asphalt. Und Beine in Bewegung: Nylonstrümpfe und Ringelsokken, nacktes Fleisch zwischen Strumpf und Hosenaufschlag. Aber da – die Stimme aus dem Hintergrund: ›Platz! Bist du von allen guten Geistern verlassen? Was fällt dir ein zuzuschnappen?‹«[4]
Die Überschrift dieses Textes trifft die zivilisationskritische Perspektive genau: »Ex-Wolf im Appartement«. Aber dadurch wird ein so allgemeiner Einwand nicht überzeugender. Es kommt nämlich, wie wir längst wissen, auf die Rasse und den Typ von Hund

an, den man in Stadt und Wohnung hält. Einen Jagdhund, der großen Auslauf haben muß, wird man nicht gerade in der City halten. (Übrigens kommt es dabei weniger auf die Größe an: Eine Dogge ist ziemlich geruhsam und somit unter Umständen besser zu halten als ein Pudel, der ständig in Bewegung sein will und auch mit seiner Nase mehr erleben muß.) Hier ist fachlicher Rat gefragt. Aber er genügt nicht. Eine tierbezogene Stadtplanung muß sich dieses Themas künftig annehmen und für Hundeplätze sorgen, auf denen Tiere frei herumrennen, Artgenossen treffen und mit ihnen spielen können, ohne deshalb in Konflikt mit Kindern und Spaziergängern zu kommen.[5]

Diese Rennplätze dienen natürlich zugleich als Hundeklos. Und hiermit ist ein zweiter Aspekt des Themas Stadthunde angesprochen: Der Hundedreck auf unseren Straßen ist eine Zumutung für uns Menschen. Auf Kinderspielplätzen ist er nicht nur häßlich, sondern medizinisch bedenklich. Wenn das Problem Hundedreck nicht bald gelöst wird, kann man gegen die Konsequenz des Hundeverbots in der Stadt nichts mehr vorbringen. Auch wird der Tierhaß inzwischen so verbreitet sein, daß man schon aus diesem Grunde kein Tier mehr halten kann. Der Hundedreck muß jeweils sofort nach seiner Entstehung beseitigt werden, und zwar durch die Halter.

Ein Beispiel hierfür liefert New York: Vor einigen Jahren gab es ein absolutes Verbot, Hundefäkalien liegen zu lassen. Die Folge war ein reiches Marktangebot an Schaufeln und Tüten, dazu großzügige Hundeplätze, die von normalen Stadtparks abgeteilt waren. Das Gesetz fand hohe Akzeptanz, es gab keinen Rückgang der Hundezahl (übrigens stieg auch die Zahl der ausgesetzten oder euthanasierten Hunde nicht).[6] Man sieht: Hundebesitzer sind offenbar bereit, etwas für ihre Lieblinge zu tun. (Allerdings wohl nicht freiwillig, sondern nur auf Grund einer harten Gesetzgebung.)[7]

Unnötig zu sagen, daß die Dressur bei Stadthunden besondere Bedeutung hat, zum Beispiel im Blick auf die zuweilen zu beobachtende Rücksichtslosigkeit von Besitzern großer Hunde gegenüber

Besitzern kleinerer Hunde. Aber hier gilt, was allgemein richtig ist: Ein Hund, der mit Menschen zusammenleben, ihnen helfen und Freude bringen soll, muß in jedem Falle gut dressiert sein, so daß die städtische Situation nur das fordert, was ohnehin geboten ist im Interesse einer gelingenden Gesellung von Mensch und Tier.

Erziehung tut not

Gute Erziehung ist notwendig, wenn Menschen und Hunde miteinander zurechtkommen wollen. Hunde sind Rudeltiere und von Natur an eine hierarchische Ordnung gewöhnt. Ein Hund, der seinen Platz als rangniederes Tier nicht deutlich vom Menschen zugewiesen bekommt, wird sich über kurz oder lang selbst zum Rudelführer aufschwingen. Das Tier tyrannisiert schließlich sein menschliches Rudel, sprich: seinen Herrn, die Familie oder die Menschen im Alten- und Behindertenheim. Er gehorcht nicht und setzt mit impertinentem Gehabe alles durch, was er will. Wer den Hund dabei hindert, wird angeknurrt oder möglicherweise gebissen. Solche Tiere sind für das Zusammenleben mit Menschen untragbar, und viele von ihnen enden im Tierheim, werden ausgesetzt oder euthanisiert.[8] Dressur tut also not. Schon beim Welpen muß sie beginnen. Auch wenn ein erwachsener, ursprünglich gut erzogener Hund Anzeichen einer beginnenden Dominanz erkennen läßt, muß schleunigst ein Übungsprogramm angepackt werden. Wer die Kasernenhofatmosphäre[9] nicht mag, die deutsche Übungsplätze leider noch häufig bestimmt, kann seinen Hund mit Geschick und Geduld selber erziehen.[10]

Auch der besterzogene Hund kann einmal falsch reagieren, wenn er beispielsweise erschrickt. Der Veterinärmediziner Bruce Fogle, Mitbegründer der Gesellschaft für Mensch-Tier-Beziehung in Großbritannien, hat deshalb den folgenden Kodex für den richtigen Umgang von kleinen Kindern mit Hunden zusammengestellt:[11]

- Kinder müssen lernen, niemals ein fremdes Tier anzufassen.
- Kinder müssen Respekt vor Tieren und die wichtigsten Anzeichen für eine Gefahr lernen.
- Kinder müssen lernen, niemals ihr Gesicht dem Gesicht eines Hundes zu nähern.
- Kinder müssen lernen, daß sie zwei kämpfende Hunde nicht trennen dürfen.
- Kinder müssen lernen, daß sie ein Tier während des Fressens nicht stören und ihm keinesfalls seinen Eßnapf wegnehmen dürfen.
- Kleine Kinder dürfen niemals ein größeres Tier an der Leine ausführen.

Ab etwa 6 bis 8 Jahren können Kinder an der Erziehung eines (kleineren) Hundes selbst aktiv mitwirken und sich so eigenen Respekt als ein höherrangiges ›Rudelmitglied‹ beim Familienhund schaffen.
Vereine, die Tiere an ältere Menschen oder an Pflegeinstitutionen vermitteln, müssen die wichtigsten Grundlagen einer guten Dressur an diese Menschen vermitteln und eventuell auch mit ihnen einüben. Von Zeit zu Zeit muß bei Besuchen geprüft werden, ob sich bei einem Tier dominante Verhaltensweisen abzeichnen. Dann muß von neuem trainiert werden: im Interesse von Menschen und Tieren.

Tiere in Institutionen

Am pointiertesten fällt bei uns immer noch die Kritik an der Haltung von Tieren in Schulen, Heimen und Gefängnissen aus. ›Unzumutbar‹ heißt das Urteil. Es bezieht sich meist auf die Institution selbst, deren Ordnungsgefüge man etwas so Unberechenbares wie ein Tier nicht aufbürden dürfe. Unzumutbar sei eine Tierhaltung auch für das Personal, handle es sich dabei um Lehrer,

Pfleger oder Wärter. Sie hätten mit der Betreuung ihrer Schutzbefohlenen genug zu tun und sollten sich nicht noch um die Fütterung, Reinigung und Unterbringung von Tieren kümmern müssen. Auch für die Menschen, denen die Tiere als Hilfe und Freude zugedacht seien, bedeuteten sie, aufs Ganze gesehen, eher eine Last. Jedenfalls rechtfertigten die wenigen tierliebenden oder tierbedürftigen Schüler, Patienten und Strafgefangenen keinesfalls eine generelle Umstellung auf einen Zoo. Die meisten fühlten sich eher gestört und beeinträchtigt. Schließlich sei ein solcher Sozialdienst den Tieren nicht zuzumuten. Wieviel sie litten, wisse man nicht und könne dies bei dem durchorganisierten Betrieb auch nicht bemerken. Pflege und Bewegung würden nicht garantiert, und so würden sie ausgerechnet in der Gesellschaft vieler Menschen verwahrlosen, weil keiner sich persönlich verantwortlich fühle.

Ich will diese Einwände nicht einzeln diskutieren. Sie sind nicht unsinnig, solange sie nicht global vorgetragen, sondern auf den einzelnen Fall angewendet werden. Darauf aber kommt es an. Im folgenden werde ich einige Richtlinien nennen, die bei dem Einsatz von Tieren in Institutionen zu berücksichtigen sind. Ich bewege mich mit diesen generellen Bemerkungen auf der Ebene, die ich eben als zu global ablehnte. Sie taugen deshalb nur als Maximen, nicht aber zur Anweisung im Einzelfall. Dafür gibt es Literatur. Leider haben wir hierfür in Deutschland einen ungeheuren Nachholbedarf. Mein Buch soll unter anderem dazu dienen, ihn aufzuholen.[12]

Ich halte mich an die Adressaten, denen die Kritiker das Verdikt ›unzumutbar‹ entgegenschleudern: das Betreuungspersonal, die Betreuten und die Tiere:

Es gibt eine Maxime, die jeder, der eine Schule, ein Heim, ein Gefängnis betreibt, unbedingt beachten muß: Die Lehrerschaft, das Heimpersonal, die Strafvollzugsbeamten müssen geschlossen hinter dem Programm stehen. Ein einziger Mitarbeiter kann schuld daran sein, daß das Experiment scheitert: durch Miesmacherei, Tierquälerei, Nachlässigkeit. Jeder einzelne muß also, bevor der Versuch beginnt, vom Sinn und den einzelnen Zwecken des Pro-

jektes überzeugt werden. Das sollte durch Fachleute von außen geschehen.[13]
Ferner müssen die Mitarbeiter (und zwar alle, auch Heizer, Putzfrauen, Hilfskräfte!) über die Theorien, die hinter dem Versuch stehen, orientiert sein. Das geht nicht ohne eine Einführung in die Thematik Mensch-Tier-Beziehung und die speziellen gerontologischen, pädagogischen, psychologischen Teilaspekte.
Dasselbe gilt für die Planung: Das Personal muß einbezogen und auch bei kleineren Forschungsarbeiten eingebunden werden. Dadurch entstehen Motivation und ein Interesse an dem Fortgang des Projektes. Nützlich sind Dokumentationen darüber, wie der Tiereinsatz auf alle Beteiligten wirkt.
Die Arbeitsbelastung des Personals muß so niedrig gehalten werden wie irgend möglich. Alle Pflichten sollten Freuden sein: Nur freiwillige Helfer sind gute Helfer. In der Praxis hat sich gezeigt, daß Mitarbeiter diese Dienste gern übernehmen und überhaupt mit Tieren gern zusammen sind. Tiere liefern Abwechslung und, wie im Kapitel »Altwerden mit Tieren« beschrieben, häufig auch für das Pflegepersonal psychische Entlastung.
Was für die Mitarbeiter gilt, gilt auch für Schüler, Heimbewohner und Strafgefangene: Sie müssen auf die neuen tierischen Hausgenossen vorbereitet sein. Es sollte dafür gesorgt werden, daß niemand, der kein Tier mag, mit ihm in Berührung kommen muß. Das bedeutet zum Beispiel die bauliche und organisatorische Trennung von Tiertrakt und Nichttiertrakt. Nur unter dieser Voraussetzung wird niemand, der dies nicht mag, durch Hundegebell oder Papageiengekreisch belästigt. Allergiker müssen vorher ausgemacht und vor den Tieren geschützt werden. (Die Praxis in anderen Ländern zeigt allerdings, daß kleinere Allergien von den Patienten zum Teil in Kauf genommen werden, um des Tierkontaktes willen.[14] Nur in schwereren Fällen müssen radikale Vorkehrungen getroffen werden, z.B. durch Umzug in einen absolut tierfreien Trakt. Natürlich kann man unter Umständen auch das Tier wechseln.)
Schließlich (und wirklich last but not least!) geht es um die Lebens- und Glücksinteressen der Tiere. In Abstimmung mit Tierethologen,

Tierärzten und Tierschutzorganisationen muß ihre Existenz so eingerichtet werden, daß sie nicht nur nicht leiden, sondern sich ihres Lebens freuen. Es gibt hierfür bei jeder Tierart Kriterien, die bei Kontrollen angewandt werden müssen. Das gilt besonders für Streßsymptome. Wenn ein Hund zum Beispiel nicht mehr kommt, wenn man ihn ruft, sondern sich unter den Tisch verkriecht, oder besonders viel schläft und temperamentlos wirkt, sind dies wahrscheinlich Anzeichen dafür, daß er überfordert ist und Ruhe, Auslauf oder eine andere Umgebung braucht.
Besonders im Blick auf das Wohlbefinden von Tieren in Institutionen gibt es viel englische Literatur. Diese Bücher sind gemeinsam von Tierärzten, Zoologen und Psychologen verfaßt und liefern genaue Anleitungen für Planung, Durchführung und Dokumentation von Tiereinsätzen in Schulen, Heimen und Gefängnissen.[15]
Wir bleiben bei den tierbezogenen Überlegungen. Das Tier ist innerhalb der Mensch-Tier-Beziehung der schwächere Teil. Es ist in einem durchgängigen Sinne vom Menschen abhängig und bedarf deshalb des Schutzes immer dann, wenn wir es näher an uns heranziehen. Dabei gilt für den therapeutischen und pädagogischen Einsatz, was für jede Domestikation zutrifft: Unsere Sympathie genügt als Richtschnur für das tierische Glück keinesfalls, sondern wir müssen im Gegenteil auf der Hut sein, daß wir mit ihr den Weg zur Einrichtung einer tiergemäßen Existenz nicht versperren. Hier gibt es viele naive Fehler einer unsinnig direkten Übertragung unserer eigenen Präferenzen auf den Gebieten Ernährung, Temperatur, Bewegung, Emotionalität. Trotz aller ›Du-Evidenz‹ bleibt das Tier ein eigenes Wesen in eigener Welt, mit Lebensbedingungen, die von unseren unterschieden sind. Wenn gewisse Koordinaten tierischer Existenz sich mit unseren vertragen oder gar identisch sind, sollte man diesen Glücksfall als solchen nehmen, d.h. ihn als Ausnahme genießen, aber darüber nicht andere Bedingungen vergessen, die keineswegs menschlich sind, sondern gerade die Einzigartigkeit dieses Lebewesens ausmachen. Einfacher und kürzer gesagt: Wer ein Tier mag und es sich näherziehen will, muß zuerst nach dessen Wesen fragen. Er wird dann staunen, was ihm

da ins Haus kommt. Erst nachdem er das Tier in seiner eigenen Natur kennengelernt hat, wird sich das Zusammenleben mit ihm als eine für beide beglückende Beziehung gestalten lassen. Ich nenne nur beispielhaft einige solcher Aspekte: tierische Ausdrucksweisen, Tag- oder Nachtaktivität, Sozialitätsbedürfnis, Interaktionsfähigkeit, Aggressionsgrad, Lernfähigkeit, arteigene Form der Sozialität (z. B. Rudel- oder Einzeltier).

Als Folge dieser Einsichten und Kenntnisse ergeben sich: artgerechte Haltung, veterinärmedizinische Betreuung und Kontrolle, eine Chance des Rückzuges in dem Menschen unzugängliche Tabuzonen, eine stabile Bezugs- und Vertrauensperson, eine gewisse Regelmäßigkeit des Tagesablaufs, die Möglichkeit freien Auslaufs (Katzenklappe) etc. etc.

Unabdingbar für die Haltung eines Tieres ist also eine genaue Kenntnis seiner Natur. Auskunft über Tierprofile kann man in jeder guten Tierhandlung bekommen. Nützlich ist ein vorheriger Besuch beim Tierarzt. Außerdem gibt es Organisationen, die sich eigens der Mensch-Tier-Beziehung widmen. Aber gerade hier besteht, wie gesagt, in der Bundesrepublik noch erheblicher Nachholbedarf.

Zu dem Problem artgerechter Haltung habe ich in den einzelnen Kapiteln gelegentlich etwas gesagt. Ich erinnere an die Pferde auf dem Erlenweiher Hof, die nicht in Boxen, sondern im Freien gehalten werden: weil das Pferd ein Herdentier ist und sich auf der Koppel wohler fühlt, auch wenn es dort kälter ist als im Stall.[16]

Neben artgerechter Haltung kommt der Ausbildung des Tieres hohe Bedeutung zu. Tiere sind lernfähig, und wenn sie ein neues Verhalten gelernt haben, leiden sie nicht an dieser neuen, von uns bevorzugten Lebensweise. Aber es gibt Grenzen der Lernfähigkeit, die man kennen muß. Außerdem gibt es Unterschiede für die Weise des Lernens selbst. Dafür haben uns schlimme Berichte aus der Welt des Reitsports vor nicht langer Zeit die Augen geöffnet. Ich gebe im folgenden einige Aspekte für dieses Zusammenwirken des Respektes vor dem arteigenen Profil eines Tieres und seiner Lernfähigkeit bei Hunden und Katzen.

Rasseprofile von Hunden

Die meisten Hunde erkennen nur einen Herrn als ›Alpha-Tier‹ an bzw. nur wenige Menschen, z. B. eine Familie. Hunde in Heimen müssen aber für alle dasein und auch allen gehorchen. Dafür gibt es besser und schlechter geeignete Rassen.[17] Manche Hunde schließen mit fast allen Menschen rasch Freundschaft, andere bleiben zurückhaltend und scheu. Hunde, die man auf Grund ihrer Zuneigung zu sehr vielen Menschen oft als ›charakterlos‹ bezeichnet, eignen sich für das Leben in Heimen besser. Im übrigen hat man in den USA bereits erste Zuordnungen zwischen unterschiedlichen Patienten und verschiedenen Hunderassen vorgenommen. Wichtige Kriterien sind dabei Aggressivität, Dominanzstreben, Gelehrsamkeit und Aktivitätsgrad.[18]

Die folgenden Tabellen entsprechen dem Urteil von 200 amerikanischen Hundefachleuten (je 50 Preisrichtern bei Hundeausstellungen und Gehorsamkeitsprüfungen, Hundetrainern und Tierärzten), die von Wissenschaftlern der Veterinärmedizinischen Fakultät der Universität Davis, Kalifornien, befragt worden waren.[19] (In ihrer Schrift finden sich weitere Tabellen für andere Rassen.)

Rassenprofil des Golden Retrievers

Charakterzug	Prozent der Nennungen
Erregbarkeit	20
Aktivitätsgrad	40
Neigung zu beißen	10
Neigung zu unerwünschtem Bellen	10
Spielfreudigkeit	80

Charakterzug	Prozent der Nennungen
Gelehrigkeit	80
Eignung als Wachhund	20
Aggressivität gegen Hunde	10
Dominanztrieb	10
Neigung, sein Territorium zu verteidigen	10
Zärtlichkeitsbedürfnis	70
Zerstörungswut	10

Rassenprofil des Cockerspaniels

Charakterzug	Prozent der Nennungen
Erregbarkeit	60
Aktivitätsgrad	50
Neigung zu beißen	80
Neigung zu unerwünschtem Bellen	60
Spielfreudigkeit	50
Gelehrigkeit	60
Eignung als Wachhund	20
Aggressivität gegen Hunde	30
Dominanztrieb	50
Neigung, sein Territorium zu verteidigen	20

Charakterzug	Prozent der Nennungen
Zärtlichkeitsbedürfnis	90
Zerstörungswut	60

Rassenprofil des Deutschen Schäferhundes

Charakterzug	Prozent der Nennungen
Erregbarkeit [20]	50
Aktivitätsgrad	40
Neigung zu beißen	50
Neigung zu unerwünschtem Bellen	60
Spielfreudigkeit	60
Gelehrigkeit	90
Eignung als Wachhund	90
Aggressivität gegen Hunde	90
Dominanztrieb	70
Neigung, sein Territorium zu verteidigen	90
Zärtlichkeitsbedürfnis [21]	30
Zerstörungswut	90

Diese Tabeln wurden inzwischen so ausdifferenziert, daß wir heute für mindestens 50 verschiedene Hunderassen recht verläßliche Charakterprofile aufstellen können. Die folgende Liste[22] enthält eine Übersicht über die wichtigsten Rassen, geordnet nach sieben verschiedenen Gruppen. (Der Begriff ›Reaktion‹ umfaßt die Charakterzüge: Neigung zu beißen, Erregbarkeit, Neigung zu unerwünschtem Bellen, Aktivitätsgrad und Zärtlichkeitsbedürfnis; der Begriff ›Aggressivität‹ die Charakterzüge: Neigung, sein Territorium zu verteidigen, Eignung zum Wachhund, Aggressivität gegen Hunde, Dominanztrieb):

Gruppe 1 (mittlere Aggressivität, niedrige Gelehrigkeit, niedrige Reaktion):
Malteser, Cockerspaniel, Pekinese, Beagle, Yorkshire-Terrier, Weimaraner, Irischer Setter.

Gruppe 2 (sehr niedrige Aggressivität, niedrige Gelehrigkeit, sehr niedrige Reaktion):
Englische Bulldogge, Basset, Norwegischer Elchhund, Englischer Schäferhund.

Gruppe 3 (sehr niedriger Aggressivitätsgrad, niedrige Gelehrigkeit, niedrige Reaktion):
Samoyede, Husky, Afghan, Boxer, Dalmatiner, Dogge, Chow-Chow.

Gruppe 4 (mittlere Aggressivität, sehr hohe Gelehrigkeit, hohe Reaktion):
Pudel-Varianten, Welsh Corgi.

Gruppe 5 (niedrige Aggressivität, hohe Gelehrigkeit, niedrige Reaktion):
Labrador Retriever, Golden Retriever, Collie, Neufundländer.

Gruppe 6 (sehr hohe Aggressivität, sehr hohe Gelehrigkeit, niedrige Reaktion):
Deutscher Schäferhund, Dobermann, Rottweiler.

Gruppe 7 (sehr hohe Aggressivität, mittlere Gelehrigkeit, hohe Reaktion):
Terrier-Varianten, Dackel.

Dabei ist noch zu beachten, daß männliche Tiere höhere Aggressivität zeigen als weibliche Tiere. (Kastration verändert diese Charakterzüge nur wenig.) Wer also einen Hund aus einer Gruppe anschaffen möchte, die einen höheren Aggressionsgrad aufweist, und gleichwohl kein sehr aggressives Tier will, kann eine Hündin auswählen.
Solche Forschungen müssen noch verfeinert werden, geben aber schon jetzt wichtige Aufschlüsse darüber, welche Menschen mit welchen Hunden Glück haben werden.

Das Halten von Katzen

Bei Katzen spielt die Zugehörigkeit zu einer bestimmten Rasse für ihre pädagogische und therapeutische Tauglichkeit kaum eine Rolle.[23] Worauf es ankommt, ist ihre Individualität, ihr Temperament. Um so wichtiger ist die richtige Auswahl. Ob Abessinierin, Siamesin oder Hauskatze, worauf man achten muß, ist, ob sie scheu oder frech gegenüber Menschen ist, ängstlich oder rauflustig gegenüber anderen Katzen, verschmust oder distanziert. Normalerweise zeigt sich dieses Profil bereits bei jungen Kätzchen.[24] Über den Unfug der Behauptung, Katzen seien ›falsch‹ und einer stabilen Mensch-Tier-Beziehung nicht fähig, habe ich im Kapitel »Leben mit Tieren« schon das Notwendige gesagt. Katzen, die mit Menschen aufwachsen, sind ebenso anhänglich und ›treu‹ wie Hunde, auch wenn sie nicht ständige Nähe suchen. Sie sind gern über Stunden allein und eignen sich also gut für Institutionen, die nicht dauernd von Menschen belebt sind.[25] Katzen ziehen sich auch zurück, wenn ihnen der Betrieb zu aufregend wird, und sind dann lange unauffindbar. Sie können sich also selber gegenüber zu viel Zuwendung schützen.
Katzen sind allerdings sehr sensibel gegenüber Menschen, die Katzen nicht mögen, und reagieren auf sie manchmal mit Streß. Es kommt also darauf an, daß die Menschen in einem Heim oder auf

einer Station alle mit der Anwesenheit von Katzen einverstanden sind. Nur dann fühlt sich die Katze willkommen und bleibt gesund. Daß es Fragen gibt, die entweder noch nicht generell geklärt sind oder im Einzelfall entschieden werden müssen, zeige ich an folgendem Beispiel: Der Veterinärmediziner und Mitbegründer der Gesellschaft für Mensch-Tier-Beziehung Alan Beck empfiehlt, Katzen die Krallen zu stutzen, damit sie in menschlicher Umgebung keinen Schaden anrichten können.[26] Davon halte ich wenig. Ich meine, Katzen sollten sich wehren können, auch gegenüber Menschen, vor allem aber gegenüber Hunden, denen sie unter Menschen stets begegnen. Außerdem: Ohne Krallen kommt keine Katze auf einen Baum. Ich meine aber, daß dieser Bereich zur Katzenwelt unbedingt dazugehört und wir nicht das Recht haben, ihr Leben um diese Dimension zu kürzen.

Worauf es mir ankam, war, wie gesagt, nicht eine Auflistung notwendiger Voraussetzungen für den pädagogischen und therapeutischen Einsatz von Tieren und nicht einmal die Entscheidung über Einwände und Kritiken, wie sie in diesem Zusammenhang vorgetragen werden, sondern der Aufweis notwendiger Sensibilisierung. Mensch-Tier-Beziehungen können nur gelingen, wenn wir Menschen die Tiere sie selbst sein lassen, d. h. ihnen Lebensbedingungen schaffen, die ihrer Natur entsprechen.

Ausblick

Wichtige Akteure

Mein Bericht hat zweierlei gezeigt: Das Thema tiergestützte Pädagogik und Therapie ist zwar mittlerweile ins öffentliche Bewußtsein geraten, es bedarf aber besonders in Deutschland noch kräftiger Förderung. Andere Länder sind weiter, was Mentalitäten und Strategien betrifft, die ich nun noch einmal ins Auge fasse, zusammen mit den Akteuren, die hier wichtig sind: Öffentlichkeit, Vereine und Stiftungen, Schulen und Volkshochschulen, Wissenschaften, Politik und Verwaltung, Tierärzte.

Öffentlichkeit

In manchen Ländern ist die heilsame Verbindung von Kindern, Alten, Behinderten und Tieren längst selbstverständlich erfahrbare Wirklichkeit. Schulen, Jugendfarmen, Spielplätze, Zoos und alle Formen von Heimen, auch Gefängnisse beweisen das. Bei uns wirken Schafe, Ziegen und Ponys auf Kinderspielplätzen immer noch exotisch. Statt dessen trifft man auf Schilder, die Kinder und Tiere von Rasenflächen fernhalten. Aber das kann sich ändern, und die Aussichten dafür sind günstig, wenn man auf die neuen Wertmaßstäbe und Lebensstile der jüngeren Generation schaut.[1] Zusammen mit den Verbotsschildern werden die sterilen Rasenflächen verschwinden. Die Tierpädagogik wird das Anfassen von Tieren in ihre Konzepte aufnehmen. Immer mehr Schulen werden

Tiere haben. Alte werden ihr Tier mit ins Heim nehmen dürfen oder dort Tiere vorfinden. In Kliniken werden Tiere herumlaufen. Schließlich werden auch in Haftanstalten nicht nur Fische erlaubt sein. Die Vorbehalte gegen tierische Unordnung und Unsauberkeit werden weichen zugunsten von Heiterkeit und Lebensfreude.

Hierfür bedarf es viel guten Willens: der Stadtverwaltungen mit ihren Ordnungs-, Gesundheits- und Grünflächenämtern, der Schulbehörden und Kultusministerien, der Justizbehörden, Krankenhäuser und Heimverwaltungen, der Kirchen und der sozialen Verbände.

Für eine allgemeine Einstellungsänderung der Bevölkerung sind vor allem die Medien gefordert. Zeitungen können viel für die Aufschließung eines neuen Mensch-Tier-Bewußtseins tun. Das hat die rasche Etablierung des Ökologiethemas gezeigt. Was für Zeitungen gilt, gilt ebenso für Funk und Fernsehen. Statt Lassie-Serien ließen sich Serien denken, die auf realistischen Kinderfarmen und Pferdehöfen spielen. Die regionale Abendschau sollte häufiger über neue Projekte berichten. Stadtverwaltungen und kommunale Ämter sollten Informationsblätter herausgeben, aus denen die Öffentlichkeit erfahren kann, wo sie mit Tieren in Verbindung kommen kann, welche Altersheime Tiere zulassen, wo Jugendfarmen sind etc.

Das Institut für Interdisziplinäre Erforschung der Mensch-Tier-Beziehung in Wien gibt eine Serie von Faltblättern und Broschüren heraus, welche die Öffentlichkeit über die Haltung von Heimtieren und die damit verbundenen Probleme unterrichten. Auch die Interessengemeinschaft Deutscher Hundehalter und der Verein Deutscher Katzenfreunde in Hamburg haben eine Fülle nützlicher Informationsschriften publiziert. Das sind willkommene Aktivitäten, von denen es in anderen Ländern (vor allem in den Vereinigten Staaten, Holland und Großbritannien) eine Fülle gibt – und bei uns trotz großer Fortschritte auf vielen Feldern immer noch Nachholbedarf.

Vereine und Stiftungen

Das Vereins- und Stiftungswesen ist in Deutschland weniger ausgefächert als in den Vereinigten Staaten oder Großbritannien. Deutschland ist eine ›Staatskultur‹, während die angelsächsischen Länder ›Gesellschaftskulturen‹ sind, mit ausgeprägterem Sinn für Aktivitäten, die sich nichtstaatlichen Impulsen verdanken. Ohne Vereine und Stiftungen gäbe es kein kulturelles Leben in den Vereinigten Staaten.

Nun steht es in Deutschland im Blick auf Vereine, die sich mit Tieren beschäftigen, gar nicht so schlecht. Was fehlt, ist die Verbindung zwischen Tier und Gesellschaft. In anderen Ländern sind es Tierschutz- und Tierzuchtvereine, die über ihr eigentliches Vereinsziel hinaus sich der Mensch-Tier-Beziehung annehmen. Sie geben alten Leuten, die ein Tier haben möchten, die Sicherheit, daß dieses Tier auch versorgt wird, wenn sie sterben oder schwer krank werden. Sie organisieren Tierbesuche in Kliniken und Heimen. Sie gründen Jugendfarmen. Sie machen Aufklärungsarbeit in Schulen und Kommunen. Sie arbeiten mit Tierhandlungen, Tierärzten und Zoodirektoren zusammen. Sie organisieren Tiertage für die Kommune und für Schulen.

Solche Aktivitäten fehlen bei uns fast völlig. Die Tierzuchtvereine beschränken sich auf ihre Rasse und entsprechende Aktivitäten, Journale und Preise. Nur selten kommt über den Züchtungszweck Gesellschaft ins Blickfeld.

Das sollte sich rasch ändern. Die Vereine könnten mit dazu beitragen, daß der Einsatz von Tieren in Schulen und Heimen die tierspezifischen Interessen berücksichtigt. Dieses Interesse würde wiederum eine stärker tierethologisch ausgerichtete Vereinsorientierung fördern. Und so würde sich der Kreis einer neuen Mensch-Tier-Beziehung schließen.

Auch das Stiftungswesen sollte sich in Deutschland stärker der Mensch-Tier-Beziehung annehmen. Nur sehr vereinzelt trifft man auf dieses Ziel. Eine Ausnahme bildet die Schweisfurth-Stiftung in

München. Sie unterstützt Aktivitäten, die ein ganzheitliches Bewußtsein und Prozesse fördern, die das Gleichgewicht der Natur anstreben. Da haben Tiere Platz und auch Mensch-Tier-Beziehungen. Der Erlenweiher Hof bei München, von dem im Kapitel »Behinderungen ertragen mit Tieren« die Rede war, wird von der Schweisfurth-Stiftung unterstützt.
Es gäbe viele Möglichkeiten, die Aufgaben, von denen dies Buch berichtete, durch Stiftungen zu unterstützen. In dem Maße, in dem der Stiftungsgedanke in Deutschland an Boden gewinnt, sollte auch dieser Stiftungszweck ins Bewußtsein treten: als Ergänzung und Vertiefung des großen Weltthemas Ökologie. Die Mensch-Tier-Beziehung verdient ›Kultursponsoring‹, weil sie in den Kernbereich eines neuen humanen Umgangs des Menschen mit der Natur gehört.

Schulen und Volkshochschulen

Wer Mensch-Tier-Beziehungen in unserem Lande verbessern will, muß bei den Kindern beginnen. Mein Bericht hat immer wieder gezeigt, daß Kinder für diese Verbindung besonders aufgeschlossen sind. Diesen Umstand sollte man nutzen. Nicht nur durch Schulzoos, sondern auch durch Unterrichtseinheiten und einen tiernahen Unterricht sollte man die Welt der Tiere ins kindliche Bewußtsein bringen. Das muß nicht immer nur im Biologieunterricht geschehen, sondern kann in allen Fächern stattfinden. So eignet sich z. B. der Kunstunterricht hervorragend dazu, die Verbindung von Mensch und Tier anschaulich zu machen. Künstler haben stets und in allen kunstgeschichtlichen Perioden über die Beziehung zwischen Mensch und Tier nachgedacht, von den Höhlenzeichnungen in Lascaux und Altamira bis zu zeitgenössischen Malern wie Paul Klee oder Horst Janssen: eine unerschöpfliche Fundgrube zur Veranschaulichung unseres Themas!

In der Zusammenfassung des Internationalen Symposiums für Mensch-Tier-Beziehung in Wien 1983 sagte Leo Bustad, was er tun würde, wenn er für einen Moment als Diktator eines Landes die Verhältnisse im Blick auf unser Thema kommandieren dürfte: »Als Diktator würde ich in allen Zahnarztpraxen und Ambulatorien, Klassenzimmern von Elementarschulen, Tagungsräumen und Kantinen von Bürogebäuden, Behörden und Gefangenenhäusern, Schulen und Ämtern Aquarien einbauen. Alle Prüfzimmer würden eines oder mehrere freundliche und folgsame Tiere als Bewohner haben.«[2] Der Sinn ist deutlich: Tiere sollen Schulen und Prüfungen menschlicher machen.

Was für die Bewußtseinsbildung in Schulen gilt, kann auch für Volkshochschulen Bedeutung bekommen. Eigens angebotene Kurse können den Sinn für das Thema Mensch-Tier-Verbindung wekken und nach einzelnen Richtungen hin bilden. Studenten jeden Alters würden Anregungen und Unterstützunng bekommen, um für ihre Bedürfnisse und ihren Lebensabschnitt sich der Geselligkeit oder Hilfe von Tieren zu versichern. Unnötig zu sagen, daß besonders ältere Menschen auf diese Weise rechtzeitig den Umgang mit Tieren lernen und den Reichtum dieser Beziehung erfahren können. Dabei wäre die Bildung von kursüberdauernden Kreisen wünschenswert, wie sie auf anderen Feldern gegenwärtig als Ergebnis von Volkshochschulveranstaltungen zu beobachten ist. Auch könnten Kurse in Verbindung mit bereits bestehenden Vereinen veranstaltet werden.

Wissenschaften

Im Einführungskapitel hatte ich geschrieben, es sei noch offen, bei welcher Disziplin sich das Thema Mensch-Tier-Beziehung etablieren werde. Einerlei, ob diese Entscheidung bald fällt oder ob das Thema sich vielleicht sogar zu einem eigenen Fach auswächst, nie wird es ohne interdisziplinäre Forschung abgehen. Wenn es je einen

wissenschaftlichen Forschungsgegenstand gibt, der nach interdisziplinärer Arbeit verlangt, dann ist es die Mensch-Tier-Beziehung. In den angelsächsischen Ländern sind die Wissenschaftskulturen auf interdisziplinäre Arbeit eher vorbereitet, es gibt sehr viel mehr ›Centers‹ für Forschungskooperation als bei uns. Wie wäre es, wenn man das neue Thema benutzte, um neue Formen fachübergreifender Bearbeitung an ihm auszuprobieren?
Das Gesagte gilt auch für Kongresse. Es ist kein Zufall, daß bisher alle großen Kongresse zum Thema in anderen Ländern durchgeführt wurden: in den Vereinigten Staaten, in Großbritannien, in Monaco und in Österreich. Es wäre schön, wenn einer der nächsten Kongresse in Deutschland stattfände, unter großer Beteiligung von deutschen Zoologen, Ethologen, Anthropologen, Psychologen, Pädagogen, Gerontologen. Unbedingt erforderlich ist jedenfalls eine bessere Kommunikation unter den einzelnen, in verschiedenen Disziplinen arbeitenden Forschern.

Politik und Verwaltung

Die politikgeschichtliche Tradition des deutschen Ordnungs- und Obrigkeitsstaates ist eine Entwicklung, wie ich sie mir wünsche, nicht günstig. Einige der sogenannten sekundären Tugenden betreffen unser Thema direkt: Ordnung, Sauberkeit, Disziplin. Tiere leben nach ihrem eigenen ›Gesetz‹, das sich nicht immer in die ›Durchgängigkeit‹ preußisch-deutschen Gesetzesdenkens fügen will. Tiere stören durch Eigenwillen und ›Unarten‹.
Wenn vollends bestimmten Institutionen, wie Schule und Gefängnis, die Erziehung oder die Rückkehr zu gesetzestreuem Ordnungssinn als besondere Aufgabe zugeschrieben werden, ist der Konflikt vorprogrammiert: Tiere behindern diese Disziplinierungsstrategien und wirken somit einer Pädagogik entgegen, die auf Durchgängigkeit und Konsequenz abstellt. Ich habe zu diesem Thema an verschiedenen Stellen viel Kritisches gesagt und will mich

nicht wiederholen. Statt dessen entwickle ich die optimistische Perspektive einer Politik und Verwaltung, wie es sie in anderen Ländern und bei uns in Ansätzen gibt.

Juristen sollen nicht nur prüfen, was aufgrund des geltenden Gesetzes geht und was nicht geht, sondern sie sind auch dazu da, neuen gesellschaftspolitischen Vorstellungen rechtliche Wege zu öffnen. Im Blick auf unser Thema handelt es sich dabei vornehmlich um Haftungs- und Versicherungsprobleme. Wer eine Jugendfarm stiftet, gründet oder unterhalten will, begibt sich auf ein juristisch unsicheres Feld und ist auf Rechtsbeistand angewiesen. Eine bürgernahe Politik wird ihm vielerlei Rat angedeihen lassen und selber auf Wege und Auswege im Dickicht der Paragraphen sinnen. Dabei verdienen unbürokratische Versuchsanordnungen den Vorzug. Der Grüne Tisch und die Lange Bank töten jede Motivation, bringen jede Initiative zu Fall. Häufig handelt es sich um Experimente, deren erste Phase man unterstützen muß, damit es nicht die letzte bleibt.

Hier können und müssen Juristen helfen. Einige tun es auch in Deutschland. Ein überzeugendes Beispiel lieferte die saarländische Kultusverwaltung bei der Einrichtung sogenannter ›Offener Schulen‹ nach dem britischen Muster. Diese Schulen stehen in engem Austausch mit der Kommune, mit Elternhäusern, mit Vereinen und Verbänden. Da gibt ein Handwerksmeister in seiner Werkstatt eine Kostprobe seines Berufes, da backt ein Vater in der Schule einen Kuchen, da gibt eine Mutter, die Chemikerin ist, eine Chemiestunde, da versorgen Kinder Gärten oder lesen älteren Menschen vor, da werden Erfahrungen auf einem Bauernhof gemacht. Angesichts dieses Projektes schlugen die Juristen zunächst die Hände über dem Kopf zusammen: Mit dieser Fülle von Rechtsproblemen könnten sie unmöglich fertig werden. Am Ende war dann doch alles abzusichern und in Verwaltungsbestimmungen zu gießen. Versicherungen hatten sich gefunden, die quer zu ihren Bestimmungen neue Verträge machten, und für die restliche Absicherung von Schadensfällen, die sich gegenwärtig noch niemand vorstellen kann, fand sich auch noch eine rechtliche Lösung.

Nach diesem Muster müßten sich auch neue Mensch-Tier-Beziehungen rechtlich formen lassen: auf Kinderspielplätzen und Jugendfarmen, in Kliniken und Heimen, auch in Gefängnissen. Eine Politik, die bürgernah sein will (und das werden in Zukunft alle Parteien anstreben), muß die Hand am Puls der Zeit haben und sich Bürgerwünschen und Bürgerbewegungen gegenüber offen zeigen. Hier gilt wie nirgends sonst der Wahlspruch, daß, wo ein Wille ist, sich auch ein Weg finden wird.

Der neue Tierarzt

Eine Kleintierpraxis wird in Zukunft mehr leisten als die bloße Behandlung kranker Tiere. Das prophezeite in seiner Zusammenfassung des Wiener Symposiums Leo Bustad, und er fuhr fort:

> Mehr und mehr wird von diesem Berufsstand und von verwandten Berufen die Beratung der Besitzer von Heimtieren und die Beratung über Auswirkungen der Tierhaltung auf die Gemeinschaft verlangt. Die Besitzer von Tieren erwarten sich tiefergehende Beratung über die Aufzucht von Heimtieren im Hinblick auf die Erziehung, die Korrektur abweichenden Verhaltens und die Abrichtung von Arbeitshunden. Dieser Bereich ist deshalb so bedeutsam, weil es so lange dauern kann, bis eine starke und gesunde Mensch-Tier-Beziehung entsteht oder eine solche kranke Beziehung gesund gepflegt wird.«[3]

Tierärzte sind bisher auf diese Aufgabe so gut wie gar nicht vorbereitet. Aber es gibt in einigen Staaten gute Ideen, die teilweise schon curriculare Form angenommen haben.[4] Sehr weitreichende Pläne für eine Kooperation zwischen Human- und Tiermedizin entwickelten A. M. Beck und J. Quackenbush für die veterinärmedizinische Abteilung der Universität Philadelphia: über die Behandlung von Tieren hinaus sei eine neue Sensibilität für die Tierhalter und Eigner vonnöten. So erfordere z. B. die Frage der Euthanasie von Tieren sehr viel mehr als nur die Berücksichtigung der tierischen Situation. Das gesamte Umfeld der Mensch-Tier-Beziehung müsse mit ins Spiel kommen.[5] Der Ethologe und Veterinärmediziner Alan Beck nimmt die gesamte städtische Population in den Blick und stellt fest, daß sie sich in zwei Lager spaltet: diejenigen, die Tiere lieben – und diejenigen, die Leute hassen, die Tiere lieben. Es sei der Veterinärmediziner, der hier vermitteln und schlichten könne, sowohl in seiner privaten Praxis wie auch in öffentlicher Wirksamkeit.[6]

Eine ähnliche Umsteuerung wird auch für das veterinärmedizinische Studium selbst gefordert: »Halten wir Vorlesungen über Tiere, oder lehren wir Studenten?«[7] Der künftige Tierdoktor müsse nicht nur mit medizinischen Kenntnissen ausgestattet, sondern als Mensch in den Stand gesetzt werden, seinen Beruf in einem umfassenden Sinne auszuüben. Dazu gehöre die Einsicht in die Rolle, die das Haustier für die Menschen bedeutet, die es halten und mit ihm leben. Mit dem Tier, das dem Tierarzt gebracht wird, kommen sein Besitzer und die ganze Familie ins Spiel. Man weiß, daß Krankheiten oder Verhaltensstörungen von Haustieren zuweilen die Krankheiten oder Verhaltensstörungen ihrer Besitzer spiegeln. Die Bedingungen, unter denen das Tier in einem Haushalt lebt, gehören zur Diagnose und zur Therapie hinzu. Und so wird sich künftig die Praxis des Tierarztes in eine umfängliche Beratung zur Tierhaltung entwickeln. Eltern werden ohne ein Tier in die Sprechstunde kommen, um mit dem Tierarzt zu besprechen, welches Tier er in welcher Situation und für welche Kinder empfiehlt.

Unnötig zu sagen, daß der Tierarzt bei allen Initiativen zur Gründung von Spielplätzen, Farmen und Schulzoos eine Rolle spielen wird. Um dafür gerüstet zu sein, muß er in seinem Studium mit psychologischen Kenntnissen ausgestattet werden: nicht nur über Tiere, sondern auch über Menschen. Möglich, daß auf diese Weise der Beruf des Tierarztes eine neue Attraktivität bekommt und Studenten anziehen wird, die bisher Humanmedizin oder Psychologie studiert hätten, im Interesse eines erweiterten Verständnisses von Humanität.

Tiere als Brücken zum verlorenen Paradies

Das Thema tiergestützte Pädagogik und Therapie aktualisiert die Mensch-Tier-Beziehung in einer Zeit, in der das Verhältnis des Menschen zur Natur in eine Krise geraten ist. Auf allen Feldern verlangt man nach einer Ablösung des modernen Herrschaftsverhältnisses zugunsten postmoderner Teilhabe und eines Austausches, der erweiterte Erfahrungsräume aufschließt. Diese andere Sicht umfaßt nicht nur eine neue Ethik des Natur- und Tierschutzes, sondern hat Folgen für das gesamte Naturverständnis des Menschen. Der Mensch sucht wieder Anschlüsse, die ihm verlorengegangen sind. Wir wissen, daß zu unserer neuen Lebensqualität Dinge gehören, die wir nicht selber machen können, weil sie ›von draußen‹ kommen und uns mit Natur und Kosmos verbinden. Der Umgang mit Tieren entspringt einer solchen Sehnsucht nach dieser verlorenen Welt, aus der wir letztlich selbst kommen.
Konrad Lorenz hat es so formuliert: »Der Preis, den der Mensch für Kultur und Zivilisation zu zahlen hatte, war die Auflösung dieser Bindung, die zerrissen werden mußte, um dem Menschen die Freiheit des Willens zu geben. Aber unsere unaufhörliche Sehnsucht nach dem verlorenen Paradies ist nichts anderes als das halb unbewußte Verlangen nach diesen zerrissenen Banden.«[8]
Tiere können Brücken bilden zu diesem verlorenen Paradies: in wortloser Verständigung, durch Streicheln und Schmusen, durch Paarsitzen oder Herumtollen, in gemeinsamem Atmen.
Wer bereit ist, Tiere in sein Leben zu lassen, wird auf vielen Feldern eine größere Durchlässigkeit für Gesichtspunkte gewinnen, die ihm bisher als irrational oder unordentlich, ineffektiv oder verächtlich galten.

Für das Thema dieses Buches bedeutet diese Umorientierung eine neue Sensibilisierung im Blick auf die Schäden jeder ›totalen Institution‹. Tiere sind ein Heilmittel gegen übersteigerte Hoffnungen, die wir bisher auf rationale Konzepte von ›Sozialisierung‹ und ›Therapierung‹ gesetzt haben. Tiere entziehen sich unserer Gewohnheit, mit unseren Mitmenschen nach der Soziologie des Akkusativs umzugehen: Beraten und Beschulen, Beaufsichtigen und Bewachen, Begutachten und Betreuen.

Tiere brauchen Toleranz, und das buchstäblich: im Blick auf Zeit und Raum, Geduld und Einfühlung. Sie funktionieren nicht wie ein Auto. Wer Nutzen von ihnen haben will, muß ihnen immer auch dienen, und das heißt ihrer Natur zu Willen sein. In diesem Sinne dienen Tiere als Therapeuten. Mehr denn je sind wir auf sie angewiesen, weil wir ohne sie nicht menschlich bleiben.

Anmerkungen

Leben mit Tieren

1 Die Beispiele finden sich in den Kapiteln ausführlicher wieder.
2 Zit. nach Spiegel 8, 1988, S. 201 ff.
3 McCulloch in: Die Mensch-Tier-Beziehung 1983, S. 26.
4 Zit. nach Spiegel 8, 1988, S. 201.
5 s. Anm. 3.
6 Levinson, Pet-Oriented Child Psychotherapy 1969.
7 Corson, Friedmann und Katcher, vgl. Literaturliste.
8 De Smet, vgl. Literaturliste.
9 Psychologie heute 7, 1990, S. 17.
10 Abendzeitung München 23.11.1988.
11 Teutsch 1975.
12 Bergler 1986, Olbrich: noch unveröff. Studie, zit. nach Psychologie heute 7, 1990, S. 17.13 Das Tier 12, 1986, S. 48.
14 Studie aus drei italienischen Großstädten, zit. nach Stuttgarter Zeitung 21.7.1990.
15 Das Tier 9, 1989, S. 76.
16 Pet-Zoo-Report 12, 1981, S. 5, und Stuttgarter Zeitung 26.7.1990.
17 Stuttgarter Zeitung 26.7.1990.
18 Sauer 1983, S. 47.
19 Das Tier 9, 1989, S. 76.
20 Teutsch 1975, S. 1 ff.
21 Vgl. z. B. Maag 1983.
22 König 1967, S. 185 ff.
23 Die Arche Mostar 1959, S. 216 ff.
24 Siegmund 1958, S. 278 f.
25 Zit. nach Teutsch 1975, S. 45.
26 Zeuner 1967, S. 36.
27 Sauer 1983, S. 39 ff.
28 Spiegel 14, 1989, S. 211 ff
29 Teutsch 1975, S. 46.
30 Ebd. S. 22.
31 Zit. nach Buytendijk 1958, S. 39 ff.

32 Ebd.
33 Ebd. S. 38.
34 Hediger 1967.
35 Zit. nach Teutsch 1975, S. 17.

Freude mit Tieren

1 Aaron Katcher in: Katcher/Beck 1983, S. 521.
2 Das Tier 9/1988, S. 48.
3 Ebd.
4 Pet 1/1985, S. 6.
5 Das Tier 3/1987, S. 33.
6 Messent/Horsfield 1983, S. 10.
7 Verschiedene Angaben in: Pet 5/1988, S. 37 und in: Mitteilungen der Gesellschaft ›Menschen für Tierrechte‹, zit. nach Stuttgarter Zeitung 4.10.1990.
8 Pet 7/8/1987, S. 5.
9 Süddeutsches Fernsehen, 3. Programm »Igel«, 2.3.1990.
10 Bisher liegen nur von Paul Leyhausen und seinen Schülern Studienvor. Vor wenigen Jahren hat sich aber in Zürich ein Kreis von Forschern gebildet, die Katzen-Verhalten systematisch beobachten und analysieren.
11 Dabei hat Sigmund Freud durchaus Interesse am Thema gezeigt. Er liebte Hunde, und er hat Marie Bonapartes Liebeserklärung an »Topsy«, den »goldhaarigen Chow«, übersetzt. (Bonaparte 1981) Vgl. auch Kap. »Gesundwerden mit Tieren«.
12 Friedmann u.a. 1980.
13 Ebd.
14 Vgl. alle Arbeiten von Friedmann und Katcher im Literaturverzeichnis.
15 Vgl. z.B. Furtmeyer-Schuh 1989.
16 Katcher in: Katcher/Beck 1983, S. 352.
17 Sebkova, J.: Anxiety Levels as Affected by the Presence of a Dog. Unpublished Thesis, University of Lancaster 1977, zit. nach Serpell 1986, S. 81.
18 Katcher/Beck (Sicherheit und Vertrautheit) 1983.
19 Ebd., S. 131 ff.
20 Ebd.
21 Vgl. z.B. Hart 1989 und Baum u.a. 1989.
22 Ich komme auf viele Aspekte in einzelnen Kapiteln zu sprechen.
23 McCulloch 1983, S. 30.

24 Katcher/Beck (Sicherheit und Vertrautheit) a.a.O., S. 134.
25 Ryder 1973, S. 661.
26 Ebd., S. 660 f.
27 Pethes, zit. nach Bustad 1983, S. 180.
28 Ryder 1973, S. 25.
29 Messent 1983 (Social Facilitation).
30 Adell-Bath, zit. nach Messent ebd., Bergler 1986, vgl. auch Hart 1989.
31 Vgl. die folgenden Kapitel.
32 Lockwood 1983.
33 Das Tier 2/1984, S. 61. Zu denselben Befunden kommen auch Levinson/Meek 1986.
34 Das Tier 5/1989, S. 51.
35 So z.B. Bergler, Cain, Messent (Review), Ruby, S.L. Smith, Soan und Voith.
36 Geo-Saison 2/1990, S. 80.
37 Fogle 1973, S. 144 und S. 182.
38 Cain 1983, S. 77.
39 Vgl. Masson 1989 und Holtzman (zit. nach Psychologie heute 2/1987). Ohne aussagekräftigen Befund die Studie von Bolin 1986.
40 Levinson 1982, S. 291.
41 Ryder 1973, S. 660.
42 Simon 1984, S. 228.
43 Cameron u.a. 1966 und Cameron/Mattson 1972; vgl. auch Brown 1972.
44 So z.B. Kidd/Feldmann 1980 und 1981, Norling 1983, Lago u.a. 1983, Psychologie heute 2/1986, S. 21. Übrigens geht Grausamkeit gegen Menschen fast immer mit Grausamkeit gegen Tiere einher. (Vgl. z.B. DeViney 1983 und Psychologie heute 2/1986, S. 21) Das Klischee ›Lieb zu den Hunden und brutal zu den Menschen‹ trifft also nicht zu, auch wenn man es gerade im Deutschland nachAuschwitz versteht. (Vgl. auch Kap. »Ins Leben zurückfinden mit Tieren«)
45 S. Kap. »Gesundwerden mit Tieren«.
46 In jüngster Zeit wird die Methodik des neuen Forschungszweiges intensiv diskutiert. Vgl. z.B. Miller/Lago 1989, vgl. auch Kap. »Gesundwerden mit Tieren«.
47 Levinson 1982, S. 204.
48 Ebd. S. 284 f.

1 Vgl. z. B. die emp. Studie von Salomon, zit. nach Bergler u. a. 1986, S. 65.
2 Das Tier 2/1990, S. 48.
3 Vgl. u. a. Das Tier 7/1987, S. 42 ff.
4 Vgl. z. B. die Studie von Inge Kaufmann 1977; s. auch Das Tier 8/1987, S. 60 ff. Dieser Zusammenhang gilt übrigens auch, wenn ein Kind das Tier nicht selber *besitzt*, sondern ihm nur seine Pflege *anvertraut* ist. Vgl. z. B. Herrmann 1972.
5 So v. a. die Position des amerikanischen Psychologen A. Katcher in seinem Aufsatz »Man and The Living Environment. An Excursion into Cyclical Time«, 1983. Dies setzt aber voraus, daß die Eltern dem Kind behutsam den Weg aus der Trauer aufweisen können, in einer ausgeglichenen Mischung aus Mitleid und Trost und zum geeigneten Zeitpunkt mit der Ermunterung, sich einem neuen Tier zuzuwenden.
6 Carolyn Buker belegt in ihrer Studie eindeutig, daß Kinder mit eigenem Tier sowohl im Blick auf Kenntnisse über das Tier wie vor allem im Blick auf ihre Werthaltungen gegenüber der Tier- und Naturwelt Kindern ohne Tier weit voraus sind. Buker Boston 1986.
7 Teutsch 1980, S. 435 ff. Das Zitat auf S. 437 f.
8 Teutsch 1977.
9 Walz, zit. nach Teutsch S. 151 f.
10 Teutsch 1980, S. 439.
11 Snir 1989.
12 Vgl. z.B. Guttmann u. a. Wien 1983, Malcarne Boston 1986, Zemanek/Guttmann 1989.
13 Vgl. Teutsch 1980, S. 436.
14 Stuttgarter Zeitung 5.5.1990.
15 Vgl. hierzu z. B. meinen Artikel über Sozialstation (1981). Das Thema kann im Rahmen dieses Buches nicht weiterverfolgt werden.
16 Eine kurze, aber gute Zusammenfassung der Levinson-Thesen findet sich auch bei Bergler 1986, S. 66 ff.
17 Vgl. hierzu die Studien von Bucke 1903, Hall/Brown 1904, Krüger 1934, Plötz 1955, Dietrich 1956 und Van den Castle 1983.
18 So z. B. Meves/Illies 1981 und König 1980.
19 Filiatre u. a. 1983, Millot u. a. 1989 und Montagner 1986.
20 Vgl. z. B. Voith 1983.
21 Filiatre u. a. 1983, S. 56 ff.
22 Diesen Aspekt hat schon Sigmund Freud in seiner Schrift ›Totem und Tabu‹ zur Sprache gebracht.

23 Vgl. vor allem die Fallstudie von I. Sherick 1981.
24 Teixeira 1989.
25 Vgl. Bergesen 1989 und Montagner 1986.
26 Hutton 1983.
27 Vgl. die Berichte von Podgornik 1974 und Zemanek 1989.
28 Van den Castle 1983, S. 170 ff.
29 Vgl. hierzu auch die Arbeit von Barbara Jones 1983.
30 Vgl. z.B. die Untersuchungen von Guttmann u.a. 1983 und Guttmann/Zemanek 1989.
31 Ebd. Vgl. auch Kap. »Gesundwerden mit Tieren«.
32 Kinder erzählen z.B. in psychologischen Tests zu Bildern von Tieren phantasievolle, lange Geschichten, während ihnen zu Bildern mit Menschen weniger einfällt. Vgl. Van den Castle 1983, S. 152.
33 Vgl. z.B. Guttmann/Zemanek 1989, Montagner 1986, besonders aber Filiatre 1983.
34 Filiatre 1983, S. 83.
35 Das Tier 3/1987, S. 16.
36 Ebd.
37 Vgl. z.B. Bergler u.a. 1986 und Serpell 1981.
38 Vgl. z.B. den Bericht über einen Ausflug mit dem Kindergarten von Rolf Lachner 1983.
39 Das Tier 8/1977.
40 Kraft 1977.
41 Fuss/Gibat 1979.
42 Fuss 1976.
43 Fuss/Gibat 1979, S. 57.
44 Ebd.
45 Ebd.
46 Vgl. das Tier 3/1983, S. 47 ff.
47 Stuttgarter Zeitung 30.6.1989.
48 Vgl. etwa Karg 1985 oder Dams/Werner 1985.
49 »Immer neue Projekte im Schulgarten« 1985.
50 Vgl. hierzu den Bericht der beiden Ostberliner Wissenschaftlerinnen R. Siegmund und K. Biermann auf dem Internationalen Symposium für Mensch-Tier-Beziehung in Monaco 1989
51 Z.B. Belgardt 1983, Eschenhagen 1970, Gonschorek/Zucchi 1984, Mau 1980.
52 So z.B. die Empfehlung von Klaus-Georg Mau in seinem sonst sehr überzeugenden Beitrag zum Thema. Mau 198
53 Godin 1989.
54 Vgl. hierzu z.B. Caras 1980 und Swingler 1966.

55 Zit. nach Dreidax 1981, S. 5.
56 Schmidtchen 1989.
57 Ebd. S. 148.
58 Ebd. S. 192.
59 Dreidax 1981.
60 Winkel 1982, S. 7 ff.
61 Auch die Zeitschrift »Unterricht Biologie« hat eine Reihe von guten Unterrichtsmethoden mit lebendigen Tieren publiziert.
62 Zit. nach Berkholz 1988.
63 Unbegreiflich, aber bezeichnend scheint z. B., daß ausgerechnet in einem Aufsatz über »Tierhaltung und Tierpflege in der Schule« eine folgendermaßen sachlich-instrumentelle Sprache gewählt wird: »Das Bereitstellen von Tieren für die unterrichtliche Behandlung ist unmittelbar verbunden mit dem Bestreben, die Umwelt der Schüler mit Biologischem anzureichern.« (Eschenhagen 1979, S. 1)
64 Vgl. die Arbeiten von Winkel 1982 und 1987.
65 Ebd. und Freise 1988.
66 Immerhin finden sich bei Winkler 1982, S. 33, erste Ansätze hierzu, wenn er als Lehrstoff »Tiere als Therapeuten bei psychisch gefährdeten Schülern« vorschlägt.
67 Jones u. a. 1984.
68 Das Tier 2/1988.
69 Vgl. z. B. die Unterrichtsmodelle in »Unterricht Biologie« oder die mittlerweile recht umfangreiche Literatur über Schulgärten, Schulbiotope und Zoopädagogik. Unterrichtsmodelle und Schulfilme erarbeitet auch die Interessengemeinschaft Deutscher Hundehalter in Hamburg (Augustenstraße 5, 2000 Hamburg 76).
70 Das Tier 8/1985, S. 14.
71 Gronefeld 1985, S. 14.
72 Das Tier 11/1987, S. 70.
73 Würdinger 1989.
74 Zit. nach Gronefeld 1985, S. 15.
75 Schottmayer 1971, S. 306 f.
76 Herrmann 1972, S. 415.
77 Schottmayer 1971, S. 301.
78 Herrmann 1972, S. 423.
79 Ebd. 1972, S. 424.
80 Das Tier 8/1984, S. 62 f. Vgl. auch den Bericht v. Van Parys 1989 über Jugendfarmen in Europa.
81 Schlossberg/Baxter 1983.
82 Spitzer 1981.

83 Spitzer 1977.
84 Lux 1981.
85 Ebd.
86 Ebd.
87 Ebd. S. 27.

Altwerden mit Tieren

1 Das Tier 2/1984, S. 12.
2 Vgl. zu diesem Thema die im Literaturverzeichnis genannten Standardwerke zu Problemen des Alterns.
3 Vgl. auch Kap. »Großwerden mit Tieren«.
4 Mugford/McComsky, zit. nach Fogle 1983 und Serpell 1986. Dieselben Zusammenhänge zeigen Bustad, Bustad/Hines, Garrity u. a., Guttmann/Zemanek, Kidd/Feldmann, Levinson 1969, McCulloch 1984, Ory/Goldberg, Robb, Walster, außerdem viele weitere Autoren, die bei Cusack/Smith aufgeführt sind.
5 Vgl. z. B. Levinson 1969. Diese Tatsache ist Alltagserfahrung in allen Institutionen.
6 McCulloch 1983.
7 So vor allem Levinson 1969.
8 So Kalifornien und, in etwas anderer Form, Minnesota, New Jersey, Massachussets.
9 Vgl. Tiere in Altersheimen 1990.
10 Messent/Horsfield 1983, S. 12, 16.
11 Vgl. z. B. alle im Literaturverzeichnis genannten Studien von Lago.
12 Vgl. unten.
13 Bericht der Bundesregierung über die Bevölkerungsentwicklung in der Bundesrepublik Deutschland, zit. nach Die alternde Gesellschaft.
14 Zur psychischen Situation von Menschen in Pflegeheimen vgl. z. B. die Schriften von E. u. S. Corson.
15 Es würde zu weit führen, alle Strategien einer Reform von Alten- und Pflegeheimen hier zu diskutieren. Ich verkürze deshalb bewußt auf den Aspekt der Tierhaltung in Heimen.
16 Vgl. alle Studien von Corson im Literaturverzeichnis.
17 Ebd.
18 Cusack/Smith 1984.
19 Vgl. auch Kap. »Behinderungen ertragen mit Tieren« und »Gesundwerden mit Tieren«.
20 Cusack/Smith 1984, S. 14.

21 Salmon/Salmon, zit. nach Cusack/Smith 1984.
22 Ebd.
23 Cusack/Smith 1984, S. 14 ff.
24 Ebd. S. 16.
25 Auch Honey wurde während ihrer Tätigkeit in der Klinik dick (Fogle 1983 S. 214).
26 Cusack/Smith 1984, S. 13 ff.
27 Ebd. S. 13 f.
28 Wächtler in: Geriatrie Praxis 2/1990, S. 81.
29 Ebd. Zu einzelnen Therapien vgl. auch Kapitel »Gesundwerden mit Tieren«.
30 Ebd.
31 Vgl. Zaki 1989, außerdem McArthur 1986.
32 Wächtler, S. 81.
33 Brickel 1979, S. 371.
34 So z.B. Winkler u.a. 1986.
35 Winkler u.a. 1986 und Fairnie/Winkler 1989.
36 Tiere in Altersheimen 1990.
37 Das Tier 7/1976, S. 21 f.
38 Spiegel 8/1988, S. 201.
39 Bielke 1981.
40 Kuratorium Deutsche Altershilfe über St. Monika in Stuttgart.
41 Selbstdarstellung.
42 Dieses Defizit hängt vermutlich mit einem allgemeinen Rückstand der Gerontologie in Deutschland zusammen. Das beklagt der Vorsitzende eines wissenschaftlichen Arbeitskreises zur Gründung eines Zentrums für interdisziplinäre Altersforschung im Raum Heidelberg, Carl Friedrich Graumann (Bericht Stuttgarter Zeitung 9.10.1990).
43 Bericht der Kommission »Altern als Chance und Herausforderung« 1988 und Ideenbörse vorbildliche Altenpflege 1990.
44 Ratgeber Senioren o.J.
45 Tiere in Alten- und Pflegeheimen 1989, S. 26.
46 Ebd. S. 11 und 26.
47 De Smet: Einsatz von Haustieren und Öffnet die Heime 1988.
48 De Smet: Einsatz von Haustieren
49 Ebd.
50 Dasselbe Ziel: Alte und Junge zusammenzubringen, verfolgt auch ein interessantes Projekt in den Vereinigten Staaten: Pfadfinder besuchen mit ihren Hunden Bewohner von Alten- und Pflegeheimen. (Hugler/Hawkins 1984).

51 Leben mit Tieren e.V., Gustav-Mahler-Platz 2, 1000 Berlin 41 (Dr. Christian Große-Siestrup).
52 Tagesspiegel Nr. 13614, Juli 1990.
53 Volksblatt 27.4.1989.
54 Ebd.
55 Interessengemeinschaft Deutscher Hundehalter, Augustenstraße 5, 2000 Hamburg 76; Verein Deutscher Katzenfreunde, PF 74 09 24, 2000 Hamburg 74; Informationsstelle für Heimvögel, Heimhuder Straße 70, 2000 Hamburg 13; Forschungskreis Heimtiere in der Gesellschaft, Heimhuder Straße 70, 2000 Hamburg 13 (Prof. Dr. Reinhold Bergler); Tiere helfen. Unterer Kirchbergweg 120, 8700 Würzburg (Dr. Brigitte von Rechenberg-Schneidemann). Der genannte Forschungskreis Heimtiere in der Gesellschaft hat eine Fülle von Studien zu vielen Aspekten dieses Buches herausgegeben, die nicht einzeln angeführt sind.
56 Olbrich 1989.
57 Ebd. S. 406.
58 Ebd.
59 Ebd.
60 Ebd.
61 Tiere in Alten- und Pflegeheimen 1989, S. 6.

Behinderungen ertragen mit Tieren

1 Das Tier 12/1986, S. 72.
2 Vgl. Eipper 1938, S. 54 ff.
3 Das Tier 4/1981, S. 39.
4 Cusack/Smith 1984, S. 64 ff.
5 Ebd. S. 68.
6 Der Spiegel 29/1987, S. 154.
7 Cusack/Smith 1984, S. 68.
8 So z.B. in West Boylston und Stow, Massachusetts. Vgl. Bird 1986 und O'Brien 1986.
9 So auch in Englewood, Colorado. Vgl. den Leserbrief v. Dr. W. Schweisheimer, New York, in: Das Tier 9/1978, S. 30 f.
10 Zee 1983, S. 477 f.
11 Vgl. Zee 1983, S. 476 ff.
12 Ebd. 1983, S. 478.
13 Ebd.

14 Vgl. z.B. die eindeutigen Befunde von Eddy u.a. Boston 1986 und Mader u.a. Boston 1986.
15 Bernard 1989.
16 Paatsame 1983, S. 105 ff.
17 Ebd.
18 Vgl. Kap. »Großwerden mit Tieren« in diesem Buch.
19 Vgl. Frith 1982, S. 24 ff.
20 Ebd. S. 27.
21 Ebd.
22 Vgl. Kap. »Großwerden mit Tieren«.
23 Vgl. Haßfurther/Winkel 1982, S. 214 ff.
24 Ebd. S. 215.
25 Ebd. S. 216.
26 Ebd. S. 217.
27 Ebd.
28 Ebd. S. 218.
29 Ebd. S. 219.
30 Vgl. Kap. »In die Gesellschaft zurückfinden mit Tieren«, auch Kap. »Gesundwerden mit Tieren«.
31 Haßfurther/Winkel 1982, S. 220.
32 Vgl. die bibliographischen Angaben bei Riedle 1983, S. 5.
33 Ebd. S. 3.
34 Klüwer 1989, S. 7.
35 H. Wolf, zit. nach Klüwer S. 10.
36 Vgl. z.B. Baum 1989, S. 30.
37 Ingrid Zimmermann in der Süddeutschen Zeitung v. 13.8.1990 über das Hippotherapie-Zentrum auf dem Straußenhof in Waakirchen.
38 Vgl. die klaren Befunde eines Vergleichs zwischen tiergestützten und konventionellen Therapieformen v. Ross Nuveen u.a. Monaco 1989.
39 Klüwer 1989, S. 7.
40 Ebd. S. 7.
41 Scheidhacker 1989, S. 38. Vgl. auch Klüwer 1989, S. 4.
42 Scheidhacker 1989, S. 39.
43 Ebd. S. 45.
44 Kröger 1989, S. 13.
45 Ebd. S. 14.
46 Vgl. Baum 1989, S. 32.
47 Süddeutsche Zeitung 28.5.1987.
48 Müller o.J., S. 4.
49 Ebd. S. 3.
50 Ebd.

51 Ebd. S. 2.
52 Klüwer 1989, S. 5 f.
53 Ebd. S. 6.
54 Ebd. S. 10.
55 Breiner 1982, S. 19.
56 Ebd.
57 Breiner 1989, S. 22.
58 Ebd. S. 23. Zur Behandlung von sprachbehinderten Kindern vgl. auch Dismuke 1984, S. 131 ff.
59 Englisch o. J.
60 Vgl. Fogle 1983, S. 196 ff.
61 Ebd. S. 196 f.
62 Ebd. S. 197. Vgl. Kap. »Altwerden mit Tieren«.
63 Zit. nach: Das Tier 2/1985, S. 72.
64 Zit. nach: De Smet 1990, S. 17.
65 Zit. nach: S'Esslinger Tierschutzblättle 11/1987, S. 15.
66 McCulloch 1981, S. 118.

Gesundwerden mit Tieren

1 Brüch 1988, S. 264 ff.
2 Ebd. S. 272 f.
3 Sigmund Freud wußte um die wohltuende Wirkung von Tieren auf Menschen, hat auch selbst Hunde geliebt. Er hat aber nie lebende Tiere für therapeutische Zwecke genutzt.
4 Zit. nach Ryder S. 666.
5 Heimann 1953, S. 147 ff.
6 Vgl. Kap. »Freude mit Tieren«.
7 Levinson 1962, S. 60.
8 Levinson 1969 und 1972.
9 Corson u. a. 1975, S. 277.
10 Siegel 1962, S. 1046.
11 Corson u. a. 1975.
12 Ebd. S. 284.
13 Corson u. a. 1977, S. 67 ff.
14 Ebd. S. 68 f.
15 Doyle 1976.
16 Zur Auswahl der Patienten und zu ihren Krankheitsbildern, außerdem zum genauen Forschungsdesign vgl. ebd.
17 Ebd. S. 84.

18 Corson u. a. 1975, S. 285.
19 Levinson 1969, S. XIV.
20 Ebd.
21 Brickel 1982.
22 Verhaltenstherapie gründet nicht nur auf lernpsychologischen Prämissen. Auch die Sozialpsychologie liefert ihr wichtige Bausteine. Dieser Aspekt kann im Rahmen dieses Buches nicht näher ausgeführt werden.
23 Brickel 1982, S. 72.
24 Corson u. a. 1975, S. 278.
25 Eine gute Zusammenfassung der wichtigsten Aspekte findet sich bei Glasser 1972, S. 50 ff.
26 Corson u. a. 1975, S. 278.
27 Vor allem Verhaltenstherapie und Tiefenpsychologie trennt ein tiefer Graben gegenseitiger Vorwürfe. Verhaltenstherapeuten setzen auf rasche Effekte ihrer Behandlung: Der Patient soll sein Verhalten, an dem er selbst leidet, möglichst rasch ändern und wieder zu einem ›normalen‹ Mitglied der Gesellschaft werden. Tiefenpsychologischen Therapien wirft die Verhaltenstherapie vor, einen Kranken (und seine Mitwelt) über Jahre der Behandlung mit seinem Leid zu belasten, statt ihm rasch Hilfe zu geben. Die unstrittig meßbaren Erfolge der Verhaltenstherapie können andererseits im Urteil der psychoanalytischen Schulen nur kürzeste Zeit anhalten. Die eigentliche Ursache einer Störung wie z. B. einer Phobie sei mit dem Verschwinden einer abweichenden Verhaltensweise ja noch längst nicht behoben; die Störung müsse sich notwendig an einer anderen Stelle von neuem manifestieren.
28 Vgl. hierzu die Studien von Corson, Brickel 1982, Doyle 1976, Thompson 1983 und die anderen im Literaturverzeichnis genannten Schriften zum Thema. S. auch die eher skurrile Notiz in Das Tier 12/1989, S. 76, über die Wölfe des Amerikaners Michael Belshaw.
29 Levinson 1962, S. 368.
30 Es gibt eine Studie über ein Altenpflegeheim mit Tieren, die diesen Schluß nahelegt, aber sie steht bisher allein. (Vgl. Kap. »Altwerden mit Tieren«.)
31 McCulloch 1983, S. 42 ff.
32 Das zeigten ganz deutlich einige Vorträge auf dem bisher letzten Internationalen Symposium für Mensch-Tier-Beziehung in Monaco 1989.
33 Vgl. Kap. »Großwerden mit Tieren«.
34 Gonski u. a. 1986.
35 »Der große Vorteil einer tiergestützten Therapie ist, daß sie eine

Identifikation mit einem lebendigen Geschöpf als ›Übergangsobjekt‹ möglich macht. Erfahrene Kindertherapeuten wissen, daß Puppen und andere Gegenstände aus dem Kinderzimmer nicht wirklich geliebt werden können. Sie leben nicht, wachsen nicht, verdauen nicht, antworten nicht. Das Kind weiß intuitiv, daß diese Dinge seine Gefühle nicht teilen können.« (Levinson 1969, S. 75)

36 Levinson 1972, S. 140.

37 So Tinbergen in seinem bahnbrechenden Aufsatz »Ethology and Stress Diseases« 1974. Vgl. auch Corson u.a. 1977. Corson spricht von »Muskelvergnügen« (muscle joy) als Faktor der psychischen Heilung.

38 Levinson 1969, S. 70.

39 Vgl. Condoret 1983, S. 469 ff.

In die Gesellschaft zurückfinden mit Tieren

1 Fogle 1983, S. 211.

2 Noll 1949, S. 105.

3 Podgornik 1974, S. 544.

4 Das Tier 5/1977.

5 Fuss 1976, S. 500 und 511.

6 Ebd. S. 521.

7 Ebd.

8 Pizer 1966.

9 Gäng o. J. und Baum 1980.

10 Vgl. hierzu vor allem Levinson 1969, S. 120 ff.

11 Kersten/Wolffersdorff 1987, Stuttgarter Zeitung 19.5.1990 und Stuttgarter Zeitung 11.3.1991.

12 Spiegel 8.10.1984, S. 102.

13 Pernhaupt 1989.

14 Vgl. die im Literaturverzeichnis genannten Titel zur Realität des Strafvollzuges in Deutschland.

15 Vgl. die Daten im europäischen Vergleich bei Ortner 1988, S. 136 ff.

16 Vgl. z. B. das Schicksal des Modellversuches Düren in Nordrhein-Westfalen (Heinz/Korn 1973, S. 203 ff).

17 Von diesem Geld müssen noch Kleidung, Einkäufe, Ausgänge, Telefon- und Briefgebühren und Schuldenabzahlungen bestritten werden (Driebold 1987, S. 1133).

18 Mit solchen Programmen hat man in Holland und Dänemark gute Erfahrung gemacht. Vgl. Driebold 1987, S. 1141 f. Außerdem Driebold/Katoh 1987 und Van den Bergh 1987.

19 Ryder 1973, S. 666.
20 Spiegel 8/1988, S. 201.
21 Zeit 8.6.1990.
22 Ebd.
23 Brühl 1981, S. 37.
24 Das Tier 12/1976.
25 Ebd.
26 Brühl 1981, S. 72.
27 Hundeblume, Gefangenenzeitung Heilbronn 3/1984.
28 Lee 1983, S. 24.
29 Vgl. Kap. »Gesundwerden mit Tieren«.
30 Vgl. Kap. »Gesundwerden mit Tieren«.
31 Hines 1983.
32 McCuistion 1989.
33 Vgl. Bouchard 1989, George 1989, White 1989 und Whyham 1989.
34 Vgl. z.B. Fuss 1976.
35 Vgl. Hutton 1983, Keller/Felthous 1983 und TenBensel 1975.
36 Hutton 1983.
37 Zamble/Porporino 1988, S. 91.
38 Moneymaker 1989.

Schwierigkeiten und Einwände

1 Das Tier 2/1984, S. 61.
2 Feddersen-Petersen 1987, S. 69. Die Autorin kritisiert Therapien mit Tieren nicht grundsätzlich; sie hat aber Sorge vor einer Instrumentalisierung der Tiere, die ich in diesem Ausmaß nicht teile.
3 Kosmos 4/1989, S. 20.
4 Ebd.
5 So einer der Vorschläge, die Alan Beck für eine tiergerechte Stadtplanung macht. Beck 1983.
6 Beck 1983.
7 Ebd.
8 Die Mehrheit der Hunde, denen dies traurige Schicksal widerfährt, sind Hunde, die ihrem Herrn nicht gehorchen und ihn bzw. seine Familie mit dominantem Verhalten terrorisieren.
9 Das muß nicht so sein. Auf französischen Übungsplätzen geht es z.B. zivil zu. Hunde lernen etwas, auch wenn in gedämpfter Tonlage kommandiert wird. Gebrüll, Schläge und Stachelhalsband sind keineswegs nötig. Keinesfalls dürfen die Hunde scharf gemacht werden: Ein

Familienhund braucht keine ›Schutzhund‹-Dressur. Im Gegenteil: Ein Hund, der auf ›Stellen‹ und ›Fassen‹ abgerichtet ist, wird in der Hand eines Laien zur Waffe und bedeutet vor allem für Kinder Gefahr.

10 Einschlägige Literatur dafür findet sich in jeder Buchhandlung.

11 Fogle 1983, S. 81. Die Liste wurde nicht vollständig wiedergegeben.

12 Eine gute Einführung und Anleitung für Planung, Durchführung und Dokumentation solcher Projekte bieten Torrence 1975, Hart/Hart 1975, Ryder/Romasco 1981, Bustad/Hines 1983, vor allem Lee u.a. 1983 und die Bücher von Phil Arkow 1986, 1989. Keine dieser Schriften ist deutsch, Arkows Bücher sind über deutsche Bibliotheken bisher nicht zu beziehen, man muß sie direkt beim Verfasser bestellen (s. Literaturverzeichnis). Eine erste deutsche Informationsschrift zum Thema bietet die Broschüre des Institutes für Interdisziplinäre Erforschung der Mensch-Tier-Beziehung in Wien über »Tiere in Altersheimen« (1990). Eine Schrift für die Bundesrepublik Deutschland ist in Vorbereitung.

13 Vgl. Levinson 1969, Corson/Corson 1978, Corson u.a. 1975 und 1977, Bustad/Hines 1983, Cusack/Smith 1984, Babinsky Borth 1989.

14 Baker/McCulloch 1983.

15 Vgl. Anm. 12 und 13.

16 Vgl. Kap. »Behinderungen ertragen mit Tieren«.

17 Vgl. die einschlägige Fachliteratur und untenstehende Tabellen. Auch die Interessengemeinschaft Deutscher Hundehalter hat Schriften zum Thema herausgegeben, die hilfreich sind (Augustenstraße 5, 2000 Hamburg 76).

18 Vgl. hierzu Corson 1975, 1977 und bes. 1978, S. 199 f., Walshaw 1983, Hart/Hart 1984, Hart u.a. 1983.

19 Hart u.a. 1983, S. 54 ff.

20 Richter bei Gehorsamkeitsprüfungen gaben niedrigere Werte an als Tierärzte.

21 S. vorhergehende Anmerkung.

22 Hart/Hart 1975, S. 190.

23 Einfache Hauskatzen scheinen allerdings psychisch stabiler zu sein und deshalb weniger zu Verhaltensstörungen zu neigen als Rassekatzen (Neville 1989).

24 Hart/Hart 1984. Zum Thema Mensch und Katze s. auch Bergler 1989.

25 Vgl. Karsh 1975, Hart/Hart 1984, Turner 1983 und 1987, Mertens 1989.

26 Beck: The Law and the Pet 1983, S. 19.

Ausblick

1 Vgl. hierzu z. B. die Bücher von R. Inglehart und Luthe/Meulemann.
2 Bustad 1983, S. 187.
3 Ebd. S. 181.
4 Vgl. McCulloch 1983, McCulloch u. a. 1983 und Shurtleff 1983.
5 Beck/Quackenbush 1983, S. 18. Vgl. auch McCulloch 1983, S. 14 ff.
6 Zit. nach McCulloch 1983, S. 14.
7 Ebd.
8 Zit. nach Bustad 1983, S. 178.

Literaturverzeichnis

Leben mit Tieren

Aldington, E.H.: Von der Seele des Hundes. Wesen, Psychologie und Verhaltensweisen des Hundes. Weiden 1986.

Anderson, R.K. (Hrsg.): Pet Animals in Society, New York 1975.

Anderson, R.K. u.a. (Hrsg.): The Pet Connection. Its Influence on Our Health and Quality of Life. Minnesota 1984.

Atwood Lawrence, E.: The Human-Horse Bond in Crow Indian Life and Culture. In: Katcher/Beck 1983, S. 82 ff.

Beck A.M.: Animals in the City. In: Katcher/Beck 1983, S. 237 ff.

Bergler, R.: Mensch und Katze. Kultur – Gefühl – Persönlichkeit. 1989.

Bergler, R.: Mensch und Hund. Psychologie einer Beziehung. Köln 1986.

Buytendijk, F.J.J.: Mensch und Tier. Ein Beitrag zur vergleichenden Psychologie. Hamburg 1958.

Condoret, A.: L'animal compagnon de l'enfant. Paris 1973.

Corson, S.A./Corson, E.: Pets as Mediators of Therapy. In: Current Psychiatric Therapies 18/1978, S. 195 ff.

Corson, S.A. u.a.: Pet Dogs as Nonverbal Communication Links in Hospital Psychiatry. In: Comprehensive Psychiatry 18/1977, S. 61 ff.

Corson, S.A. u.a.: Pet-Facilitated Psychotherapy in a Hospital Setting. In: Current Psychiatric Therapies 15/1975, S. 277 ff.

Dembeck, H.: Mit Tieren leben. Düsseldorf/Wien 1961.

De Smet, S.: Die Bedeutung der Haustiere für die seelische Situation von Erwachsenen. Diplomarbeit Universität Hamburg 1983.

De Smet, S.: Einsatz von Haustieren in Altenheimen. Unveröff. Vortragsmanuskript.

De Smet, S.: Öffnet die Heime – für Haustiere. In: Altenpflege 5/1988, S. 308 ff.

Die Arche Mostar, von ihm selbst gezimmert. Die Geschichte der Stubentiere und die Stubentiere in der Geschichte. Stuttgart 1959.

Die Mensch-Tier-Beziehung. Dokumentation des Internationalen Symposiums in Wien 1983. (Hrsg. v. Institut f. interdisziplinäre Erforschung der Mensch-Tier-Beziehung Wien 1983.

Fiennes, A. u. R.: The Natural History of The Dog. London 1968.

Fogle, B.: Pets and Their People. London 1983.

Fogle, B. (Hrsg.): Interrelations Between People and Pets. Springfield 1981.
Frewein, J. (Hrsg.): Das Tier in der menschlichen Kultur. Zürich 1983
Friedmann, E. u. a.: When Pet Owners Are Hospitalized. Significance of Companion Animals during Hospitalization. In: Katcher/Beck 1983, S. 346 ff.
Gates, A.: Greek and Roman Pets. In: The South Atlantic Quarterly 20/1931, S. 405 ff.
Harris, J.: A Study of Client Grief Responses to Death or Loss in a Companion Animal Veterinary Practice. In: Katcher/Beck 1983, S. 370 ff.
Hediger, H.: Beobachtungen zur Tierpsychologie im Zoo und im Zirkus. Basel 1961.
Hediger, H.: Kind und Tier. In: Basler Schulblatt 1949, S. 93 ff.
Hediger, H.: Verstehens- und Verständigungsmöglichkeiten zwischen Mensch und Tier. In: Schweizer Zeitschrift f. Psychologie 26/1967, S. 234 ff.
Katcher, A. H.: Man and The Living Environment. An Excursion into Cyclical Time. In: Katcher/Beck 1983, S. 519 ff.
Katcher, A. H. u. a.: Looking, Talking, and Blood Pressure. The Physiological Consequences of Interaction With the Living Environment. In: Katcher/Beck 1983, S. 351 ff.
Katcher, A. H./Beck, A. M.: Sicherheit und Vertrautheit. Physiologische und Verhaltensreaktion auf die Interaktion mit Haustieren. In: Die Mensch-Tier-Beziehung 1983, S. 131 ff.
Katcher, A. H./Beck, A. M. (Hrsg.): New Perspectives on Our Lives with Companion Animals. Philadelphia 1983.
Katz, D.: Mensch und Tier. Studien zur vergleichenden Psychologie. Zürich 1948.
Knight, J. A.: Comments on Aaron Katcher's »Excursion into Cyclical Time«. In: Katcher/Beck 1983, S. 532 ff.
König, K.: Bruder Tier. Mensch und Tier in Mythos und Evolution. Stuttgart 1967.
Levinson, B.M.: The Future of Research into Relationships Between People and Their Animal Companions. In: Katcher/Beck, S. 536 ff.
Levinson, Pet-Oriented Child Therapy. Springfield 1969.
Levinson, Pets and Human Development. Springfield 1972.
Leyhausen, P.: Überliefertes Bild der Katze: Spiegelung des Menschen? In: Die Mensch-Tier-Beziehung 1983, S. 116 ff.
Lockwood, R.: The Influence of Animals on Social Perception. In: Katcher/Beck 1983, S. 64 ff.
Maag, V.: Das Tier in den Religionen. In: Frewein, J.: Das Tier in der menschlichen Kultur. Zürich 1983.

Manning, A.: Ethological Approaches to the Human-Companion Animal Bond. In: Katcher/Beck 1983, S. 7 ff.
McCulloch, W. F.: Teaching About the Human-Companion Animal Bond in a Veterinary Curriculum. People, Process, and Content. In: Katcher/Beck 1983, S. 489 ff.
McCulloch, W. F. u. a.: Incidence of Euthanasia and Euthanasia Alternatives in Veterinary Practice. In: Katcher/Beck 1983, S. 366 ff.
Messent, P./Horsfield, S.: Der Heimtierbestand und die Beziehung zwischen dem Heimtier und seinem Herren. In: Die Mensch-Tier-Beziehung 1983, S. 9 ff.
Messent, P./Serpell, J.: A Historical and Biological View of the Pet-Owner Bond. In: Fogle 1981, S. 5 ff.
Mugford, R. A.: Zuneigung contra Dominanz. Alternative Ansichten über die Beziehung Mensch-Hund. In: Die Mensch-Tier-Beziehung 1983, S. 168 ff.
Nitschke, A.: Tiere und Heilige. Beobachtungen zum Ursprung und Wandel menschlichen Verhaltens. In: Vierhaus, R./Botzenhart, M. (Hrsg.): Dauer und Wandel der Geschichte. Festgabe f. Kurt v. Raumer. Münster 1965, S. 62 ff.
Nitschke, A.: Verhalten und Bewegung der Tiere nach frühen christlichen Lehren. In: Studium Generale 4/1967, S. 235 ff.
Norling, I.: Eine Studie über den Wert von Hunden für Hundebesitzer in einem Großstadtbezirk (Göteborg) und in einem Landbezirk (Härryda). In: Die Mensch-Tier-Beziehung 1983, S. 24 ff.
Olbrich, E.: Ein wärmendes Stück Leben. Die Bedeutung der Mensch-Tier-Beziehung im Alter. In: Altenpflege 7/1989, S. 405 ff.
Olbrich, E.: Tiere als »Therapeuten«. In: Altenpflege 2/1987.
Olbrich, E. u. a.: Tiere in Altenheimen, noch unveröffentlichte Studie, zit. nach Psychologie heute 7/1990, S. 17.
Ottney Cain, A.: A Study of Pets in the Family System. In: Katcher/Beck 1983, S. 72 ff.
Perin, C.: Dogs as Symbols in Human Development. In: Fogle 1981, S. 68 ff.
Quackenbush, J./Glickman, L: Social Work Services for Bereaved Pet Owners. A Retrospective Case Study in a Veterinary Teaching Hospital. In: Katcher/Beck 1983, S. 377 ff.
Quigley, J. S.: A Study of Perceptions and Attitudes Toward Pet Ownership. In: Katcher/Beck 1983, S. 266 ff.
Rollin, B. E.: Morality and the Human-Animal Bond. In: Katcher/Beck 1983, S. 500 ff.
Salmon, P. u. I.: Who owns who? Psychological Research into the Human-

Pet Bond in Australia. In: Katcher/Beck 1983, S. 244 ff.
Sauer, H.: Über die Geschichte der Mensch-Tier-Beziehungen und die historische Entwicklung des Tierschutzes in Deutschland. Diss.vet. Gießen 1983.
Savishinsky, J. S.: Pet Ideas. The Domestication of Animals, Human Behavior, and Human Emotions. In: Katcher/Beck 1983, S. 112 ff.
Serpell, J. A.: Der beste Freund oder der schlimmste Feind. Die Einstellung zum Haushund verändert sich je nach Kultur. In: Die Mensch-Tier-Beziehung 1983, S. 121 ff.
Siegmund, G.: Tier und Mensch. Beitrag zur Wesensbestimmung des Menschen. Frankfurt 1958.
Stewart, M.: Loss of a Pet – Loss of a Person. A Comparative Study of Bereavement. In: Katcher/Beck 1983, S. 390.
Teutsch, G. M. (Hrsg.): Da Tiere eine Seele haben... Stimmen aus zwei Jahrtausenden. Stuttgart 1987.
Teutsch, G. M.: Soziologie und Ethik der Lebewesen. Eine Materialsammlung. Frankfurt 1975.
Tuan, Y.: Dominance and Affection. The Making of Pets. New Haven/London 1984.
Turner, D. C.: Die Beziehung zwischen Menschen und Katze. Methoden der Analyse. In: Die Mensch-Tier-Beziehung 1983. S. 157 ff.
Van de Castle, R. L.: Animal Figures in Fantasy and Dreams. In: Katcher/Beck 1983, S. 148 ff.
Walshaw, S. O.: Perspective on Pets and People. In: California Veterinarian 8 1983, S. 15 ff.
Zemanek, M.: Motivation zur Heimtierhaltung. Diss. Wien 1981.
Zeuner, F.: Geschichte der Haustiere. München 1967.
Zillig, M.: Mädchen und Tier. Begegnungen, Erlebnisse, Wertungen, Auswirkungen. Heidelberg 1961.
Zukowsky, L.: Tiere um große Männer. Frankfurt 1938.

Freude mit Tieren

Anderson, R. K. u. a. (Hrsg.): The Pet Connection. Minnesota 1984.
Bassing, J.: Are Animals People? In: California Veterinarian 11/1983, S. 43 ff.
Baun, M. M. u. a.: Physiological Effects of the Use of a Companion Dog as a Behavioral Cue for Relaxation in Diagnosed Hypertensives. Unveröff. Vortrag auf dem Int. Symposium für Mensch-Tier-Beziehung in Monaco 1989.
Bergler, R.: Heimtierhaltung aus psychologischer Sicht. In: Zentralblatt

für Bakteriologie, Mikrobiologie und Hygiene 1986/1987, S. 304 ff.
Bergler, R.: Mensch und Hund. Psychologie einer Beziehung. Köln 1986.
Bolin, S. E.: Effects of Companion Animals during Conjugal Bereavement. Unveröff. Vortrag auf dem Int. Symposium für Mensch-Tier-Beziehung in Boston 1986.
Bonaparte, M.: Topsy. Der goldhaarige Chow. Frankfurt 1981. Aus dem Franz. übersetzt von Anna u. Sigmund Freud.
Brown, L. T. u. a.: Affection for People as a Function of Affection for Dogs. In: Psychological Reports 31/1972, S. 957 ff.
Bustad, L. K.: Zusammenfassung des Symposiums. In: Die Mensch-Tier-Beziehung 1983, S. 178 ff.
Cain, A. O.: A Study of Pets in the Family System. In: Katcher/Beck (Hrsg.) 1983, S. 72 ff.
Cameron, P./Mattson, M.: Psychological Correlates of Pet Ownership. In: Psychological Reports 30/1972, S. 286.
Cameron, P. u. a.: Pet Ownership and Sex as Determinants of Stated Affect Toward Others and Estimates of Others' Regard of Self. In: Psychological Reports 19/1966, S. 884 ff.
Der Hund als Medizin. (Hrsg. v. d. Interessengemeinschaft Deutscher Hundehalter) Hamburg 1982
De Viney, E. u. a.: The Care of Pets Within Child Abusing Families. In: International Journal for the Study of Animal Problems 4/1983, S. 321 ff.
Die Mensch-Tier-Beziehung. Dokumentation des Internationalen Symposiums in Wien Okt. 1983. (Hrsg. v. Institut für interdisziplinäre Erforschung der Mensch-Tier-Beziehung) Wien 1983.
Die Rolle des Hundes bei alleinlebenden Ehepaaren. (Hrsg. v. Forschungskreis Heimtiere in der Gesellschaft) Hamburg 1988.
Fogle, B.(Hrsg.): Interrelations between People and Pets. Springfield 1981.
Fogle, B.: Pets and Their People. London 1983.
Fox, M.: Relationships Between the Human and Non-human Animals. In: Fogle 1981, S. 23 ff.
Friedmann, E.: Haustierhaltung und Überlebenschancen nach Herzkranzgefäßerkrankungen. In: Effem-Forschung für Kleintiernahrung. Report 9/1979, S. 21 ff.
Friedmann, E. u. a.: Animal Companions and One-Year Survival of Patients after Discharge from a Coronary Care Unit. In: Public Health Report 1980, S. 307 ff.
Friedmann, E. u. a.: Pet Ownership and Psychological Status. In: Anderson 1984, S. 300 ff.
Friedmann, E. u. a.: When Pet Owners are Hospitalized. Significance of

Companion Animals during Hospitalization. In: Katcher/Beck (Hrsg.) 1983, S. 346 ff.
Furtmayr-Schuh, A.: Küssen und kuscheln kontra Streß. In: Die Zeit 21.7.1989, S. 54.
Group Depth Interviews with Dog and Cat Owners. In: California Veterinarian 10/1983, S. 23 ff.
Guttmann, G.: The Psychological Determinants of Keeping Pets. In: Fogle 1981, S. 89 ff.
Hart, L. A.: The Social Contribution of Animals to Relaxed Conversations among People. Unveröff. Vortrag auf dem Int. Symposium für Mensch-Tier-Beziehung in Monaco 1989.
Heimtiere für den Ehefrieden. In: Das Tier 5/1989, S. 51.
Der Hund als Kommunikationsverstärker. (Hrsg. v. Forschungskreis Heimtiere in der Gesellschaft) Hamburg 1986.
Hutton, J. S.: Animal Abuse as a Diagnostic Approach in Social Work. A Pilot Study. In: Katcher/Beck (Hrsg.) 1983, S. 444 ff.
Jones, B.: Just Crazy about Horses. The Fact behind the Fiction. In: Katcher/Beck (Hrsg.) 1983, S. 87 ff.
Katcher, A. H.: Interactions Between People and Their Pets. Form and Function. In: Fogle 1981, S. 41 ff.
Katcher, A. H.: Man and the Living Environment. An Excursion into Cyclical Time. In: Katcher/Beck (Hrsg.) 1983, S. 519 ff.
Katcher, A. H./Beck, A. M.: Sicherheit und Vertrautheit. Physiologische und Verhaltensreaktion auf die Interaktion mit Haustieren. In: Die Mensch-Tier-Beziehung 1983, S. 131 ff.
Katcher, A. H./Beck, A. M. (Hrsg.): New Perspectives on Our Lives with Companion Animals. Philadelphia 1983.
Katcher, A. H. u. a.: Looking, Talking, and Blood Pressure. The Physiological Consequences of Interaction with the Living Environment. In: Katcher/Beck (Hrsg.) 1983, S. 351 ff.
Katcher, A. H. u. a.: Men, Woman, and Dogs. In: California Veterinarian 2/1983, S. 14 ff.
Kidd, A. H./Feldmann, B. M.: Pet Ownership and Self-Perceptions of Older People. In: Psychological Reports 48/1981, S. 867 ff.
Kidd, A. H./Kidd, R. M.: Personality Characteristics and Preferences in Pet Ownership. In: Psychological Reports 46/1980, S. 939 ff.
Kidd, A. H. u. a.: Personality Characteristics of Horse, Turtle, Snake, and Bird Owners. In: Anderson 1984, S. 200 ff.
Knight, J. A.: Comments on Aaron Katcher's »Excursion into Cyclical Time«. In: Katcher/Beck (Hrsg.) 1983, S. 532 ff.
Kusztrich, I.: Haustiere helfen heilen. Tierliebe als Medizin. Genf 1988.

Lago, D. J. u. a.: Die Wirkung von Heimtieren auf ältere, daheim lebende Personen. In: Die Mensch-Tier-Beziehung 1983, S. 36 ff.
Levenson, R.W./Meek, P. S.: Influence of Pet Dog on Marital Conflict Resolution. A Psychophysiological Study. Unv. Vortrag auf dem 4. Symposium der Int. Gesellschaft für Mensch-Tier-Beziehung in Boston 1986.
Levinson, B. M.: The Future of Research Into Relationships Between People and their Animal Companions. In: International Journal for the Study of Animal Problems 3/4/1982, S. 283 ff.
Lockwood, R.: The Influence of Animals on Social Perception. In: Katcher/Beck (Hrsg.) 1983, S. 64 ff.
MacDonald, A.: The Pet Dog in the Home. A Study of Interactions. In: Fogle 1981, S. 195 ff.
Masson, M.: Socializing Function of the Animal among Elderly Persons in Institutions.Unveröff. Vortrag auf dem Int. Symposium für Mensch-Tier-Beziehung in Monaco 1989.
McCulloch, M. J.: Animal-Facilitated Therapy. Overview and Future Directions. In: Katcher/Beck (Hrsg.) 1983, S. 410 ff.
Messent, P. R.: A Review of Recent Developments in Human-Companion Animal Studies. In: California Veterinarian 5/1983, S. 26 ff.
Messent, P. R.: Social Facilitation of Contact with Other People by Pet Dogs. In: Katcher/Beck (Hrsg.) 1983, S. 37 ff.
Messent, P. R./Horsfield, S.: Der Heimtierbestand und die Beziehung zwischen dem Heimtier und seinem Herrn. In: Die Mensch-Tier-Beziehung 1983, S. 9 ff.
Miller, M./Lago, D.: The Well-Being of Older Women. The Importance of Pet and Human Relationships. Unveröff. Vortrag auf dem Int. Symposium für Mensch-Tier-Beziehung in Monaco 1989.
Norling, I.: Eine Studie über den Wert von Hunden für Hundebesitzer in einem Großstadtbezirk (Göteborg) und in einem Landbezirk (Härryda). In: Die Mensch-Tier-Beziehung 1983, S. 24 ff.
Ory, M.G./Goldberg, E. L.: Pet Possession and Life Satisfaction in Elderly Women. In: Katcher/Beck (Hrsg.) 1983, S. 303 ff.
Pets as a Social Phenomenon. A study of man-pet interactions in urban communities. Petcare Information and Advisarory Service. Melbourne 1977 (zit. nach Messent [Review] 1983).
Quigley, J. S. u. a.: A Study of Perceptions and Attitudes Toward Pet Ownership. In: Katcher/Beck (Hrsg.) 1983, S. 266 ff.
Ruby, J.: Images of the Family. The Symbolic Implications of Animal Photography. In. Katcher/Beck (Hrsg.) 1983, S. 138 ff.
Ryder, R. D.: Pets in Man's Search for Sanity. In: Journal of Small Animal Practice 14/1973, S. 657 ff.

Rynearson, E. K.: Humans and Pets and Attachment. In: British Journal of Psychiatry 1978, S. 550 ff.
Salmon, P. W. u. I. M.: Who Owns Who? Psychological Research into the Human-Pet Bond in Australia. In: Katcher/Beck (Hrsg.) 1983, S. 244 ff.
Savishinsky, J. S.: Pet Ideas. The Domestication of Animals, Human Behavior, and Human Emotions. In: Katcher/Beck (Hrsg.) 1983, S. 112 ff.
Schaffer, H. R./Emerson, P. E.: Patterns of Response to Physical Contact in Early Human Development. In: Journal of Child Psychology 5/1964, S. 1 ff.
Selby, L. A./Rhoades J. D.: Attitudes of the Public Towards Dogs and Cats as Companion Animals. In: Small Animal Practice 22/1981, S. 129 ff.
Serpell, J. A.: In the Company of Animals. A Study of Human-Animal Relationship. Oxford 1986.
Serpell, J. A.: Growing up with Pets and its Influence on Adult Attitudes. In: Human Companion Animal Bond Newsletter 2/1981, S. 17 ff.
Simon, L. J.: The Pet Trap. Negative Effects of Pet Ownership on Families and Individuals. In: Anderson 1984, S. 226 ff.
Smith, E. J./Brink, L.: The Role of Animals in the Unconscious, with some Remarks on Theriomorphic Symbolism as Seen in Ovid. In: The Psychoanalytic Review 3/1917, S. 253 ff.
Smith, S. L.: Interactions between Pet Dog and Family Members. An Ethological Study. In: Katcher/Beck 1983, S. 29 ff.
Sind Tierfreunde bessere Menschen? In: Psychologie heute 2/1986, S. 21.
Soares, C. J./Whalen, T. E.: The Canine Companion in the Family System Context. Unveröff. Vortrag auf dem Int. Symposium für Mensch-Tier-Beziehung in Boston 1986.
Spaziergänger und Kommunikation. (Hrsg. v. Forschungskreis Heimtiere in der Gesellschaft) Hamburg 1986.
Streß und Heimtier. (Hrsg. v. Forschungskreis Heimtiere in der Gesellschaft) Hamburg 1990.
Van de Castle, R. L.: Animal Figures in Fantasy and Dreams. In: Katcher/Beck (Hrsg.) 1983, S. 148 ff.
Verhindern Haustiere Familienkrach? In: Das Tier 2/1984, S. 61.
Voith, V. L.: Attachment between People and Their Pets. Behavior Problems of Pets that Arise from the Relationship Between Pets and People. In: Fogle 1981, S. 271 ff.
Voith, V.: Animal Behavior Problems. In: Katcher/Beck (Hrsg.) 1983.
Wenn Kinder Tiere quälen. In: Psychologie heute 1/1987, S. 16.
Yoxall, A.: Client Problems as Presented to the Practicing Veterinarian. In: Fogle 1981, S. 318 ff.
Zemanek, M.: Motivation zur Heimtierhaltung. Diss. Wien 1981.

Großwerden mit Tieren

Abbau von kindlichen Aggressionen. (Hrsg. v. Forschungskreis Heimtiere in der Gesellschaft) Hamburg 1987.
Adrian, Ch.: Welches Tier für welches Kind? Der rechte Freund für jedes Alter. Stuttgart 1974.
Aggression. Heft 7/1977 der Zeitschrift ›Unterricht Biologie‹.
Andritzky, M./Spitzer, K. (Hrsg.): Grün in der Stadt. Hamburg 1981.
Aue, I. u. a.: Der Wellensittich ist ein geselliger Vogel. Unterrichtsmodell für die Primarstufe. In: Unterricht Biologie 41/1980.
Auswirkungen der Hundehaltung auf die Erziehung der Kinder. (Hrsg. v. Forschungskreis Heimtiere in der Gesellschaft) Hamburg 1979.
Belgardt, K. A.: Heimtiere für Grundschüler. Klassentiere für die Grundschule. In: Die Grundschule 12/1983, S. 18 ff.
Bergesen, F. J.: The Effects of Pet Facilitated Therapy on the Self Esteem and Socialization of Primary School Children. Unveröff. Vortrag auf dem Symposium für Mensch-Tier-Beziehung in Monaco 1989.
Bergler, R.: Erziehungsförderung bei Kindern und Jugendlichen durch Haltung von Heimtieren. (Hrsg. v. d. Interessengemeinschaft Deutscher Hundehalter) Hamburg 1990.
Bergler, R.: Mensch und Hund. Psychologie einer Beziehung. Köln 1986.
Bergler, R. u. a.: Psychology of a Relationship with Pets. Unveröff. Vortrag auf dem Symposium für Mensch-Tier-Beziehung in Boston 1986.
Berkholz, G.: Erziehung zur Tierliebe. Was können Eltern und Schule dafür tun? In: Naturwissenschaft im Unterricht Biologie 3/1980, S. 84 ff.
Berl, M.E.: Therapy at the Zoo. In: Quarterly Journal of Child Behaviour 4/1952.
Bilger, M. u. a.: Der Schulgarten als Mittel zur Umwelterziehung. In: Beiträge zur Nutzerorientierten Freiraumplanung. Heft 6/1982, S. 29 ff. (Hrsg. v. Lehrstuhl für Landschaftsarchitektur der Techn. Universität München-Weihenstephan).
Bucke, W. F.: Cyno-Psychoses. Children's Thoughts, Reactions, and Feeling Towards Pet Dogs. In: Pedagogical Seminary 10/1903, S. 459 ff.
Buker, C.: The Impact of Pet Prohibition in Housing Policies on Children's Relationship to Animals. Unveröff. Vortrag auf dem Symposium für Mensch-Tier-Beziehung in Boston 1986.
Cain, A. O.: A Study of Pets in the Family System. In: Katcher/Beck 1983, S. 72 ff.
Caras, R. A.: Managing Your Classroom Pets. In: The Instructor 90/1980, S. 48 ff.
Condoret, A.: L'animal compagnon de l'enfant. Paris 1973.
Dams, C./Werner, J.: Schulgärten. Zimmer im Grünen. Von den Kloster-

schulgärten bis zum Schulbiotop. In: betrifft: erziehung März 1986, S. 24 ff.
Das Glück einer schönen Kindheit. In: Das Tier 3/1987, S. 16.
Die Mensch-Tier-Beziehung. Dokumentation des Symposiums für Mensch-Tier-Beziehung in Wien 1983 (hrsg. vom Inst. für Interdiszipl. Erforschung der Mensch-Tier-Beziehung Wien).
Dreidax, F.: Emotionale Erziehung in der Schule. Themen, Ziele und Anregungen am Beispiel des Biologieunterrichts. Oldenburg 1981.
Eschenhagen, D.: Tierhaltung und Tierpflege. In: Ders. (Hrsg.): Biologie in der Grundschule. Oldenburg 1970.
Filiatre, J.C. u.a.: Neue Erkenntnisse über das Kommunikationsverhalten zwischen dem Kleinkind und seinem Hund. In: Die Mensch-Tier-Beziehung 1983, S. 53 ff.
Freise, G.: Lernbereich Natur. Argumente für die Begründung eines Lernbereichs Natur. In: Natur zum Anfassen. Ökologisches Unterrichten (hrsg. v. H. Gudjons). Hamburg 1988.
Freude im Streichelzoo. In: Das Tier 11/1987, S. 70.
Freuler, K.: Tierschutz und Schule. In: Züricher Tierschutz 35/1962, S. 5 ff.
Fritzsche, G.: Biologische Sachkunde im Unterricht der Grundschule. In: Naturwissenschaft im Unterricht 7/1970.
Fuss, A.: Tierpflege im Schulzoo als pädagogische Hilfe. In: Neue Sammlung. Göttinger Zeitschrift für Erziehung und Gesellschaft 16/1976, S. 509 ff.
Fuss, A./Gibat, G.: Ein Zoo im Flur. Der Schulzoo der Laborschule Bielefeld. In: Schulmanagement 10/1979, S. 55 ff.
Gahntz, D.: Umgang mit Heimtieren steht auf dem Lehrplan. In: Das Tier 3/1983, S. 47 f.
Godin, L. u.a.: Study of Problems sociated with Presence of Animals in Preeschools and Elementary Schools in Two Regions in France. Unveröff. Vortrag auf dem Int. Symposium für Mensch-Tier-Beziehung in Monaco 1989.
Gonschorek, R./Zucchi, H.: Kap. ›Auswahlkriterien für ein Schultier‹. In: Der Biologieunterricht 20/1984.
Greiffenhagen, S.: Politische Sozialisation. In: Greiffenhagen, M. u. S./Prätorius, R. (Hrsg.): Handwörterbuch zur politischen Kultur der Bundesrepublik Deutschland. Opladen 1981.
Gronefeld, G.: Streichelgehege im Zoo. In: Das Tier 8/1985, S. 14 f.
Gudjons, H. (Hrsg.): Natur zum Anfassen. Ökologisch unterrichten. Hamburg 1988.
Guttmann, G. u.a.: Einfluß der Heimtierhaltung auf die nonverbale Kom-

munikation und die soziale Kompetenz bei Kindern. In: Die Mensch-Tier-Beziehung 1983, S. 62 ff.
Guttmann, G./Zemanek, M.: The Role Played by Pets in the Family. Unveröff. Vortrag auf dem Symposium für Mensch-Tier-Beziehung in Monaco 1989.
Hall, S. G./Brown, C. E.: The Cat and the Child. In: Pedagogical Seminary 11/1904, S. 3 ff.
Haßfurther, J.: Bildungsarbeit im Zoologischen Garten. In: Winkel 1982, S. 189 ff.
Hart, B. L. u. a.: Breed-Specific Behavioral Profiles of Dogs. Model for a Quantitative Analysis. In: Katcher/Beck 1983, S. 47 ff.
Haustiere. Heft 5/1977 der Zeitschrift ›Unterricht Biologie‹.
Hentig, H. v.: An dem, was wirklich ist, erkennen, was möglich ist. Über das Verhältnis von Utopie und Realität am Beispiel der Bielefelder Laborschule. In: Ders.: Erkennen durch Handeln. Stuttgart 1982.
Herrmann, P.: Spielplätze in einem kinderfreundlichen Land. Untersuchungsergebnisse über dänische Bauspielplätze und über das Selbstverständnis von Freizeitpädagogik in Dänemark. In: Westermanns Pädagogische Beiträge 8/1972, S. 415 ff.
Höhl, E.: Nachtpfauenaugen im Klassenzimmer. In: Unterricht Biologie Mai 1985, S. 48 f.
Hollmann, E.: Spielplatz. In: Fachlexikon der sozialen Arbeit. Frankfurt (2. Auflage) 1986, S. 809 f.
Hutton, J. S.: Heimtiere in Pflegefamilien. Erkenntnisse über ihren therapeutischen Wert. In: Die Mensch-Tier-Beziehung 1983, S. 68 ff.
Institut f. Jugendforschung: Einstellung und Verhaltensweisen von Kindern zur Tierhaltung. (Hrsg. v. Forschungskreis Heimtiere in der Gesellschaft) Hamburg 1977.
Ihr Unterricht ist immer lebendig. Rosl Kirchshofer, die dienstälteste Zoopädagogin Europas. In: Das Tier 2/1988.
Immer neue Projekte im ökologischen Schulgarten. In: Die höhere Schule 4/1985, S. 129.
Janßen, W.: Strukturen des Erlebens und Lernens. Didaktische Leitlinien für Entwicklung und Einsatz von Arbeitsbögen in naturwissenschaftlichen Sammlungen. In: Winkel 1982, S. 222 ff.
Jones, B.: Just Crazy about Horses. The Fact behind the Fiction. In:Katcher/Beck 1983, S. 87 ff.
Jones, B. u. a.: An Educator's Guide to the New Science of Human-Animal Interaction. In: Anderson, R. K. u. a.: The Pet Connection. Its Influence on Our Health and Quality of Life. Minnesota 1984, S. 94 ff.

Karg, H.H.: Ein Schulgarten wird angelegt. Überlegungen, Alternativen, Ausführung. In: Schulmanagement 2/1985, S. 23 ff.
Katcher, A.H.: Man and The Living Environment. An Excursion into Cyclical Time. In: Katcher, A.H./Beck 1983, S. 519 ff.
Katcher, A.H./Beck, A.M. (Hrsg.): New Perspectives on Our Lives with Companion Animals. Philadelphia 1983.
Kaufmann, I.: Haustiere im Erleben Zehnjähriger. Skizzierte Untersuchungsergebnisse aus ländlichen Gegenden Ostwestfalens-Lippe. Anriß einer erziehungsrelevanten Lage. In: Praxis der Kinderpsychologie und Kinderpsychiatrik 26/1977, S. 52 ff.
Kellert, S.R.: Attitudes toward Animals. Age Related Development among Children. In: Anderson, R.K. u.a. (Hrsg.) :The Pet Connection. Minnesota 1984, S. 76 ff.
König, O.: Warum unsere Kinder Tiere brauchen. In: Das Tier 1/1980, S. 19 ff.
Kraft P.: Der Schulhof als Ort des sozialen Verhaltens. Braunschweig 1977.
Krüger, A.M.: Über das Verhältnis des Kindes zum Tiere. In: Zeitschrift für angewandte Psychologie 47/1934, S. 9 ff.
Lachner, R.: Kinder brauchen Tiere. Melsungen 1979.
Lachner, R.: Mit dem Kindergarten im Kirschensiek. In: Das Tier 4/1983, S. 20.
Levinson, B.M.: Pets and Human Development. Springfield 1972.
Levinson, B.M.: Pet-Oriented Child Psychotherapie. Springfield 1969.
Lux, H.: Bürgergärten in Groningen. Ein Beispiel für Partizipation. In: Andritzky/Spitzer 1981, S. 440 ff.
Magnusson-Martinson, S./Gage, G.: Intergenerational Continuity of Attitudes and Values About Companion Animals. Unveröff. Vortrag auf dem Symposium für Mensch-Tier-Beziehung in Boston 1986.
Malcarne, V.L.: Impact of Childhood Experience with Companion Animals on Concern for Humans and Other Animals. Unveröff. Vortrag auf dem Symposium für Mensch-Tier-Beziehung in Boston 1986.
Margadant-van- Arcken, M.: Environmental Education and the Relationship between Children and Animals. Unveröff. Vortrag auf dem Int. Symposium für Mensch-Tier-Beziehung in Boston 1986.
Mau, K.-G.: Tierhaltung in der Schule. Zwischen Tier(arten)schutz und Gesundheitsschutz. In: Unterricht Biologie 41/1980, S. 44 ff.
Meißner, M.: Erziehung zur Ehrfurcht vor dem Leben. Ein Versuch in der Grundschule. Entwurf eines Unterrichtsmodells. Erhältlich über das Hodogetische Institut der Universität Karlsruhe.
Meves, Ch./Illies, J.: Geliebte Gefährten. Tiere als Hausgenossen und als Miterzieher. Freiburg 1981.

Miekeley, M.: Kind und Hund. Liebevolle Gemeinschaft. In: Das Tier 10/1982, S. 47.
Millot, J.-L.: u. a.: Characteristics and Functions of Olfactory Cues in the Interaction Systems between the Young Child and His Pet Dog. Unveröff. Vortrag auf dem Symposium für Mensch-Tier-Beziehung in Monaco 1989.
Mönch, M.: Kind und Tier. Gedanken über die Beziehungen zwischen Kindern und Tieren. Artikelserie in: pet-zoo-report 1980 f.
Montagner, H.: Animals and Children. Unveröff. Vortrag auf dem Int. Symposium für Mensch-Tier-Beziehung in Boston 1986.
Plötz, F.: Kind und lebendige Natur. Psychologische Voraussetzungen der Naturkunde in der Volksschule. München 1955.
Podgornik, R.: Tiere im Heim. In: Unsere Jugend. Zeitschrift für Jugendhilfe in Wissenschaft und Praxis 1974, S. 544 ff.
Projekt: Schulgarten. In: Die höhere Schule 4/1985, S. 112 ff.
Reese, E.: Ich möchte ein Kaninchen haben. Unterrichtsmodell für die Orientierungsstufe (›Haustier‹). In: Unterricht Biologie 5/Jan. 1977, S. 15 ff.
Rempis-Nast, M.: Unsterbliche Tierliebe. Ein Lehrbuch besonderer Art. (Bericht über die Tierschutzschule Stuttgart-Degerloch. Stuttgart 1963).
Robin, M. u. a.: Childhood Pets and the Psychosocial Development of Adolescents. In: Katcher/Beck 1983, S. 436 ff.
Schanz, G.: Das Abenteuer Integration besiegt auch Lehrerängste. In: Stuttgarter Zeitung 30.6.1989.
Schlossberg, E./Baxter, P.: Teaching Children to Think Like Animals. The Macomber Farm Projekt. In: Katcher/Beck 1983, S. 276 ff.
Schmidtchen, G.: Triumphe der Aufklärung und Katastrophen der Seele. In: Härle, W. (Hrsg.): Kirche und Gesellschaft. Stuttgart 1989, S. 143 ff.
Schneckenburger, E.: Tierschutz als Erziehungsaufgabe. Stuttgart 1946.
Schneider, W.: Ein Tier für unser Kind? In: Das Tier 7/1983, S. 42 ff.
Schottmayer, G. u. a.: Der Bauspielplatz. Explorative Studie über Freizeitpädagogik in Dänemark. In: Westermanns Pädagogische Beiträge 6/1971, S. 283 ff.
Schottmayer, G./Christmann, R.: Kinderspielplätze. Beiträge zur kindorientierten Gestaltung der Wohnwelt. Stuttgart u.a. 1977.
Serpell, J. A.: Childhood Pets and Their Influence on Adults' Attitudes. In. Psychological Reports 49/1981, S. 651 ff.
Sherick, I.: The Significance of Pets for Children. Illustrated by a Latency-Age Girl's Use of Pets in her Analysis. In: The Psychoanalytic Study of the Child 36/1981, S. 193 ff.
Siegmund, R./Biermann, K.: The Significance of Petkeeping in Education.

Unveröff. Vortrag auf dem Symposium für Mensch-Tier-Beziehung in Monaco 1989.
Smith, L. S.: Interactions between Pet Dogs and Family Members. An Ethological Study. In: Katcher/Beck 1983, S. 29 ff.
Snir, D. u. a.: Animal Bonding in Child Development. The Cruciality of the Children's Farm in Kibbutz Education. Unveröff. Vortrag auf dem Int. Symposium für Mensch-Tier-Beziehung in Monaco 1989.
Spitzer K.: Die Demokratisierung öffentlichen Grüns. In: Andritzky/Spitzer 1981.
Spitzer, K.: Zwischenformen öffentlicher Tierhaltung. In: Garten und Landschaft 1/1977, S. 26 ff.
Swingler, R.C.: Educational Value of Classroom Pets. In: The Education Digest 31/1966, S. 50 ff.
Teixera, J. A. M.: The Pet as a Means of Recuperation against the School Failure in a Child with Affective Emotional Troubles. Unveröff. Vortrag auf dem Int. Symposium für Mensch-Tier-Beziehung in Monaco 1989.
Teutsch, G. M.: Kinder und Tiere. Von der Erziehung zum mitgeschöpflichen Verhalten. In: Unsere Jugend. Januar 1980, S. 435 ff.
Teutsch, G. M.: Lernziel Empathie. In: Lück, H.G. (Hrsg.): Mitleid – Vertrauen – Verantwortung. Stuttgart 1977, S. 145 ff.
Teutsch, G.: So wichtig sind Tiere für die Erziehung unserer Kinder. In: Das Tier 11/1975, S. 19 f.
Tierhaltung. In: Spielplatzhandbuch. Ein kritisches Lexikon (Hrsg. v. K. Spitzer u. a.) Berlin 1975.
Tierschutz im Unterricht. Materialien des Vereins »Deutsche Tierfreunde«. München.
Van den Castle, R. L.: Animal Figures in Fantasy and Dreams. In: Katcher/Beck 1983, S. 148 ff.
Van Parys, Y.: Children's Educational Farms in Belgium and in Europe. Their Roles and Resources. Unveröff. Vortrag auf dem Int. Symposium für Mensch-Tier-Beziehung in Monaco 1989.
Voith, V. L.: Animal Behavior Problems. In: Katcher/Beck 1983, S. 181 ff.
Waltenberger, H.: Viel Platz für Tier, Mensch und Natur. Jugendfarmen im Aufschwung. In: Das Tier 8/1984, S. 62 f.
Wasem, E.: Die Tierpädagogik hat viel aufzuholen. In: Unsere Jugend 10/1980, S. 456 ff.
Weinsheimer, L.: Tiere füttern gegen Rechtsradikalismus? In: Stuttgarter Zeitung 5.5.1990.
Wenn Kinder sich einen Hund wünschen. (Hrsg. v. d. Interessengemeinschaft Deutscher Hundehalter) Hamburg 1990.

Winkel, G.: Pädagogik an naturwissenschaftlichen Sammlungen (unter besonderer Berücksichtigung der Biologie). In: Winkel 1982, S. 7 ff.
Winkel, G. (Hrsg.): Der Zoo. Heft 15, Nov. 1977 der Zeitschrift ›Unterricht Biologie‹. Informationen und Unterrichtsmodelle für alle Unterrichtsstufen.
Winkel, G. (Hrsg.): Pädagogik im Botanischen Garten, im Naturkundemuseum, im Zoo. Hannover 1982.
Winkel, G. u. a. (Hrsg.): Das Schulbiologiezentrum Hannover. Hannover 1987.
Würdinger, I.: Approach of Children to Animals in a ›Streichelzoo‹. Unveröff. Vortrag über den Zoologischen Garten auf dem Int. Symposium für Mensch-Tier-Beziehung in Monaco 1989.
Zemanek, M.: Pets in SOS Children's Villages. Unveröff. Vortrag auf dem Int. Symposium für Mensch-Tier-Beziehung in Monaco 1989.
Zillig, M.: Mädchen und Tier. Das Tier im Leben eines Kindes. Entwicklungspsychologische und charakterologische Untersuchungen über die Beziehung von Kindern zu Tieren. Diss. München 1956.

Altwerden mit Tieren

Altern als Chance und Herausforderung. Bericht der Kommission »Altern als Chance und Herausforderung«, erstellt i. A. der Landesregierung Baden-Württemberg 1988.
Anderson, R. K. (Hrsg.): Pet Animals in Society. New York 1975.
Anderson, R. K. u. a. (Hrsg.): The Pet Connection. Minneapolis 1984.
Bergler, R.: Belastungen des Alterns. In: Therapiewoche 32/1979, S. 4964 ff.
Bergler, R.: Die Bedeutung des Hundes für ältere Menschen. Eine psychologische Studie. (Hrsg. v. d. Interessengemeinschaft Deutscher Hundehalter) Hamburg 1989.
Bielke, R. Keine Angst vorm Altenheim. Beispielgeschichten aus dem Alltag des Johann-Heermann-Hauses in Brackwede. Konstanz 1981.
Blaschke, D./Franke, J.(Hrsg.): Freizeitverhalten älterer Menschen. Exemplarische Untersuchung zur interdisziplinären Gerontologie im Rahmen eines Modellversuches. Stuttgart 1982.
Brickel, C. M.: Depression in the Nursing Home. A Pilot Study Using Pet-Facilitated Psychotherapy. In: Anderson 1984, S. 407 ff.
Brickel, C. M.: The Therapeutic Roles of Cat Mascots with a Hospital-based Geriatric Population. A Staff Survey. In: The Gerontologist 19/1979, S. 368 ff.-

Burt, M. R. u. a.: A Case Study in Private Pet Ownership by the Elderly. In: Anderson 1984, S. 438 ff.
Bustad, L. K.: Animals, Aging, and the Aged. Minneapolis 1980.
Bustad, L. K./Hines, L. M.: Placement of Animals with the Elderly. Benefits and Strategies. In: Katcher/Beck 1983, S. 291 ff.
Butler, R. N.: Why Survive? Being Old in America. New York 1975.
Citrin, R. S./Dixin, D. N.: Reality Orientation. A Milieu Therapy Used in an Institution for the Aged. In: The Gerontologist 17/1977, S. 39 ff.
Connell, C. M./Lago, D. J.: Favorable Attitudes towards Pets and Happiness among the Elderly. In: Anderson 1984. S. 241 ff.
Corson, S. u. a.: Pet-Facilitated Psychotherapy in a Hospital Setting. In: Current Psychiatric Therapies 15/1975, S. 277 ff.
Corson, S. u.a.: Pet Dogs as Nonverbal Communication Links in Hospital Psychiatry. In: Comprehensive Psychiatry 18/1977, S. 61 ff.
Corson, S. und E.: Pets as Mediators of Therapy. In: Current Psychiatric Therapies 18/1978, S. 195 ff.
Corson, S. und E.: Companion Animals as Bonding Catalysts in Geriatric Institutions. In: Fogle 1981, S. 146 ff.
Cusack, O./Smith, E.: Pets and the Elderly. The Therapeutic Bond. Sonderheft 2/3 der Zeitschrift ›Activities‹, Adaption and Aging 1984.
De Smet, S.: Die Bedeutung der Haustiere für die seelische Situation von Erwachsenen. Dipl.arbeit Universität Hamburg 1983.
De Smet, S.: Einsatz von Haustieren in Altenheimen. Unveröff. Vortragsmanuskript.
De Smet, S.: Öffnet die Heime – für Haustiere. In: Altenpflege 5/1988, S. 308 ff.
De Smet, S.: Therapieersatz Tier. In: Psychologie heute 7/1990, S. 16 f.
Deutsches Jugendinstitut (Hrsg.): Alte Menschen in Pflegeverhältnissen. Materialien zum Vierten Familienbericht. München 1987.
Die alternde Gesellschaft. o. J., o. O. (Landtag Baden-Württemberg).
Dieck, M./Steinacker, R.: Gesellschaftliche Integration, soziale Interaktion, materielle und immaterielle Resourcen. Aspekte der Situation älterer Menschen in der Bundesrepublik Deutschland. Berlin 1987.
Die Mensch-Tier-Beziehung. Dokumentation des Internationalen Symposiums des Inst. f. interdisziplinäre Erforschung der Mensch-Tier-Beziehung Wien 1983.
Fairnie, H. M./Winkler, A. J.: Pets as Therapy Programmes: Who are the Real Beneficiaries? Unveröff. Vortrag auf dem Int. Symposium für Mensch-Tier-Beziehung in Monaco 1989.
Fogle, B. (Hrsg.): Interrelations between People and Pets. Springfield 1981.

Fogle, B.: Attachment – Euthanasia – Grieving. In: Fogle 1981, S. 331 ff.
Fogle, B.: Pets and Their People. London 1983.
Garrity, T. F. u. a.: Pet Ownership as a Protective Factor Influencing the Health of the Elderly. Unv. Vortrag auf dem 4. Symposium der Int. Gesellschaft für Mensch-Tier-Beziehung in Boston 1986.
Göschel, I.: Sperrt uns nicht ein. Hannover o. J.
Guidelines. Animals in Nursing Homes. California Veterinarian 3/1983 (Sonderheft).
Guttmann, G./Zemanek, M.: The Significance of Pet Ownership for Older People. Unv. Vortrag auf dem 4. Symposium der Int. Gesellschaft für Mensch-Tier-Beziehung in Boston 1986.
Hart, L. A./Mader, B.: Effects of Pets in California Public Housing for Elderly. Perspectives of Residents and On-Site Managers. Unv. Vortrag auf dem 4. Symposium der Int. Gesellschaft für Mensch-Tier-Beziehung in Boston 1986.
Hendy, H. M.: Effects of Pets on The Sociability of Nursing Home Residents. In: Anderson 1984, S. 430 ff.
Hughes, C. C./Hawkins, B. J.: Involvement of Young People and Pets with the Elderly. In: Anderson 1984, S. 445 ff.
Hundebesuchsprogramme in Altersheimen. Hrsg. v. Institut f. Interdisziplinäre Erforschung der Mensch-Tier-Beziehung (IEMT). Wien o. J.
Ideenbörse vorbildliche Altenpflege. Initiativen, Projekte, Erfahrungen. Dokumentation. (Hrg. v. Ministerium für Arbeit, Gesundheit, Familie und Sozialordnung) Stuttgart 1990.
Ins Altersheim mit meinem Hund. (Ratgeber, hrsg. v. d. Interessengemeinschaft Deutscher Hundehalter) Hamburg 1989.
Jendro, C. u. a.: The Effects of Pets for Chronically-Ill Elderly. In: Anderson 1984, S. 416 ff.
Karlson, J.: The Effect of Pet Attachment on Selfconcept among the Elderly. Unveröff. Vortrag auf dem Int. Symposium für Mensch-Tier-Beziehung in Monaco 1989.
Katcher, A. H./Beck, A. M. (Hrsg.): New Perspectives on Our Lives with Companion Animals. Philadelphia 1983.
Kidd, A. H./Feldmann, B. M.: Pet Ownership and Self-Perceptions of Older People. In: Psychological Reports 48/1981, S. 867 ff.
Kruse, A./Lehr, U.: Psychologische Aspekte des Alterns. In: Altern als Chance … a. a. O., S. 61 ff.
Kusztrich, I.: Haustiere helfen heilen. Tierliebe als Medizin. In: Theorie und Praxis der sozialen Arbeit 10/1990, S. 391 ff.
Lago, D. J. u. a.: Die Wirkung von Heimtieren auf ältere, daheim lebende Personen. In: Die Mensch-Tier-Beziehung, S. 36 ff.

Lago, D. J. u. a.: Relationships with Companion Animals among the Rural Elderly. In: Katcher/Beck 1983, S. 328 ff.
Lago, D. H./Miller, M.: Pets in the Daily Activities of Older Women. A Telephone Experience Sampling Study. Unv. Vortrag auf dem 5. Symposium der Int. Gesellschaft für Mensch-Tier-Beziehung in Monaco 1989.
Lehr, U.: Psychologie des Alterns. Heidelberg (5. Aufl.) 1984.
Lehr, U./Thomae, H.(Hrsg.): Formen seelischen Alterns. Stuttgart 1987.
Lehr, U. u. a.: Veränderte Familienstrukturen und ihre Bedeutung für den älteren Menschen von morgen. In: Altern als Chance ... a. a. O., S. 90 ff.
Levinson, B. M.: Pets and Old Age. In: Mental Hygiene 3/1969, S. 384 ff.
Levinson, B. M.: Pets and Human Development. Springfield 1972.
Ludwig, G.: Heimtiere vergolden den Lebensabend. In: Das Tier 3. März 1989.
Marx, M. B. u. a.: Demographics of Pet Ownership Among the Elderly. Unv. Vortrag auf dem 4. Symposium der Int. Gesellschaft für Mensch-Tier-Beziehung in Boston 1986.
Masson, M.: Socializing Function of the Animal among Elderly Persons in Institutions (Old People's Home). Unv. Vortrag auf dem 5. Symposium der Int. Gesellschaft für Mensch-Tier-Beziehung in Monaco 1989.
McArthur, M. u. a.: The Effect of a Pet Dog on the Social Interaction of Mentally Impaired Institutionalized-Elderly. Unv. Vortrag auf dem 4. Symposium der Int. Gesellschaft für Mensch-Tier-Beziehung in Boston 1986.
McCulloch, M. J.: Animal-Facilitated Therapy. Overview and Future Direction. In: Katcher/Beck (Hrsg.) 1983, S. 410 ff.
McCulloch, M. J.: Pets in Therapeutic Programs for the Aged. In: Anderson 1984, S. 387 ff.
Messent, P. R./Horsfield, S.: Der Heimtierbestand und die Beziehung zwischen dem Heimtier und seinem Herrn. In: Die Mensch-Tier-Beziehung 1983, S. 9 ff.
Miller, M./Lago D. J.: The Well-Being of Older Women. The Importance of Pet and Human Relationship. Unv. Vortrag auf dem 5. Symposium der Int. Gesellschaft für Mensch-Tier-Beziehung in Monaco 1989.
Müller, C.: Zur Psychiatrie des Alterns. In: Sporken 1986, S. 91 ff.
Oesterreich, K.: Die Situation älterer Menschen aus gerontopsychiatrischer Sicht. In: Altern als Chance ... a. a. O., S. 53 ff.
Olbrich, E.: Ein wärmendes Stück Leben. Die Bedeutung der Mensch-Tier-Beziehung im Alter. In: Altenpflege 7/1989, S. 405 f.
Olbrich, E.: Tiere als »Therapeuten«. In: Altenpflege 2. Feb. 1987.
Olsen, G. u. a.: Pet-Facilitated Therapy. A Study of the Use of Animals in Health Care Facilities in Minnesota. In: Katcher/Beck 1983, S. 431 ff.

Olsen, G. u.a.: Evaluating Pet Facilitated Therapy in Long Term Care Facilities. In: Anderson 1984, S. 399 ff.
Ory, M.G. /Goldberg, E.L.: Pet Possession and Life Satisfaction in Elderly Women. In: Katcher/Beck 1983, S. 303 ff.
Ratgeber Senioren. Stuttgart o.J.
Ratschläge für den Ruhestand. (Hrsg. v. d. Interessengemeinschaft Deutscher Hundehalter) Hamburg 1987.
Robb, S.S.: Health Status Correlates of Pet-Human Association in a Health-Impaired Population. In: Katcher/Beck 1983, S. 318 ff.
Salmon, I.M. u.a.: Ein Hund im Heim. Eine Studie über Haustiere an der geriatrischen Klinik Caulfield. In: Die Mensch-Tier-Beziehung, S. 34 ff.
Schlierf, G.: Die gesundheitliche Situation älterer Menschen. In: Altern als Chance ... a.a.O., S. 41 ff.
Schmitz-Scherzer, R.: Alter und Freizeit. Stuttgart u.a. 1975.
Serpell, J.: In the Company of Animals. A Study of Human-Animal Relationship. Oxford 1986.
Sperber, K.: Mit »Bubche« auf die Straße. Möglichkeiten der Therapie für altersverwirrte Menschen im Heim. In: Frankfurter Rundschau 5.11.1988.
Sporken, P.: Die Bedürfnisse älterer Menschen. In: Ders. 1986, S. 131 ff.
Sporken, P. (Hrsg.): Was alte Menschen brauchen. Freiburg u.a. 1986.
Stadie, R.: Altsein zwischen Integration und Isolation. Empirische Ergebnisse zur Lebenssituation und Befindlichkeit alter Menschen. Melle/St. Augustin 1987.
Tiere in Alten- und Pflegeheimen. Argumente und Beispiele. Schriftenreihe des Kuratoriums Deutsche Altershilfe August 1989.
Tiere in Altersheimen. Ein Handbuch für Tierhaltung und Besuchsprogramme in Altersheimen. Hrsg. v. Institut für Interdisziplinäre Erforschung der Mensch-Tier-Beziehung. Wien 1990.
Hunde und ältere Menschen. Tips und Anregungen für den richtigen Umgang mit einem Hund. (Hrsg. v. d. Interessengemeinschaft Deutscher Hundehalter in Zusammenarbeit mit dem Deutschen Paritätischen Wohlfahrtsverband) Hamburg 1984.
Thomae, H.: Altern als mehrdimensionaler Prozeß. In: Altern als Chance ... a.a.O., S. 9 ff
Tolliver, L.P.: Perspectives of Aging and the Role of Companion Animals. In: Anderson 1984, S. 366 ff.
Vierter Familienbericht. Die Situation der älteren Menschen in der Familie. Bericht der Sachverständigenkommission der Bundesregierung. Bonn 1986.
Wächtler, C.: Psycho- und Soziotherapie der Alzheimerschen Krankheit. In: Geriatrie Praxis 2/1990, S. 81 ff.

Walster, D.O.: Use of Pet Facilitated Therapy in Scotland. Unv. Vortrag auf dem 4. Symposium der Int. Gesellschaft für Mensch-Tier-Beziehung in Boston 1986.
Winkler, A. u.a.: The Impact of a Resident Dog on an Institution for the Elderly. Effects on Perceptions and Social Interactions. Unv. Vortrag auf dem 4. Symposium der Int. Gesellschaft für Mensch-Tier-Beziehung in Boston 1986.
Zaki, G.: Aging and Pet Facilitated Therapy. Applications for Alzheimer's Patients and their Caregivers. Unveröff. Vortrag auf dem 5. Symposium der Int. Gesellschaft für Mensch-Tier-Beziehung in Monaco 1989.
Zulauf, J.R.: The Effectiveness of Individual Pet-Facilitated Psychotherapy with Elderly Inpatients. Unv. Vortrag auf dem 4. Symposium der Int. Gesellschaft für Mensch-Tier-Beziehung in Boston 1986.

Behinderungen ertragen mit Tieren

Anderson, R.K. u.a. (Hrsg.): The Pet Connection. Its Influence on Our Health and Quality of Life. Minnesota 1984.
Baum, D.: Heilpädagogisches Voltigieren/Reiten mit psychisch kranken Menschen. In: Heilpädagogisches Voltigieren und Reiten 1989, S. 30 ff.
Bernard, P.: Variations in Social Contact because of the Race of the Dogs Present in the Vicinity of a physically Handicapped Person. Unveröff. Vortrag auf dem Symposium für Mensch-Tier-Beziehung in Monaco 1989.
Bird, C.B./Terryberry, E.N.: Why Hearing Dogs? Unveröff. Vortrag auf dem Symposium für Mensch-Tier-Beziehung in Boston 1986.
Bolenz, A.: Blindenführhunde. In: Das Tier 4/1981, S. 39.
Breiner, H.L.: Therapeutisches Reiten im Dienste der Sprachtherapie. Referat auf dem 4. Fortbildungsseminar für Krankengymnasten mit Hippotherapie-Lizenz in Ludwigshafen am 12. Juni 1982.
Cass, J.: Pet Facilitated Therapy in Human Health Care. In: Fogle, B. (Hrsg.): Interrelations between People and Pets. Springfield 1981, S. 124 ff.
Cusack, O./Smith, E.: Pets and the Elderly. The Therapeutic Bond. Sonderheft 2/3 von Acitivities, Adaption and Aging 1984.
David, E. u.a.: Hippotherapie. Heilen auf dem Pferd. Erhältlich über die Schweisfurth-Stiftung München.
Delius, F.: Möglichkeiten für die Förderung der Sensorischen Integration durch das Heilpädagogische Voltigieren für Kinder mit minimalen zelebralen Bewegungsstörungen. In: Heilpädagogisches Voltigieren und Reiten 1989, S. 15 ff.

De Smet, S.: Therapieersatz Tier. In: Psychologie heute 7/1990, S. 16 ff.
Die Kinder erleben ein Gefühl persönlicher Sicherheit. Der Verein »Pferde für Menschen« auf dem Erlenweiherhof. In: Brucker Tagblatt 4.4.1989.
Dismuke, R.P.: Rehabilitative Horseback Riding for Children with Language Disorders. In: Anderson 1984, S. 131 ff.
Eddy, J. u.a.: Service Dogs and Social Acknowledgement of People in Wheelchairs. An Observational Study. Unveröff. Vortrag auf dem Symposium für Mensch-Tier-Beziehung in Boston 1986.
Eipper, P.: Der Blindenführhund. In: Ders.: Das Haustierbuch. Berlin 1938.
Englisch, B.: Reiten und Umgang mit Pferden als eine Möglichkeit der Lebenshilfe für behinderte Kinder und Jugendliche, dargestellt am Beispiel eines sprachbehinderten Jungen. Diplomarbeit o.O., o.J.; erhältlich über das Kuratorium für Therapeutisches Reiten in Warendorf.
Gäng, M.: Heilpädagogisches Reiten. München/Basel 1983.
Fogle, B.: Pets and Their People. London 1983.
Frith, G.H.: Pets for Handicapped Children. In: The Pointer 1/1982, S. 24 ff.
Gehört der Hund ans Krankenbett? In: Das Tier 6/1987, S. 44 f.
Haßfurther, J./Winkel, G.: Die Arbeit des Zoopädagogen mit ›Behinderten‹. In: Winkel, G. (Hrsg.): Pädagogik im Botanischen Garten, im Naturkundemuseum, im Zoo. Hannover 1982, S. 214 ff.
Heilpädagogisches Voltigieren und Reiten. Das Pferd in Pädagogik, Psychologie und Psychatrie. Ausgewählte Beiträge aus der Zeitschrift »Therapeutisches Reiten«, hrsg. v. Kuratorium für Therapeutisches Reiten. Warendorf 1989.
Heilung auf dem Pferderücken suchen. Beispiel Waakirchen. In: Süddeutsche Zeitung 13.8.1990.
Heipertz, W.: Reiten als Therapie. In: Zusammen 7/1982, S. 22 ff.
Heute dürft ihr reiten… Reaktionen und Verhaltensweisen behinderter Kinder vor, während und nach dem Therapeutischen Reiten. In: Das behinderte Kind 13/1976, S. 186 ff.
Hunde helfen Gehörlosen. In: Das Tier 2/1983, S. 53.
Hunde leihen Gehörlosen ihr Ohr. In: Das Tier 9/1978, S. 30 f.
Immer mehr Kranke reiten sich gesund. In: Das Tier 6/1975, S. 31 ff.
Kanehl, F.: Tiere mit den Händen ›sehen‹. Blindenführung im Duisburger Zoo. In: Das Tier 5/1981, S. 26 f.
Kaune, W.: Das Heilpädagogische Voltigieren mit geistig behinderten Schülern. Warendorf 1982.
Klüwer, C.: Die spezifischen Wirkungen des Pferdes in den Bereichen des Therapeutischen Reitens. In: Heilpädagogisches Voltigieren und Reiten 1989, S. 2 ff.

Kreienborg, R.: Die besonderen Möglichkeiten des Heilpädagogischen Voltigierens für Kinder und Jugendliche mit Autismus-Syndrom oder autistischen Zügen. In: Heilpädagogisches Voltigieren und Reiten 1989, S. 21.

Kröger, A.: Heilpädagogisches Voltigieren als soziale Aufgabe. In: Heilpädagogisches Voltigieren und Reiten 1989, S. 11 ff.

Kuratorium Therapeutisches Reiten (Hrsg.): Information für Ärzte. Fachbereich Medizin (Hippotherapie). Warendorf o. J.

Kuratorium für Therapeutisches Reiten (Hrsg.): Information für Krankengymnasten. Fachbereich Medizin (Hippotherapie). Warendorf 1986.

Kuratorium Therapeutisches Reiten (Hrsg.): Information für Pädagogen und Psychologen. Warendorf 1986.

Kuratorium für Therapeutisches Reiten (Hrsg.): Information über das Reiten als Sport für Behinderte. Warendorf 1986.

Mader, B. S. u. a.: Socializing Effects of Service Dogs for Children with Abilities. Unveröff. Vortrag auf dem Symposium für Mensch-Tier-Beziehung in Boston 1986.

McCulloch, M.: The Pet as Prosthesis. Defining Criteria for the Adjunctive Use of Companion Animals in the Treatment of Medically Ill, Depressed Outpatients. In: Fogle B. (Hrsg.): Interrelations between People and Pets. Springfield 1981, S. 101 ff.

McCurdy, J.: Pet Companionship Program in the Hospital Setting. Unveröff. Vortrag auf dem Int. Symposium für Mensch-Tier-Beziehung in Boston 1986.

Müller, E.: Heilpädagogisches Reiten Erlenweiherhof. o.J. Erhältlich über Schweisfurth-Stiftung München.

O'Brien, S.: Dogs for the Deaf. Unveröff. Vortrag auf dem Symposium für Mensch-Tier-Beziehung in Boston 1986.

Paatsama, S.: Züchtung und Abrichtung von Blindenhunden in Finnland. In: Die Mensch-Tier-Beziehung. Dokumentation des Symposiums für Mensch-Tier-Beziehung in Wien 1983 (hrsg. v. Inst. f. Interdiszipl. Erforschung der Mensch-Tier-Beziehung Wien), S. 105 ff.

Pferde als heilpädagogischer Partner. In: Süddeutsche Zeitung 28.5.1987.

Riede, D.: Die Verbindung zwischen Mensch, Pferd und Medizin in der Geschichte. Eröffnungsvortrag des 5. Int. Kongresses »Therapeutisches Reiten« in Mailand Juni 1985. Abgedruckt in: Therapeutisches Reiten 10/1985, S. 3 ff.

Rieger, Ch.: Erfahrungen über das Reiten mit CP-Kindern in Köln. In: Das behinderte Kind 6/1969, S. 165 ff.

Ringbeck, M.: Bericht über den 4. Int. Kongreß »Therapeutisches Reiten«. In: Zeitschrift für Heilpädagogik 1/1983, S. 36 f.

Ross S. B.: The Therapeutic Use of Animals with the Handicapped. In: International Child Welfare Review 3/1983.
Ross Nuveen-Jones, M. u. a.: Economic Feasibility of Animal-Assisted Therapy. Unveröff. Vortrag auf dem Int. Symposium für Mensch-Tier-Beziehung in Monaco 1989.
Scheidhacker, M.: Die besondere Bedeutung des Therapeutischen Reitens in der Behandlung verschiedener psychiatrischer Krankheitsbilder. In: Heilpädagogisches Voltigieren und Reiten 1989, S. 38 ff.

Gesundwerden mit Tieren

Baum, D.: Heilpädagogisches Voltigieren/Reiten mit psychisch kranken Menschen. In: Heilpädagogisches Voltigieren und Reiten. Das Pferd in Pädagogik, Psychologie und Psychiatrie. Hrsg. v. Kuratorium für Therapeutisches Reiten. Warendorf 1989, S. 30 ff.
Bergler, R.: Mensch und Hund. Psychologie einer Beziehung. Köln 1986.
Brickel, C. M.: Pet Facilitated Psychotherapy. A Theoretical Explanation via Attention Shifts. In: Psychological Reports 50/1982, S. 71 ff.
Brüch, A.: Ein Hund und ein Kater in der Kinderpsychotherapie. In: Zeitschrift für Individualpsychologie 4/1988, S. 264 ff.
Cass, J.: Pet Facilitated Therapy in Human Health Care. In: Fogle, B. (Hrsg.): Interrelations Between People and Pets. Springfield 1981, S. 124 ff.
Condoret, A.: L'animal compagnon de l'enfant. Paris 1973.
Condoret, A.: Speech and Companion Animals. Experience with Normal and Disturbed Nursery School Children. In: Katcher/Beck 1983, S. 467 ff.
Corson S./Corson, E.: Pets as Mediators of Therapy. In: Current Psychiatric Therapies 18/1978, S. 195 ff.
Corson, S. u. a.: Pet Dogs as Nonverbal Communication Links in Hospital Psychiatry. In: Comprehensive Psychiatrie 15/1975, S. 277 ff.
Cusack, O./Smith, E.: Pets and the Elderly. The Therapeutic Bond. New York 1984 (Sonderheft 2/3 der Zeitschrift Activities, Adaption and Aging).
Doyle, M. C.: Rabbit – Therapeutic Prescription. In: Perspectives in Psychiatric Care 13/1976, S. 79 ff.
Fairnie, H. M./Winkler, A. J.: Pets as Therapy Programmes – Who are the Real Beneficiaries? Unveröff. Vortrag auf dem Int. Symposium für Mensch-Tier-Beziehung in Monaco 1989.
Fölsing, U.: Hunde helfen psychisch Kranken. In: Das Tier 5/1979, S. 27.
George, H.: Child Therapy and Animals. A New Way for an Old Relation-

ship. Unveröff. Vortrag auf dem Int. Symposium für Mensch-Tier-Beziehung in Monaco 1989.
Glasser, W.: Reality Therapy. A New Approach to Psychiatrie. New York 1965. Deutsche Ausgabe Weinheim/Basel 1972.
Gonski, Y. A.: The Therapeutic Utilization of Canines in a Child Welfare Setting. Unveröff. Vortrag auf dem Int. Symposium für Mensch-Tier-Beziehung in Boston 1986.
Gonski, Y. A. u. a.: The Role of the Therapist's Pet in Initial Psychotherapy Sessions with Adolescents. Unveröff. Vortrag auf dem Int. Symposium für Mensch-Tier-Beziehung in Boston 1986.
Heimann, M.: On the Role of Animals. In: The Psychoanalytic Quarterly 22/1953, S. 147 ff.
Heimann, M.: Psychoanalytic Observations on the Relationship of Pet and Man. In: Veterinary Medicine/Small Animal Clinician 60/1977, S. 713 ff.
Hutton, J. S.: Animal Abuse as a Diagnostic Approach in Social Work. A Pilot Study. In: Katcher/Beck 1983, S. 444 ff.
Katcher, A.H./Beck, A.M. (Hrsg.): New Perspectives on Our Lives with Companion Animals. Philadelphia 1983.
Kreienborg, D.: Die besonderen Möglichkeiten des Heilpädagogischen Voltigierens für Kinder und Jugendliche mit Autismus-Syndrom oder autistischen Zügen. In: Heilpädagogisches Voltigieren und Reiten. Das Pferd in Pädagogik, Psychologie und Psychiatrie. Hrsg. v. Kuratorium für Therapeutisches Reiten. Warendorf 1989, S. 21 ff.
Lachner, R.: Tiere als Therapeuten. In: Das Tier 9/1982, S. 47 f.
Levinson, B. M.: Pets and Human Development. Springfield 1972.
Levinson, B. M.: Pet Oriented Child Psychotherapy. Springfield 1969.
Levinson, B. M.: The Dog as a ›Co-therapist‹. In: Mental Hygiene 46/1962, S. 59 ff.
Mayer-Mixner, C.: Visiting Mentally Handicapped People with Animals. Unveröff. Vortrag auf dem Int. Symposium für Mensch-Tier-Beziehung in Monaco 1989.
McCulloch, M. J.: The Pet as Prosthesis. Defining Criteria for the Adjunctive Use of Companion Animals in the Treatment of Medically Ill, Depressed Outpatient. In: Fogle, B. (Hrsg.): Interrelations Between People and Pets. Springfield 1981, S. 101 ff.
McCulloch, M. J.: Animal-Facilitated Therapy. Overview and Future Direction. In: Katcher/Beck 1983, S. 410 ff.
McCulloch, M. J.: Therapie mit Haustieren. Eine Übersicht. In: Die Mensch-Tier-Beziehung. Dokumentation des Int. Symposiums für Mensch-Tier-Beziehung in Wien 1983. (Hrsg. v. Institut für interdisziplinäre Erforschung der Mensch-Tier-Beziehung.) S. 26 ff.

Mehringer, A.: Zuwendung – das wichtigste Therapeutikum. In: Unsere Jugend. Zeitschrift für Jugendhilfe in Praxis und Wissenschaft 9/1980, S. 51 ff.

Okoniewski, L.: A Comparison of Human-Human and Human-Animal Relationships. In: Anderson, R. K. u. a. (Hrsg.) The Pet Connection. New York 1975, S. 251 ff.

Olsen, G. u. a.: Pet-Facilitated Therapy. A Study of the Use of Animals in Health Care Facilities in Minnesota. In: Katcher/Beck 1983, S. 431 ff.

Rice, S. S. u. a.: Animals and Psychotherapy. A Survey. In: Journal of Community Psychology 1973, S. 323 ff.

Robin, M. u. a.: Abused Children and their Pets. In: Anderson, R.K. (Hrsg.): The Pet Connection. New York 1975, S. 111 ff.

Robin, M. u.a.: Childhood Pets and the Psychosocial Development of Adolescents. In: Katcher/Beck 1983, S. 436 ff.

Ruckert, J.: The Four-Footed Therapist. How to Use Pets to Rear Children. Unveröff. Vortrag auf dem Int. Symposium für Mensch-Tier-Beziehung in Boston 1986.

Ryder, R. D.: Pets in Man's Search for Sanity. In: Journal of Small Animal Practice 14/1973, S. 657 ff.

Scheidhacker, M.: Die besondere Bedeutung des Therapeutischen Reitens in der Behandlung verschiedener psychiatrischer Krankheitsbilder. In: Heilpädagogisches Voltigieren und Reiten. Das Pferd in Pädagogik, Psychologie und Psychiatrie. Hrsg. v. Kuratorium für Therapeutisches Reiten. Warendorf 1989, S. 38 ff.

Sherick, I.: The Significance of Pets for Children. Illustrated by a Latency-Age Girl's Use of Pets in Her Analysis. In: The Psychoanalytic Study of the Child 36/1981, S. 193 ff.

Serpell, J.: In the Company of Animals. A Study of Human-Animal Relationship. Oxford 1986.

Siegel, A.: Reaching the Severely Withdrawn Through Pet Therapy. In: American Journal of Psychiatry 1962, S. 1045 ff.

Siegel, A.: The Journal Investigates: Pet Therapy – An Unlighted Path. In: Journal of Small Animal Practice 1964, S. 275 ff.

Smith, B. A.: Project Inreach. A Program to Explore the Ability of Atlantic Bottlenose Dolphins to Elicit Communication Responses for Autistic Children. In: Katcher/Beck 1983, S. 460 ff.

Smith, J./Brink, L.: The Role of Animals in the Unconscious, with Some Remarks on Theriomorphic Symbolism as Seen in Ovid. In: The Psychoanalytic Review 4/1917, S. 253 ff.

Thompson, M. u. a.: Pets as Socializing Agents with Chronic Psychiatric Patients. An Initial Study. In: Katcher/Beck 1983, S. 427 ff.

Tinbergen, N.: Ethology and Stress Diseases. In: Science 185/1974, S. 20 ff.
Van Leeuwen, J.: A Child Psychiatrist's Perspective on Children and Their Companion Animals. In: Fogle, B. (Hrsg.): Interrelations Between People and Pets. Springfield 1981, S. 175 ff.
Walker, S.: Learning Theory and Behaviour Modification, London/New York 1984.
Zeier, H. (Hrsg.): Verhaltensmodifikation. Kindlers Psychologie des 20. Jahrhunderts Bd. 2 Weinheim/Basel 1984.

In die Gesellschaft zurückfinden mit Tieren

Aktuelle Probleme des Straf- und Massenvollzugs (Reihe Kriminologie Bd. 1) Grüsch 1987.
Alternativen zum Strafvollzug. Arnoldshainer Protokolle 4/1985. Hrsg. v. U.O. Sievering. Frankfurt 1985.
Baum, M.: Die besondere Eignung des Pferdes als Erziehungshilfe bei Störungen in Sozialisationsprozessen. In: Das Pferd im Dienst des Behinderten 4/1980, S. 29 ff.
Blumenberg, F.-J.: Arbeit mit jungen Straffälligen. Konzepte, Projekte, Entwicklungen. Freiburg 1986.
Blumenberg, F.-J./Kutzschenbach, R.: Jugendhilfe für junge Straffällige. Freiburg 1987.
Bouchard, C.: Zootherapy in Action. Unveröff. Vortrag auf dem Int. Symposium für Mensch-Tier-Beziehung in Monaco 1989.
Brieftauben helfen jungen Straftätern ins Leben zurück. In: Das Tier 12/1976.
Brühl, A.: Die Rechte der Verurteilten und Strafgefangenen. Weinheim/Basel 1981.
Bustad, L.K./Gowing, C.B.: Animals in Prisons. Unveröff. Vortrag auf dem Int. Symposium für Mensch-Tier-Beziehung in Boston 1986.
Dem Herze wohl. Wissenschaftler untersuchen die Psycho -Wirkung von Haustieren auf ihre menschlichen Begleiter. In: Der Spiegel 8/1988, S. 201 ff.
DeViney, E. u.a.: The Care of Pets Within Child Abusing Families. In: International Journal for the Study of Animal Problems 4/1983, S. 321 ff.
Die rätselhafte Revolte. Warum stiegen die Gefangenen aufs Dach von Santa Fu? In: Die Zeit 8.6.1990.
Driebold, R. (Hrsg.): Strafvollzug. Erfahrungen, Modelle, Alternativen. Göttingen 1983.

Driebold, R.: Strafvollzug. In: Eyfert, H. u.a. (Hrsg.) Handbuch zur Sozialarbeit/Sozialpädagogik. Darmstadt und Neuwied 1987, S. 1129 ff.
Driebold, R./Katoh, H.: Das Staatsgefängnis Ringe. Tendenzen des Strafvollzuges in Dänemark. In: Driebold 1983, S. 144 ff.
Dünkel, F./Spiess, G.: Alternativen zur Freiheitsstrafe. Max-Planck-Institut Freiburg 1983.
Erziehen statt Strafen. Die Kölner ›Brücke‹ betreut straffällige Jugendliche. In: Stuttgarter Zeitung 19.5.1990.
Fogle, B.: Pets and Their People. London 1983.
Fuss, A.: Tierpflege im Schulzoo als pädagogische Hilfe. Die ›Broschim‹-Schule für verhaltensgestörte Kinder in Tel Aviv. In: Neue Sammlung. Göttinger Zeitschrift für Erziehung und Gesellschaft 16/1976, S. 509 ff.
Gäng, M.: Pferde und Ponies als Hilfen im Resozialisierungsprozeß. Manuskript erhältlich: Kuratorium Therapeutisches Reiten Warendorf.
George, H.: Animal-Assisted Therapy and Correctional Institutions. Education, Administration and Research. Unveröffentlichter Vortrag auf dem Int. Symposium für Mensch-Tier-Beziehung in Monaco 1989.
Grunau, T.: Strafvollzugsgesetz. Köln u.a. 1977.
Haage, I.: Aufgaben, Behandlungsmethoden und Probleme im gegenwärtigen Strafvollzug der Bundesrepublik Deutschland. Eine Situationsanalyse. Diss. Tübingen 1987.
Hallie, P. P.: Grausamkeit. Der Peiniger und sein Opfer. Eine Analyse. Olten 1971.
Heinz, W./Korn, S.: Sozialtherapie als Alibi? Materialien zur Strafvollzugsreform. Frankfurt 1973.
Hentig, H. v.: Der jugendliche Vandalismus. Vorboten und Varianten der Gewalt. Düsseldorf/Köln 1967.
Hines, L. M.: Pets in Prison. A New Partnership. In: California Veterinarian 5/1983, S. 7 ff.
Hundeblume. Gefangenenzeitschrift Heilbronn 3/1984.
Hutton, J. S.: Animal Abuse as a Diagnostic Approach in Social Work. A Pilot Study. In: Katcher, A. H./Beck, A. M. (Hrsg.): New Perspectives on Our Lives with Companion Animals. Philadelphia 1983, S. 445 ff.
Kellert, S. K./Felthous, A. R.: Tierquälerei im Kindesalter bei Kriminellen und Nichtkriminellen. In: Die Mensch-Tier-Beziehung. Dokumentation des Int. Symposiums für Mensch-Tier-Beziehung in Wien 1983, S. 76 ff.
Kersten, J./Wolffersdorff-Ehlert, C. v.: Jugendstrafvollzug. In: Eyfert H. u. a. (Hrsg.): Handbuch zur Sozialarbeit/Sozialpädagogik. Darmstadt und Neuwied 1987, S. 595 ff.
Klüwer, C.: Erziehungshilfe mit dem Pferd. Vortrag anläßlich des Bestehens des St. Josefshauses Wettringen am 15.5.1985.

Kober, E.: Das Therapieheim. Eine neue Institution im schweizerischen Jugendstrafrecht. Zürich 1984.
Lee, R. R.: Pet Therapy – Helping Patients Through Troubled Times. In: California Veterinarian 5/1983, S. 25 ff.
Levinson, B. M.: Pet Oriented Child Psychotherapy. Springfield 1969.
Levinson, B. M.: Pets and Human Development. Springfield 1972.
Maelicke, B.: Ambulante Alternativen zum Jugendarrest und Jugendstrafvollzug. Weinheim 1988.
Maelicke, B./Simmendinger, R.: Sozialarbeit und Strafjustiz. Untersuchungen und Konzeptionen zur Reform der Straffälligenhilfe. Weinheim/München 1987.
McCuistion, L. D.: The Prison Pet Partnership Program at the Washington Corrections Center for Women. Unveröff. Vortrag auf dem Int. Symposium für Mensch-Tier-Beziehung in Monaco 1989.
Mechler, A.: Psychiatrie des Strafvollzugs. Stuttgart/New York 1981.
Müller, K. D.: Reiten als therapeutische Hilfe für verhaltensauffällige bzw. verhaltensgestörte Kinder. In: Heim und Anstalt 8/1985, S. 236 ff.
Moneymaker, J.: Animals and Inmates. Sharing Companionship behind Bars. Unveröff. Vortrag auf dem Int. Symposium für Mensch-Tier-Beziehung in Monaco 1989.
Noll, H.: Tiere in Heimschulen. In: Basler Schulblatt. 1/1949, S. 104 f.
Ortmann, R.: Resozialisierung im Strafvollzug. Theoretischer Bezugsrahmen und empirische Ergebnisse einer Längsschnittstudie zu den Wirkungen von Strafvollzugsmaßnahmen. Freiburg 1987.
Ortner, H.: Gefängnis. Eine Einführung in seine Innenwelt. Weinheim/Basel 1988.
Ortner, H. (Hrsg.): Freiheit statt Strafe. Plädoyers für die Abschaffung der Gefängnisse. Anstöße machbarer Alternativen.
Pernhaupt, G.: Human-Animal Relationships in Rehabilitation Drug Addicts. Unveröff. Vortrag auf dem Int. Symposium für Mensch-Tier-Beziehung in Monaco 1989.
Pizer, V.: Vater von achttausend Kindern. In: Das Beste 4/1966, S. 186 ff.
Plagemann, D.: Gefängnisarbeit in den USA. Ziele, Strafwirklichkeit und Erneuerungsbestrebungen. Frankfurt u.a. 1984.
Podgornik, R.: Tiere im Heim. In: Unsere Jugend. Zeitschrift für Jugendhilfe in Wissenschaft und Praxis 11/1974, S. 544 ff.
Prieger, A.: Im Knast Therapie – das schafft ihr nie! Gestalttherapie hinter Gittern. Frankfurt 1988.
Ratgeber für Gefangene mit medizinisch-juristischen Hinweisen. Berlin 3. Aufl. 1987.

Ryder, R. D.: Pets in Man's Search for Sanity. In: Journal of Small Animal Practice 14/1973, S. 657 ff.
Robin, M.: Childhood Pets and the Psychosocial Development of Adolescents. In: Katcher, A. H./Beck, A. M. (Hrsg.): New Perspectives on Our Lives with Companion Animals. Philadelphia 1983, S. 436 ff.
Schwind, W. D./Blau, G.(Hrsg.): Strafvollzug in der Praxis. Berlin/New York 1976.
Serpell, J.: In the Company of Animals. A Study of Human-Animal Relationship. Oxford 1986.
Strafvollzug: Stoff in allen Körperhöhlen. Drogenabhängigkeit in deutschen Gefängnissen. In: Spiegel 8.10.1984, S. 102 ff.
TenBensel, R. W. u. a.: Attitudes of Violent Criminals toward Animals. In: Anderson, R. K. u. a. (Hrsg.): The Pet Connection. New York 1975.
Van den Bergh, W. u. a.: Die Behandlung psychisch gestörter Straftäter in der Van der Hoeven Kliniek in Utrecht. In: Driebold 1983, S. 153 ff.
Walkenhorst, P.: Soziale Trainingskurse für straffällig gewordene Jugendliche. Grundlegungsprobleme der Entwicklung und Realisierung eines themenorientierten Konzeptes. Diss. paed. Dortmund 1988.
Waxweiler, R.: Psychotherapie im Strafvollzug. Eine empirische Erfolgsuntersuchung am Beispiel der sozialtherapeutischen Abteilung in einer Justizvollzugsanstalt. Weinheim/Basel 1980.
White, D. J.: Animals in Prison. Unveröff. Vortrag auf dem Int. Symposium für Mensch-Tier-Beziehung in Monaco 1989.
Whyham, M.: The Garth Prison Pet Programme and its Development in the Context of Pet Programmes in Other British Penal Establishments. Unveröff. Vortrag auf dem Int. Symposium für Mensch-Tier-Beziehung in Monaco 1989.
Wir haben ja den Psychiater … Berichte über Psychotherapie im Gefängnis. Hrsg. v. R. Lewinsky u. H. Reller. Zürich 1983.
Wulf, M.: Marienpflege Ellwangen. Ein Dorf für Kinder und Tiere. In: Das Tier 5/1977.
Zamble, E./Porporino, F. J.: Coping, Behavior, and Adaption in Prison Inmates. New York 1988.

Schwierigkeiten und Einwände

Aldington, E.H.: Von der Seele des Hundes. Wesen, Psychologie und Verhaltensweisen des Hundes. Weiden 1986.
Anderson, R. K. u. a. (Hrsg.): The Pet Connection. New York 1975.

Arkow, P. S.: How to start a Pet Therapy Program. Unveröff. Vortrag auf dem Int. Symposium für Mensch-Tier-Beziehung in Monaco 1989.
Arkow, P. S.: How to start a Pet Therapy Program. Los Angeles 1989. (Erhältlich beim Verfasser: Phil Arkow. Humane Society of the Pikes Peak Region. P.O. Box 187. Colorado Springs. Colorado 80 901 USA.)
Arkow, P. S.: Pet Therapy. A Study and Resource Guide to the Use of Companion Animals in Selected Therapies. Colorado Springs 1989. (Erhältlich beim Verfasser, s. o.)
Arkow, P. S.: The Loving Bond. Companion Animals in Helping Professions. Saragota 1986. (Erhältlich beim Verfasser, s. o.)
Arkow, P. S./Dow, S.: The Ties that Do Not Bind. A Study of the Human-Animal Bonds that Fail. In: Anderson 1975, S. 348 ff.
Babinsky Bortz, J.: Pet Oriented Therapy Service. A Professional Approach to Pet Facilitated Therapy. Unveröff. Vortrag auf dem Int. Symposium für Mensch-Tier-Beziehung in Monaco 1989.
Baker, E./McCulloch, M. J.: Allergy to Pets. Problems for the Allergist and the Pet Owner. In: Katcher/Beck 1983, S. 341 ff.
Beck, A. M.: Animals in the City. In: Katcher/Beck 1983, S. 237 ff.
Beck, A. M.: Guidelines for Planning for Pets in Urban Areas. In: Fogle 1981, S. 231 ff.
Beck, A. M.: The Law and the Pet. A Reasonable Compromise. In: California Veterinarian 4/1983, S. 17 ff.
Bergler, R.: Mensch und Katze. Kultur – Gefühl – Persönlichkeit. 1989.
Bertram, J.: Kamerad Hasso. Anmerkungen zu einem deutschen Wesen. Darmstadt/Neuwied 1980.
Blendinger, W.: Psychologie und Verhaltensweisen des Pferdes. Berlin 1980.
Borchelt, P. L. u. a.: Dog Attack Involving Predation on Humans. In: Katcher/Beck 1983, S. 219 ff.
Borchelt, P. L.: Separation-Elicited Behavior Problems in Dogs. In: Katcher/Beck 1983, S. 187 ff.
Bustad, L. K./Hines, L. M.: Placement of Animals with the Elderly. Benefits and Strategies. In: Katcher/Beck 1983, S. 291 ff.
Cooper, J.E.: Pets in Hospitals. In: British Medical Journal März 1976, S. 699 ff.
Corson, S./Corson, E.: Pets as Mediators of Therapy. In: Current Psychiatric Therapies 18/1978, S. 195 ff.
Corson, S. u. a.: Pet Dogs as Nonverbal Communication Links in Hospital Psychiatry. In: Comprehensive Psychiatry 18/1977, S. 61 ff.
Corson, S. u. a.: Pet-Facilitated Psychotherapy in a Hospital Setting. In: Current Psychiatric Therapies 15/1975, S. 277 ff.

Cusack, O./Smith, E.: Pets and the Elderly. The Therapeutic Bond. Sonderheft 2/3 der Zeitschrift ›Acitivities, Adaption and Aging‹ 1984.
Ethologische Aussagen zur artgerechten Nutztierhaltung. Tagungsbericht der Internationalen Gesellschaft für Nutztierhaltung in Basel 1982. Basel u.a. 1982.
Feddersen-Petersen, D.: Hundepsychologie. Wesen und Sozialverhalten. Stuttgart 1987.
Fogle, B.: Attachment, Euthanasia, Grieving. In: Fogle 1981, S. 331 ff.
Fogle, B. (Hrsg.): Interrelations between People and Pets. Springfield 1981.
Fox, M. W.: The Behaviour of Cats. In: Hafez 1975, S. 410 ff.
Fox, M. W.: Versteh deinen Hund! Verhaltensweisen. Zürich 2. Aufl. 1974.
Fox, M. W.: Vom Wolf zum Hund. Entwicklung, Verhalten und soziale Organisation der Caniden. München 1975.
Fox, M. W./Bekoff, M.: The Behaviour of Dogs. In: Hafez 1975, S. 370 ff.
Freye, H. A.: Urban-ökologische Bemerkungen zum Heimtier. In: Die Mensch-Tier-Beziehung. Dokumentation des Int. Symposiums für Mensch-Tier-Beziehung in Wien 1983, S. 164 ff.
Hafez, E. (Hrsg.): The Behaviour of Domestic Animals. London 3. Aufl. 1975.
Hart, B. L./Hart, L. A.: Selecting the Best Companion Animal. Breed and Gender Specific Behavioural Profiles. In: Anderson 1975, S. 180 ff.
Hart, B. L. u.a.: Breed-Specific Behavioural Profiles of Dogs. Model for a Quantitative Analysis. In. Katcher/Beck 1983, S. 47 ff.
Haucke, G.: Mann beißt Hund. In: Zeitmagazin 11.11.1988.
Herre, W.: Der Siegeszug eines Heimtieres. Über Herkunft und Schicksal unserer Hauskatze. In: Das Tier 5/1983, S. 43 ff.
Hofmann, T.: Leben mit Tieren. In: Zusammen 2/1982, Heft 8, S. 6 ff.
Houpt, K. A.: Disruption of the Human-Companion Animal Bond. Aggressive Behavior in Dogs. In: Katcher/Beck 1983, S. 197 ff.
Katcher, A. H./Beck, A. M. (Hrsg.): New Perspectives on Our Lives with Companion Animals. Philadelphia 1983.
Karsh, E.: Factors Influencing the Socialization of Cats to People. In: Anderson 1975, S. 207 ff.
Kolb, E.: Vom Leben und Verhalten unserer Haustiere. Eine populärwissenschaftliche Einführung für Tierfreunde. Leipzig 8. Aufl. 1987.
Lee, R. L. u.a.: Guidelines. Animals in Nursing Homes. In: California Veterinarian Supplement 3/1983, S. 16 ff. (Sonderheft der Zeitschrift)
Levinson, B. M. Pet oriented Child Psychotherapy. Springfield 1969.
Leyhausen, P.: Katzen, eine Verhaltensstudie. Berlin 1979.
Lorenz, K. So kam der Mensch auf den Hund. München 1965.

Maple, T.: Fundamentals of Animal Social Behavior. In: Hafez 1975, S. 171 ff.
Mason, W. A.: The Animal Side of the Human/Animal Bond. Unveröff. Vortrag auf dem Int. Symposium für Mensch-Tier-Beziehung in Boston 1986.
McCulloch, M. J.: Animal-Facilitated Therapy. Overview and Future Direction. In: Katcher/Beck 1983, S. 410 ff.
Mertens, C.: Human-Cat Interactions in the Home Setting. Unveröff. Vortrag auf dem Int. Symposium für Mensch-Tier-Beziehung in Monaco 1989.
Mit dem Hund auf Du und Du. Ein Handbuch für Hundefreunde. Hrsg. vom Institut für Interdisziplinäre Erforschung der Mensch-Tier-Beziehung in Wien, Wien o. J.
Müller, E.: Heilpädagogisches Reiten Erlenweiherhof. Erhältlich über die Schweisfurth-Stiftung München. o. J.
Mugford, R. A.: Problem Dogs and Problem Owners. The Behavior Specialist as an Adjunct to Veterinary Practice. In: Fogle 1981, S. 295 ff.
Mugford, R. A.: Zuneigung kontra Dominanz. Alternative Ansichten über die Beziehung Mensch-Hund. In: Die Mensch-Tier-Beziehung. Dokumentation des Int. Symposiums für Mensch-Tier-Beziehung in Wien 1983, S. 168 f.
Neville, P.: Feline Behaviour Problems. A Review of Cases Referred. Unveröff. Vortrag auf dem Int. Symposium für Mensch-Tier-Beziehung in Monaco 1989.
Ratner, S. C./Boice, R.: Effects of Domestication on Behaviour. In: Hafez 1975, S. 3 ff.
Rollin, B. E.: Morality and the Human-Animal Bond. In: Katcher/Beck 1983, S. 500 ff.
Rund um die Katz. Ein Handbuch für Katzenfreunde. Hrsg. v. Institut für Interdisziplinäre Erforschung der Mensch-Tier-Beziehung Wien, Wien o. J.
Ryder, E./Romasco M.: Establishing a Social Work Service in a Veterinary Hospital. In: Fogle 1981, S. 209 ff.
Schaeffler J. M.: Pets by RX. In: California Veterinarian 7/1983, S. 39 ff.
Scott, J. P./Fuller, J. L.: Genetics and the Social Behavior of the Dog. Chicago/London 1965.
Serpell, J. A.: The Personality of the Dog and Its Influence on the Pet-Owner Bond. In: Katcher/Beck 1983, S. 57 ff.
Shurtleff, J. A.: The Animal Welfare Perspective. In: Katcher/Beck 1983, S. 516 ff.
Spangenberg, R.: Leiden Tiere unter unserer Liebe? In: Das Tier 1/1990, S. 66 ff.

Tiere in Altersheimen. Ein Handbuch für Tierhaltung und Besuchsprogramme in Altersheimen. Hrsg. v. Institut für Interdisziplinäre Erforschung der Mensch-Tier-Beziehung in Wien, Wien 1990.
Torrence, M.E.: The Veterinarian's Role in Pet-Facilitated Therapy in Nursing Homes. In: Anderson 1975, S. 423 ff.
Tortora, D.: Psycho-Therapie (Angewandte Tierpsychologie). In : Psychologie heute 8/1978, S. 56 ff.
Treffers, M.: Handbuch des Pferdeverhaltens. Stuttgart 1978.
Trumler, E.: Hunde ernst genommen. Zum Wesen und Verständnis ihres Verhaltens. München/Zürich 1974.
Turner, D.C.: Auf den Spuren unserer Katzen. In: Das Tier 7/1987, S. 13 ff.
Turner, D.C.: Die Beziehung zwischen Mensch und Katze. Methoden der Analyse. In: Die Mensch-Tier-Beziehung. Dokumentation des Int. Symposiums für Mensch-Tier-Beziehung in Wien 1983, S. 157 ff.
Voith, V.L.: Animal Behavior Problems. An Overview. In: Katcher/Beck 1983, S. 181 ff.
Voith, V.L.: Attachment Between People and Their Pets. Behavior Problems of Pets that Arise from the Relationship Between Pets and People. In: Fogle 1981, S. 271 ff.
Walshaw, S.: Perspective on Pets and People. In: California Veterinarian 8/1983, S. 15 ff.
Waring, G.H. u.a.: The Behaviour of Horses. In: Hafez 1975, S. 330 ff.
Wolff, R.: Katzen. Rassen, Pflege, Verhalten. München 1986.

Ausblick

Beck, A.: Guidelines for Planning for Pets in Urban Areas. In: Fogle 1981, S. 231 ff.
Beck, A.M./Quackenbush, J.: The Human/Companion Animal Bond: Implications for Veterinary Education. In: California Veterinarian 11/1983, S. 17 ff.
Bustad, L.K.: Zusammenfassung des Symposiums. In: Die Mensch-Tier-Beziehung. Dokumentation des Int. Symposiums für Mensch-Tier-Beziehung in Wien 1983.
Bustad, L./Hines, L.: A Curriculum to Promote Greater Understanding of the Human-Companion Animal Bond. In: Fogle 1981, S. 241 ff.
Fogle, B. (Hrsg.): Interrelations between People and Pets. Springfield 1981.
Inglehart, R.: The Silent Revolution. Changing Values and Political Styles among Western Publics. Princeton 1977.

Inglehardt, R.: Kultureller Umbruch. Wertwandel in der westlichen Welt. Frankfurt/New York 1989.
Jones, B. u. a.: An Educator's Guide to the new Science of Human-Animal Interaction. In: Anderson, R. K. u. a. (Hrsg.): The Pet Connection. New York 1975, S. 94 ff.
Luthe, H. O./Meulemann, H. (Hrsg.): Wertwandel. Faktum oder Fiktion? Bestandsaufnahmen und Diagnosen aus kultursoziologischer Sicht. Frankfurt/New York 1988.
McCulloch, W. F.: The Human/Animal Bond: Old Concept with New Meaning for Veterinary Medicine's Contribution to Animals and Society. In: California Veterinarian 11/1983, S. 14 ff.
McCulloch, W. F. u. a.: Teaching About the Human-Companion Animal Bond in a Veterinary Curriculum: People, Process, and Content. In. Katcher, A. H./Beck, A. M. (Hrsg.): New Perspectives on Our Lives with Companion Animals. Philadelphia 1983, S. 489 ff.
Messent, P. R.: A Review of Recent Developments in Human-Companion Animal Studies. In: California Veterinarian 5/1983, S. 26 ff.
Ryder E./Romasco, M.: Establishing a Social Work Service in a Veterinary Hospital. In: Fogle 1981, S. 209 ff.
Shurtleff, R. S.: In the Patient's Interest: Toward a New Veterinary Ethic. In: Katcher, A. H./Beck, A. M. (Hrsg.): New Perspectives on Our Lives with Companion Animals. Philadelphia 1983, S. 510 ff.
Washington, C.: The First Year of an Animal Behavior Clinic in a Veterinary School. Process and Outcome. In: Fogle 1981, S. 221 ff.